日本経済2022-2023

—物価上昇下の本格的な成長に向けて—

令和5年2月
内閣府政策統括官
（経済財政分析担当）

※本報告の本文は、原則として 2022 年 12 月 28 日までに入手したデータに基づいている。

「日本経済 2022－2023」刊行にあたって

　内閣府経済財政分析担当では、毎年「日本経済」シリーズを公表し、「年次経済財政報告」後の日本経済の現状に関する分析を提供しています。今回の報告書では、2022 年の日本経済の動向を中心にコロナ禍からの回復を振り返るとともに、物価上昇下における家計、企業の動向や課題を分析しています。

　第 1 章では、マクロ経済の動きを概観しています。2022 年の我が国経済は民需中心に緩やかな持ち直しの動きとなっています。しかし、ロシアによるウクライナ侵略による国際商品市況の急騰や円安進行が秋ごろまで見られ、輸入物価を通じたコストプッシュ型の物価上昇が生じています。こうした中、賃上げ原資の確保のためにも、企業が価格転嫁を円滑に進め、適切な価格設定を行える環境整備が重要です。また、物価上昇を受けた世界的な金融引締め等により、世界経済の減速が懸念されています。内需の持続的な増加により世界経済の減速を乗り越え、同時に、成長分野への重点的な投資喚起、生産性向上に向けた人的資本投資、貿易や投資関係強化による海外需要取込みを通じて、中長期的な成長力を高めていくことが重要です。

　第 2 章では、個人消費の回復に向けた課題を整理しています。食品・エネルギーを中心とした物価上昇下で、低所得世帯を中心に節約志向が広がっています。感染症下で蓄積された貯蓄には一定程度の消費下支えが期待できるものの、より本質的には、企業が収益を上げ、賃上げの流れが拡大するとともに、構造的な賃上げ環境が実現することが、消費の本格的な回復に向け、鍵となってきます。そのためには、リスキリングの強化やマッチング効率の改善などを通じた労働移動の活性化と人材配置の適正化により、社会全体の労働生産性を高めていくことが重要です。

　第 3 章では、企業部門の動向と海外で稼ぐ力について整理しています。コロナ禍で先送りされていた設備投資は回復していますが、回復は道半ばです。企業の慎重な投資姿勢を、期待成長率を高めることで変え、民間投資の拡大を図るための取組みが重要です。また、貿易収支の安定化に向けたエネルギーの対外依存抑制や、海外への投資から得られた収益を国内経済の成長力強化につなげていくことが課題です。貿易・投資面で海外で稼ぐ力を高める上では、伸びしろの大きい中小企業への人材面での支援や農林水産物・食品の輸出支援体制の整備も進めていく必要があります。

　本報告書の分析が日本経済の現状に対する認識を深め、その先行きを考える上での一助となれば幸いです。

令和 5 年 2 月

内閣府政策統括官
（経済財政分析担当）
村山　裕

目　次

第 1 章

世界経済の不確実性の高まりと日本経済の動向

第1章　世界経済の不確実性の高まりと日本経済の動向

　2022年度前半の我が国経済は、2022年3月にまん延防止等重点措置が全て解除されて以降、ウィズコロナの下で消費と設備投資が前期比プラスで推移するなど、緩やかに持ち直し、多くの需要項目でコロナ禍前水準を回復した。一方、ロシアのウクライナ侵略等による原材料価格の上昇や円安による輸入物価の上昇は国内物価を上昇させ、家計・企業の活動に影響を与えている。また、世界的な金融引締めの動き等により、海外の景気減速も懸念される。

　第1章では、コロナ禍からの回復を2021年後半以降の期間を中心に振り返りつつ、我が国経済の現状について概観する。まず第1節では、GDPなどのマクロデータを基に、ウィズコロナの下での経済動向を主要先進国と比較しながら我が国の回復の特徴を確認する。続く第2節では物価上昇の家計・企業への影響や物価の基調的な強さなどについて検証を行う。第3節では、我が国経済の当面のリスクと中長期的な課題について整理する。

第1節　ロシアによるウクライナ侵略後の不確実性の高まりと日本経済

　本節では、2020年第2四半期以降のマクロ経済動向について、ウクライナ情勢等を受けた物価の動向と、2022年にみられた円安の影響に焦点を当てながら、GDPや需要項目別の回復過程を欧米経済との比較も交え、振り返りたい。

1　コロナ禍以降の経済動向

（サービス部門の回復が遅れているが、2022年以降は緩やかに持ち直し）

　コロナ禍からの回復状況について、GDP統計を用いて諸外国と比較しつつ、確認してみよう。まずGDP全体の動向についてみると、2020年7－9月期以降の1年間は諸外国同様、感染状況の影響を受けながら一進一退の状況が続いた。しかし、2021年7－9月期に緊急事態宣言や東南アジアの感染拡大による部品供給不足等で前期比マイナスとなった後は、同年10－12月期以降、プラス成長とマイナス成長を繰り返しながらも回復基調で推移しており、特に消費や設備投資を中心として民需は4四半期連続のプラス成長となっている（第1－1－1図（1））。主要国と回復状況を比較すると、2019年10－12月期対比で、2021年以降、2022年7－9月期までの我が国のGDPは、アメリカよりは低いが、英国やドイツよりはやや高い水準で推移している（第1－1－1図（2））。

　次に、実質GDPの需要項目の動向を見てみる（第1－1－1図（3））。個人消費についてみると、我が国では2022年4－6月期にコロナ禍前水準を回復した。2021年1－3月期にコロナ禍前水準を回復し、その後も回復を続けているアメリカと比べると低水準にあるものの、英国、ドイツよりはおおむね高い水準で推移している（第1－1－1図（4））。消費のうち、財については、テレワークやオンライン会議等に対応するためのパソコンやその付属品、外出抑制下でのテレビ、エアコン等の耐久財需要が旺盛であったことから、2020年7

－9月期には我が国を始め多くの国でコロナ禍前水準を超えた。その後、アメリカや我が国では安定的にコロナ禍前を超えた水準で推移する一方、欧州主要国では再び弱含み、コロナ禍前水準を下回って推移している（第1－1－1図（5））。サービスについては、欧州では2021年夏前には外出規制が大きく緩和され、飲食・宿泊をはじめとする対面型のサービス消費が急速に回復した一方、2021年9月まで緊急事態宣言が続いた我が国では回復が遅れ、2022年になっても未だコロナ禍前の水準には至っていない（第1－1－1図（6））。ただし、2022年7－9月期には感染拡大があったが、過去の感染拡大時のような消費の減少は生じておらず、ウィズコロナの下で緩やかに持ち直している。

　設備投資についてみると、2021年前半にデジタル関連需要等を中心に改善がみられたが、世界的な需要の急速な回復に対する半導体の不足、新型コロナウィルスの感染再拡大による港湾等における物流の混乱、東南アジアでの工場の稼働制限などを通じた部品供給不足などにより、2021年後半から2022年初頭にかけて持ち直しの動きに足踏みがみられた。2022年4－6月期以降は、コロナ禍で先送りとなっていた能力増強投資や国内生産の強化、デジタル化や脱炭素化に向けた投資などにより持ち直しており、コロナ禍前水準を回復していない英国、ドイツと異なり、アメリカと同程度に増勢がみられる（第1－1－1図（7））。

　輸出については、コロナ禍でのデジタル関連財の需要の強さを反映して半導体等製造装置や半導体等電子部品などの一般機械や電気機器等を中心に財輸出を伸ばしており[1]、我が国は、欧米と比べて強い動きとなっている（第1－1－1図（8）、（9））。サービス輸出については、2022年半ばより観光目的の外国人の入国規制についても段階的に緩和してきたものの、EU圏内での往来にほぼ制限がなくなりコロナ禍前水準を既に回復したドイツ、フランスと比較して、戻りが遅い。しかし、10月に水際対策が大幅に緩和されたことで、訪日外客数は10月に約50万人、11月に約93万人と9月の約21万人から大きく増加している（第1－1－1図（10））。

　このように、2022年入り以降、主要国と比較するとサービス部門の回復は遅れているものの、消費や投資を中心に民需が徐々に持ち直している。

---

[1] 詳細な動向は第1－1－9図（3）に掲載しているが、財の輸出金額が2019年12月対比で2022年11月は38.7%増加しているうち、一般機械、電気機器の寄与が12.3%となっている。

第1-1-1図　ＧＤＰとその内訳の回復過程

サービス部門の回復が遅れているが、2022年以降は緩やかに持ち直し

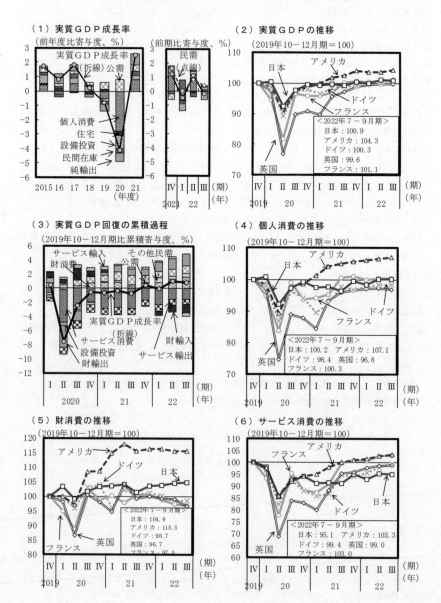

（1）実質ＧＤＰ成長率

（2）実質ＧＤＰの推移

（3）実質ＧＤＰ回復の累積過程

（4）個人消費の推移

（5）財消費の推移

（6）サービス消費の推移

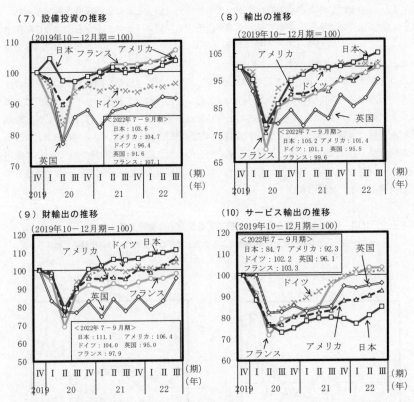

（7）設備投資の推移

（8）輸出の推移

（9）財輸出の推移

（10）サービス輸出の推移

（備考）内閣府「国民経済計算」、アメリカ商務省、英国統計局、ドイツ連邦統計局、フランス国立統計経済
　　　　研究所、OECD.Statにより作成。（3）のその他民需は、住宅投資、帰属家賃、在庫投資が含まれてい
　　　　る。

2　コロナ禍からの需要回復とウクライナ情勢がもたらした世界的な物価上昇

（需要回復と供給制約による物価上昇がロシアのウクライナ侵略で加速）

　2022年は、世界にとっても我が国にとっても、物価上昇への対応が大きな課題となったことから、ここでは世界的な物価上昇の背景と我が国と各国の対応を見てみよう。2021年に入って以降、世界的に緩和的な金融環境が続く中で需要が回復する一方、サプライチェーンの混乱による供給制約が生じることで、需給がタイト化し、各国で物価が上昇した（第1-1-2図（1））。特にアメリカでは、供給制約に加え、累次の給付等の支援策と労働市場のひっ迫を背景にした所得環境の改善が相まって消費が拡大し、需給がタイト化した。こうした中、消費者物価の前年比上昇率が2022年1月に7.9%を記録するなど、物価の急速な上昇が

続いた。原油をはじめとする国際商品市況でも世界的な需要回復による価格上昇がみられ、欧州の物価についても、失業率や賃金水準が改善する中でエネルギーを中心に 2021 年後半から上昇し始め、2022 年１月の消費者物価上昇率はユーロ圏で 5.1%、英国では 5.5%となった。（第１－１－２図（２）～（４））

　こうした状況の下、2022 年２月 24 日にロシアがウクライナ侵略を開始したことを受け、原油や天然ガスの国際商品価格の上昇が加速した。また、ロシアやウクライナが輸出に占めるシェアの高い小麦等についても価格が上昇した（第１－１－２図（２））。こうした国際商品市況を受け、既に上昇していた各国の消費者物価は更に上昇し、アメリカでは６月に 9.1%を記録した。11 月に 7.1%へと上昇幅を縮めたものの引き続き高水準で推移しており、欧州ではユーロ圏で 11 月に 10.1%、英国で 11 月に 10.7%となるなど更に高い水準で推移している（第１－１－２図（４））。

第１－１－２図　需要回復とウクライナ危機による世界的な物価上昇

コロナ禍からの需要回復と供給制約による物価上昇がロシアのウクライナ侵略で加速

（１）グローバルサプライチェーンプレッシャーインデックス

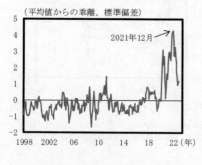

（２）国際商品市況

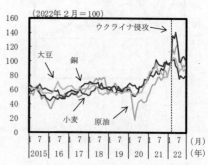

（３）主要国の失業率・賃金上昇率

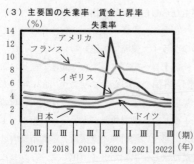

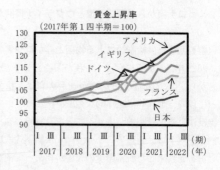

（4）主要国のＣＰＩコアの推移

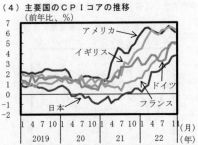

（備考）ニューヨーク連邦準備銀行、Bloomberg、総務省「消費者物価指数」、アメリカ労働省、フランス統計局、
　　　　英国統計局、OECD.Statにより作成。

（主要国では、物価上昇に対して金融引締めを進めるとともに財政支援を実施）

　急速な物価上昇に対し、各国・地域の中央銀行が金融政策の引締めを通じてインフレ抑制
に努めると同時に、各国政府は財政政策を通じて低所得層や相対的に体力の弱い中小企業を
中心とした支援策を講じた。

　金融政策についてみると、アメリカで 2022 年３月以来７回の政策金利引上げが実施され、
2022 年 12 月にはＦＦレートが 4.5％となったほか、ユーロ圏では 2.5％、英国では 3.0％ま
で政策金利を引き上げている（第１−１−３図（1））。こうした急速な政策金利の引上げは、
各国での需要の減少や雇用情勢の悪化を通じた世界的な景気減速につながるリスクがある。
ただし、アメリカにおいては住宅ローン金利が上昇する中で住宅着工は減少しているものの、
７−９月期のＧＤＰは３四半期ぶりにプラスとなるなど、経済全体としては緩やかな持ち直
しの動きが続いている（第１−１−３図（2））。他方、欧州では依然としてエネルギー供給
不足への懸念が残る中、物価上昇率の高まりが実質賃金を低下させることで小売売上高が弱
い動きとなっている（第１−１−３図（3））。このため、ドイツでは家計や中小企業向けに
電気代の一定額まで補助金を支給するなど総額 9.1 兆円のエネルギー価格高騰への対策パッ
ケージを 2022 年９月にまとめたほか、フランスでは 2022 年内のガソリン価格の割引や、一
般家庭や小規模企業に対するガス料金上昇率や電気料金上昇率の抑制などの購買力支援政策
パッケージが 2022 年８月に公表されるなど、各国で物価上昇に対する家計や中小企業の負
担軽減を目的とした財政支援策が取られている（第１−１−３図（4））。

第1－1－3図　主要国の物価上昇に対する財政金融政策

各国では政策金利を引き上げるとともに、実質賃金が低下する中で財政支援を実施

（1）主要国の政策金利の推移

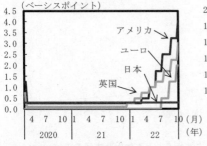

（2）アメリカの住宅ローンと住宅着工件数

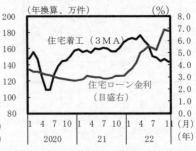

（3）実質賃金上昇率の各国比較

（2022年7－9月期、前年同期比、％）

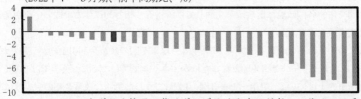

（4）諸外国の物価対策

国名	施策内容
ドイツ	エネルギー価格高騰への対策パッケージⅢ＜総額約9.1兆円、2022年9月公表＞
	→家計や中小企業向けに電気代の一定額まで補助金を支給等
英国	生活費支援パッケージ＜総額約2.6兆円、2022年5月公表＞
	エネルギー価格保障＜総額約5.2兆円、2022年9月公表＞
	→家計部門でのエネルギー料金上限の設定、企業部門でのエネルギー料金の割引等
フランス	購買力支援政策パッケージ＜総額約2.8兆円、2022年8月公表＞
	→年内のガソリン価格割引、一般家庭や小規模企業に対する年内のガス料金凍結、 　年明け以降のガス料金上昇率や電気料金上昇率の抑制等
アメリカ	カリフォルニア州独自の取組＜2022年6月公表＞
	→中間層以下への税還付等

（備考）　1．Bloomberg、アメリカ商務省、米連邦住宅貸付抵当公社、OECD.Stat、各国政府により作成。
　　　　　2．（1）について、各国の政策金利は、基準貸付利率（日本）、FF金利（米国）、市場介入金利
　　　　　　　（ユーロ）、基準貸出金利（英国）を使用。
　　　　　3．（4）について、2022年9月28日時点。円換算は2022年7月期中平均為替レート。

（我が国では、交易損失が拡大し、実質総雇用者所得も前年比マイナスで推移）

　コロナ禍以降の世界的な需要の回復や供給制約を背景とした国際商品価格の上昇は、我が国経済にはどのような影響を与えただろうか。まず、原油をはじめとする鉱物性燃料価格の影響により輸入物価は大きく上昇したが、輸出物価への転嫁は限定的であり、2021年春以降、交易条件が急速に悪化した（第１－１－４図（１））。これにより交易損失は拡大し続け、2022年７－９月期には19.0兆円の所得流出となり、2022年入り以降、実質ＧＮＩは伸び悩んでいる（第１－１－４図（２））。

　消費者物価は、輸入物価の上昇によってエネルギーや食料品を中心に上昇しているが、2022年11月の生鮮食品を除く消費者物価（コア）の上昇率は3.7％と、欧米諸国と比較すると低い（前掲第１－１－２図（４）、第１－１－４図（３））。しかし、長くデフレ又は低インフレが続いてきた我が国においては消費税率引上げによる上昇を除けば、3.7％であっても40年11か月ぶりの上昇率である。2022年10月の名目総雇用者所得は、前年比は1.7％の増加となったものの、物価上昇の影響を加味した実質はマイナス2.1％と前年を下回っている（第１－１－４図（３））。また、物価上昇の影響もあって消費者マインドは弱い動きとなるなど、消費の先行きは注意が必要な状況にある（第１－１－４図（４））。

第１－１－４図　交易条件、交易利得、消費者物価、総雇用者所得、消費者マインドの動向
　　　交易条件が悪化する中、国内では実質総雇用者所得が前年比マイナスで推移

（１）交易条件の寄与度分解

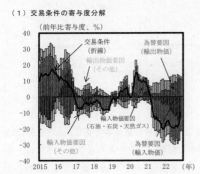

（２）ＧＤＰとＧＮＩ（実質）

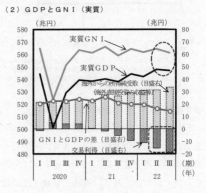

（３）消費者物価の寄与度分解

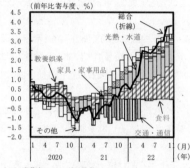

（４）総雇用者所得の推移

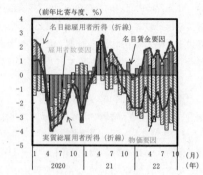

（５）消費者マインドの推移

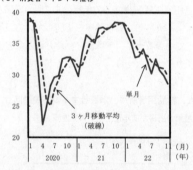

（備考）　1．日本銀行「企業物価指数」、内閣府「国民経済計算」、「総雇用者所得」「消費動向調査」、総務省「消費者物価指数」
　　　　　　により作成。
　　　　　2．為替要因は、「円ベース指数÷契約通貨ベース指数」により算出。輸出物価の各要因は契約通貨ベース、
　　　　　　輸出物価に対する寄与、輸入物価の各要因は契約通貨ベース輸入物価に対する寄与の逆符号。
　　　　　　図に示した各要因の他、為替要因と輸出入物価要因の積として表される交差項がある。
　　　　　3．（5）は二人以上の世帯。季節調整値。

（我が国においても物価高騰対策を実施）

　こうした中で、政府は 2022 年３月に燃料油価格激変緩和対策事業等を盛り込んだ「原油価格高騰に対する緊急対策」を、４月に激変緩和事業の継続・拡充やエネルギー・原材料・食料安定供給対策を盛り込んだ「コロナ禍における「原油価格・物価高騰等総合緊急対策」」を策定した。また、７月には物価・賃金・生活総合対策本部で肥料高騰対策等を、９月には同本部で低所得世帯５万円給付金などの追加策を取りまとめた。さらに、10 月 28 日に電力・ガス価格激変緩和対策事業等を内容とする「物価克服・経済再生実現のための総合経済対策」を閣議決定し、12 月２日に 2022 年度第２次補正予算が成立するなど、諸外国同様、我が国においても物価上昇の家計・事業者への影響を軽減するための対策が取られている（第１−１−５図）。

第1-1-5図　国内の物価対策

物価上昇に対して機動的に対応

（1）物価高騰対策のスケジュール

日付	対策の内容
令和4年3月4日	「原油価格高騰に対する緊急対策」 策定
	一般予備費支出 閣議決定
	→燃料油価格激変緩和対策事業等
4月26日	「コロナ禍における「原油価格・物価高騰等総合緊急対策」」 策定
	→燃料油に対する激変緩和事業の延長・拡充や、エネルギー・原材料・食料等 安定供給対策等
4月28日	コロナ予備費、一般予備費支出 閣議決定
5月31日	令和4年度補正予算成立
	→原油価格高騰対策への関連経費及び物価高騰対策予備費等の計上
7月29日	コロナ・物価予備費支出 閣議決定
	→物価・賃金・生活総合対策本部にて肥料高騰対策等を取りまとめ
9月20日	コロナ・物価予備費支出 閣議決定
	→物価・賃金・生活総合対策本部にて低所得者世帯への5万円給付金等を取り まとめ
10月28日	「物価高克服・経済再生実現のための総合経済対策」 策定
	→電力・ガス価格激変緩和対策事業等（詳細は（2）参照）

（2）新たな経済対策と補正予算

名称	（規模）	令和4年度2次補正予算の概要	補正予算内訳
物価高克服・経済再生実現のための総合経済対策　〔2022年10月28日閣議決定〕	事業規模71.6兆円程度　財政支出39.0兆円程度	Ⅰ．物価高騰・賃上げへの取組	7兆8,170億円
		1．エネルギー・食料品等の価格高騰により厳しい状況にある生活者・事業者への支援	6兆3,186億円
		2．エネルギー・食料品等の危機に強い経済構造への転換	4,257億円
		3．継続的な賃上げの促進・中小企業支援	1兆745億円
		Ⅱ．円安を活かした地域の「稼ぐ力」の回復・強化	3兆4,863億円
		1．コロナ禍からの需要回復、地域活性化	2兆4,055億円
		2．円安を活かした経済構造の強靱化	1兆809億円
		Ⅲ．「新しい資本主義」の加速	5兆4,956億円
		1．「人への投資」の抜本強化と成長分野への労働移動：構造的賃上げに向けた一体改革	1兆1,313億円
		2．成長分野における大胆な投資の促進	4兆552億円
		3．包摂社会の実現	3,091億円
		Ⅳ．防災・減災、国土強靱化の推進、外交・安全保障環境の変化への対応など、国民の安全・安心の確保	7兆5,472億円
		Ⅴ．今後の備え	4兆7,400億円

（備考）内閣府、財務省により作成。

3　為替変動の背景と経常収支赤字

（為替レートは長期的には購買力平価におおむね沿って推移するが、このところ乖離が拡大）

　世界的な物価高と政策金利の引上げ等は、為替レートにも影響を与え、2022年は急速に対ドルで円の減価が進んだ。為替変動は、輸入物価や輸出物価の上昇等を通じて国内の家計・企業の活動に影響を与え、結果として貿易収支や所得収支を通じて経常収支に影響を与える。

　そこで本項では、最初に為替レートの変動が、ファンダメンタルズと比較してどのような動きとなっているのか見てみよう。まず、為替レートが、長期的には同一財の価格差やインフレ格差が相殺されるように変動すると考える購買力平価説と整合的な動きとなっているか確認する。日米の購買力平価を企業物価の比と仮定し、為替レートとの関係をみると、振れを伴いながらも、すう勢として購買力平価に沿う形で推移してきたことがわかる。一方で、2022年は過去50年間で購買力平価から最も大きく乖離した状態にある（第1－1－6図（1））。

　相対価格比以外で為替レートに影響を与える要因としては、貨幣供給（需要）量の違いや金利差が挙げられる。まず、日米の貨幣供給量の比をマネタリーベース比としてみると、2000年代初頭から2010年代前半にかけて為替レートとおおむね連動しているものの、2016年頃から連動性を失っている。（第1－1－6図（2））また、金利差について日米の実質短期金利の差を取ると、こちらも一定の相関関係がみられるが、時期によって連動の有無が異なる。コロナ禍以降は、アメリカの金融緩和による実質金利差の拡大（円高要因）が生じたものの、ドル円レートは円安で推移しており、連動性が失われていた。ただし、2022年に入ってからは、実質金利差が縮小（円安要因）する中で、コロナ禍以前にみられた金利差と為替水準の関係が再確認されるようになっている（第1－1－6図（3））。

第1－1－6図　為替レートの変動要因

為替レートは長期的には購買力平価におおむね沿って推移するが、足下乖離が拡大

（1）日米購買力平価と為替レート

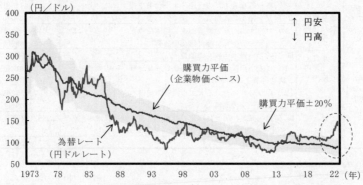

（２）日米マネタリーベース（ＭＢ）比と為替レートの推移と相関関係

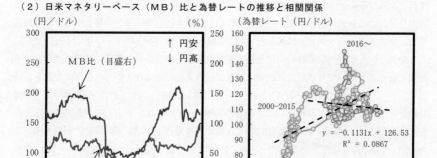

（３）日米金利差と為替レートの推移と相関関係

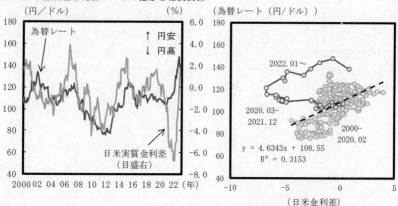

（備考）　1．Bloomberg、日本銀行「マネタリーベース」、ＦＲＢ「Federal Reserve Economic Data」により作成。
　　　　　2．日米マネタリーベース比＝日本マネタリーベース／米国マネタリーベース
　　　　　3．日米金利差＝米国実質短期金利－日本実質短期金利

（足下の為替変動は相対価格の要因が大きい）

　次に、名目金利差による裁定取引が行われる際に市場参加者が前提としている予想為替レート[2]を推計し、予想為替レートと金利以外の主な為替レートの決定要因と考えられる相対価

---

[2]　予想為替レートについて、現在の為替レートが、予想為替レートと短期金利差を基にリターンが等しくなる水準まで市場参加者が為替取引を行った結果として決定されているとした場合の予想為替レートを、実際の為替レートと短期金利差から逆算する形で推計した。

格比（日米の貿易財価格比[3]）の関係をみよう。予想為替レートと貿易財価格比は、1987年以降の長期間に渡りおおむね連動してきたものの、コロナ禍以降、予想為替レートは貿易財価格比から見込まれる水準より減価した状態で推移している（第1－1－7図（1）、（2））。

　このように、短期的な為替動向は金利差や貿易財価格比といった個別の関係だけをみても要因を特定できないが、長期的には安定的な関係も見いだせることから、各種の変数を同時にコントロールした為替レート（ドル円レート）関数を推計[4]することで、時期に応じた為替変動の要因を見てみる。具体的には、前期の為替レートに加え、日米の相対価格の変化を捉える貿易財価格比、政策金利の変化に伴う裁定取引や期待インフレ率の変化の影響を捉えるため、日米の実質金利差とマネタリーベース比[5]を用いて推計を行った（第1－1－7図（2））。

　推計結果を用いてドル円レートの変動要因を分解すると、変化の7割弱は前期の為替レートの影響を引きずる一方、貿易財価格比、金利差、マネタリーベース比が影響を与えている。コロナ禍以降の動きをみると、貿易財価格比については、2021年7－9月期まで相対価格比が低下して円高要因であったが、2022年に入ってからは我が国での継続的な物価上昇によって相対価格比が上昇し、円安要因となっている。これに加えて実質金利差の変化も円安に寄与している（第1－1－7図（3））。しかし、実績値は、金利やマネタリーベース、相対価格といった構造要因で説明できない部分（誤差率）が過去と比べても大きい。自己ラグが説明する程度が大きいことを踏まえると、為替の自己実現的なファンダメンタルズからの乖離（投機的な動きの偏りやハーディング[6]現象）が相応に影響を与えているとも考えられる。

---

[3] 貿易財価格とは、輸出価格と輸入財価格を合成して作成した貿易財の卸売物価に近い概念である。第1－1－6図で用いた購買力平価（企業物価ベース）は長期的な水準として為替レートを説明する一方、貿易財価格比は、水準自体は為替レートよりも高くなるものの、短期的な変動については購買力平価（企業物価ベース）より為替レートとの連動が高いことから、ここでは我が国の貿易財価格を米国の貿易財価格で除した貿易財価格比を用いている。

[4] コロナ禍以降、説明変数に用いた各種変数と為替レートの関係に変化がうかがえることから、推計対象期間を2020年1－3月期までとした。

[5] なお、マネタリーベース比については、我が国での量的金融緩和策や量的・質的金融緩和策の実施時期に大きく増加していることから、当該時期のパラメータの変化を想定した推計式としている。

[6] 投資家やファンドマネージャーが、十分な情報やリスクに見合った収益の上昇なしに高いリスクを取り、混乱の兆候が見えるとすぐにリスク回避的行動に走る場合、「ハーディング」と呼ばれる（Bikhchandani and Sharma, 2000）。

第１－１－７図　為替レート関数

相対価格比の上昇、金利差の拡大下で為替レートは減価しているが、足下では推計値から乖離

（１）貿易財価格比と予想為替レートの推移と相関関係

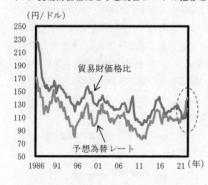

（円/ドル）

貿易財価格比

予想為替レート

1986　91　96　01　06　11　16　21（年）

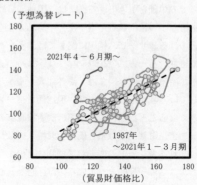

（予想為替レート）

2021年4－6月期～

1987年
～2021年1－3月期

（貿易財価格比）

（２）為替レートの推計値と実績値の比較

（３）為替レート変化の累積寄与度分解

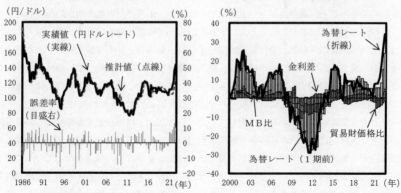

（円/ドル）　　（%）

実績値（円ドルレート）
（実線）

推計値（点線）

誤差率
（目盛右）

1986　91　96　01　06　11　16　21（年）

（%）

為替レート
（折線）

金利差

ＭＢ比

貿易財価格比

為替レート（1期前）

2000　03　06　09　12　15　18　21（年）

（備考）　1.　日本銀行「企業物価指数」、「マネタリーベース」、「コールレート」、ＢＥＡ"National Income
　　　　　 and Product Accounts"、ＦＲＢ"Aggregate Reserves of Depository Institutions and the
　　　　　 Monetary Base"、ＩＭＦ"International Financial Statistics"、Bloomberg、日経ＮＥＥＤＳに
　　　　　 より作成。
　　　　2.　予想為替レート（円/ドル）は、金利平価説に基づき以下の通り推計。
　　　　　 予想為替レート＝為替レート（実績）×（日米名目金利差/100＋1）
　　　　3.　推計式は下の通り。詳細については付注１－１を参照。
　　　　　 ln（為替レート）＝ 1.23 ＋ 0.0016（貿易財価格比）－ 0.0018（実質金利差）
　　　　　　　　　　　　　 (4.49***)　(2.4***)　　　　　　　(3.4***)
　　　　　　　　　　　　 ＋ 0.0005（ＭＢ比）＋ 0.6814（為替レート（1期前））
　　　　　　　　　　　　　　　(1.77*)　　　　　　(9.11***)

（円安は短期的には貿易収支悪化、所得収支改善の方向に寄与）

　2022年度半ばにかけて急速な円安がみられたが、為替変動は、経常収支に様々なルートを

通じて影響を与える。貿易収支についてみれば、円安により輸入金額、輸出金額ともに増加する可能性がある。具体的には、輸入は、仮に数量が一定であれば、円ベースの輸入価格の上昇によって金額が増加する。輸出は、企業が現地通貨建ての輸出価格を維持しながら円ベースでの単価を引き上げる、又は、現地通貨建ての輸出価格を引き下げ、円ベースでの単価を維持しつつ輸出数量を増やす、いずれの戦略を取った場合でも輸出金額が増加することが見込まれる。サービス輸出に関しては、インバウンド消費の増加等を通じた輸出金額の増加が期待される一方、アウトバウンドについても同様となるため輸入金額の増加も想定される。また、所得収支については、海外邦人企業からの配当金等の直接投資収益等が黒字超過で推移している我が国にとっては、現地通貨ベースでの支払いと比べ円ベースでの受取の増加が大きくなることなどにより、第一次所得収支の受取が増加する。

　そこで、財輸出の数量と価格、財輸入の数量と価格、所得収支、サービス収支について、それぞれ為替レートの変動が短期的にどのような影響を与えるのか、簡易推計してみよう。なお、ここで短期的としているのは、時間経過を伴って生じる数量の反応（いわゆるＪカーブ効果）は考慮されていないためである。また、貿易収支構造が変化し、おおむね均衡して推移するようになったリーマンショック以降を推計対象としている点も留意が必要である。

　推計結果をみると、実効為替レートが減価した場合、１四半期程度の短期的な反応としては、財輸出については数量、価格ともに上昇することで輸出金額を増やす一方、輸入については、鉱物性燃料以外の品目では数量は減少するが、価格の上昇寄与が上回ることで金額が増加する。また、鉱物性燃料については、輸入数量は価格の影響を受けず、価格が上昇した分だけ輸入金額が増加する[7]。これらの結果を総合してみると、輸入金額の増加が輸出金額の増加を上回ることで、短期的に貿易収支の赤字幅は拡大しやすい[8]。なお、この結果は、先に述べたとおり短期的な変動のみを捕捉していることに加え、様々な要素が影響している可能性がある。具体的には、我が国の対外的な取引通貨における円建ての取引シェアは、輸入の25.3％に対し輸出が38.1％と、輸出が為替変動の影響を受けにくい構造となっていることや、短期的には現地通貨建ての取引価格を低下させることができたとしても国内の生産余力の範囲内でしか輸出数量を増加できないこと、また、推計期間にコロナ禍が含まれており、部品等の供給制約によって短期的な生産余力が失われ、輸出数量の弾性値が押し下げられている可能性などが挙げられる。

　所得収支については、為替レートの変動に対する弾性値はおおむね１と、為替が減価する分円建ての収支が改善しやすいとの結果が得られた。第一次所得の受取は、海外邦人企業か

---

[7] 鉱物性燃料の輸入価格は、国際商品市況と為替レートでほぼ決定されることから、為替レートの変動に対する弾性値は１となる。

[8] Kallianiotis(2022)において、アメリカの貿易収支について、ドルの減価は短期的には、ドル建ての輸入価格が上昇することで輸入金額が上昇する一方、輸出については既存の契約に基づいていることから輸出金額が増加せず、短期的には数量を増加させることも難しいため、貿易収支を悪化させるとされている。

らの配当金等の直接投資収益や証券投資収益であり、短期的な為替変動によって配当比率などが大きく変わるとは想定されないことと整合的な結果と考えられる。なお、サービス収支については輸出金額の弾性値が輸入金額の弾性値を上回り、為替レートの減価は収支の改善に寄与するとの結果となった（1－1－8図）。

第1－1－8図　為替レート変化による貿易収支や所得収支への影響

円安は、短期的には貿易収支には赤字方向に、所得収支・サービス収支には黒字方向に寄与

（1）為替レート変化に対する弾性値

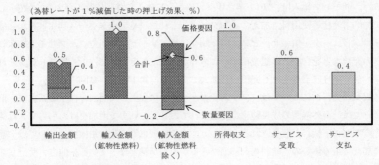

（2）為替レート変化による金額変化試算

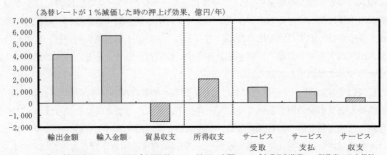

（備考）1．財務省「貿易統計」、日本銀行「実効為替レート（名目・実質）」、「企業物価指数」、財務省・日本銀行「国際収支統計」、内閣府「景気動向指数」、CPB "Netherlands Bureau for Economic Policy and Analysis" により作成。
　　　　2．（1）の推計方法は付注1－2を参照。
　　　　3．（2）は、各項の2019年年間金額に（1）で推計した弾性値を乗じて算出。

（経常収支は鉱物性燃料の価格上昇等により103か月ぶりの赤字）

ここまで収支項目別の為替レートの短期的な影響をみてきたが、経常収支の実績を確認しておきたい。経常収支は、2019年には19.3兆円の黒字だったが、貿易収支の赤字幅の拡大が所得収支の黒字幅の拡大を上回ること等により、2022年10月には103か月ぶりに赤字となった（第1－1－9図（1））。貿易収支についてみると、2022年には、原油・石炭・天然

ガスといった鉱物性燃料の価格上昇が、円安とあいまって輸入金額を大きく増加させた。輸出については、供給制約もあり数量の増加が限定的な一方、電気機器や一般機械、輸送用機器などを中心に、円安もあり円ベースでの輸出金額は増加した。しかし、鉱物性燃料を中心とする輸入金額の増加が輸出金額の増加を上回った結果、2022年11月には2兆円の貿易収支赤字となった（第1－1－9図（2）～（4））。

　サービス収支の赤字幅も拡大している。サービス輸出は、2019年と比べ、輸送サービスや知的財産権等使用料が増加した一方、欧米諸国と比べ厳格な水際対策を長く続けたことで旅行（外国人の訪日旅行）が大きく減少し[9]、全体では小幅な増加にとどまった（第1－1－9図（5））。サービス輸入は、2019年と比べ、旅行（日本人の外国旅行）が大きく減少[10]した一方、知的財産権等使用料に加え、インターネット利用料やデータベース利用料等から成る通信・コンピュータ・情報サービス、研究開発に係るサービス取引やウェブサイトの広告スペースの売買などを含むその他業務サービス等が伸びたことで7兆円近く増加した。それらの結果、サービス収支赤字は6兆円へと拡大している（第1－1－9図（6））。

　対外収支の先行きについては、プラス要素とマイナス要素の両面が存在する。まず、財輸出については、海外経済の成長鈍化が見込まれており、これまで増加をけん引してきた機械類等の資本財の下振れが懸念される。また、主力の自動車等の輸送用機械については、需要要因に加えて半導体等の供給制約を解消できるか否かが鍵となっている。他方、サービス輸出については、海外からの旅行客が当面は増加すると期待される。

　次に輸入については、原油価格が2022年半ばをピークに円ベースでも11月にはウクライナ危機前の水準に戻っているものの、地政学リスクは引き続き高く意識され、産油国の動向によって需給がひっ迫する可能性は残る。もっとも、8割以上を長期契約で買い付けている天然ガスがおおよそ3か月前の原油価格と連動する商慣行を踏まえると、当面の燃料輸入額が急増するリスクは低下している。

　ただし、我が国のエネルギー供給における化石燃料への依存度の高さが解消されない限り、鉱物性燃料の商品市況の影響を強く受けて所得流出に苛まれることになる。今後は、安全の確認された原子力発電所の再稼働を進め、国産素材を利活用する再生可能エネルギーについてコストを低減させながら比率を高めることで、対外依存度を引き下げることが求められる。こうした取組は、地球温暖化対応にもかなう。また、産業分野だけでなく、一般住宅や商業施設並びに公共交通において省エネ投資を一層進めることにより、エネルギー需要を抑制していくことも重要である。さらに、人口動態の変化を踏まえると、財輸出に依存する構造、数量に依存する構造を変えていくことも求められる。具体的には、通信・コンピュータ・情

---

[9] 輸送サービスは2.9兆円から4.4兆円、知的財産権等使用料は5.1兆円から6.9兆円に増加。旅行は5.0兆円から1.2兆円に減少し、全体では22.8兆円から24.4兆円への増加。
[10] 旅行サービス輸入は2.3兆円から0.8兆円に減少した。

報サービスやその他業務サービスといった輸入超過のデジタル関連産業の競争力強化[11]も重要な課題と考えられる。

第1－1－9図　経常収支の推移

鉱物性燃料の輸入金額の拡大等により103か月ぶりの経常赤字

（1）経常収支の推移

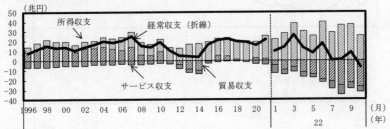

（2）貿易収支の要因分解

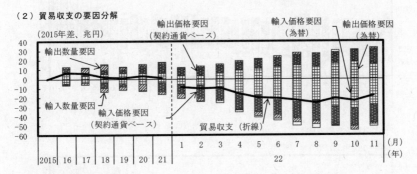

（3）財輸出金額の推移

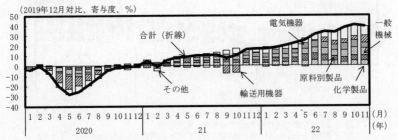

---

[11]　通信・コンピュータ・情報サービスの赤字は2010年の0.2兆円から2021年には1.7兆円まで拡大、その他業務サービスの赤字は2010年の0.5兆円から2021年には3.0兆円へと拡大している。

（4）財輸入金額の推移

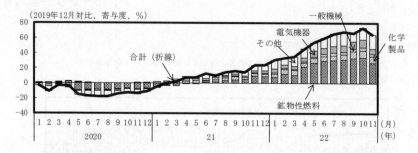

（5）サービス輸出金額の推移

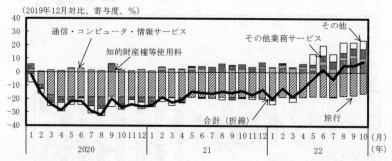

（6）サービス輸入金額の推移

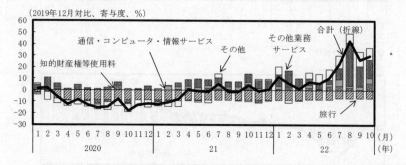

（備考）1. 財務省・日本銀行「国際収支統計」、財務省「貿易統計」、日本銀行「企業物価指数」、により作成。
　　　　2.（1）（2）の2022年月別データは、年率換算、季節調整値。
　　　　3.（2）の価格要因（為替）は、契約通貨建て価格指数変化と円建て価格指数変化の差として定義。
　　　　4.（3）～（6）は、内閣府による季節調整値。
　　　　5.（5）（6）のその他サービス（その他）は、「輸送サービス」、「委託加工サービス」、
　　　　　「維持修理サービス」、「建設サービス」、「保険・年金サービス」、「金融サービス」、
　　　　　「個人・文化・娯楽サービス」、「公的サービス等」の合計。

コラム１－１　世界的なサービス貿易の拡大と日本のサービス収支の動向

　ＵＮＣＴＡＤによると、2006年からの15年間に、世界全体の財輸出が84％増加したのに対して、コロナ禍で一時的に落ち込んでいる旅行を除くと、サービス輸出は140％増加するなどサービスの貿易に占める割合が増加している（コラム１－１図（1））。一方、我が国でも旅行を除くサービス輸出は増加しているものの、その増加率は62％と世界全体の半分以下であり、旅行を除くサービス輸出に占める日本のシェアは2021年では3.0％にとどまっている（コラム１－１図（2）、（3））。

　我が国のサービス輸出の特徴を世界との比較でみると、知的財産権等使用料がシェア・寄与度ともに高い。加えて、最近10年で旅行サービスの輸出が大きく伸び、サービス収支の改善に寄与している一方、通信・コンピュータ・情報サービスは、主にゲームの定額利用料の輸出が増加することで2019年、20年と急速に伸びたもののシェアは依然として小さく、シェアが大きいその他業務サービスの伸びは世界平均の半分にとどまっている（コラム１－１図（2）、（4）、（5））。

　次に、サービス貿易の収支をみると、上述のとおり輸出の伸びが世界との比較で小さい一方で、輸入が大きく増加し赤字幅が拡大している（前掲第１－１－９図（5）、（6））。通信・コンピュータ・情報サービスの大宗はコンピュータサービス[12]であり、ゲーム等のサブスクリプション契約の利用料、ファイルや写真を保存・共有するクラウドサービスやウェブ会議システムの月額利用料などが含まれる。こうした分野の輸入が増加し、赤字幅が2014年の0.9兆円から2021年には1.7兆円へと拡大している。また、その他業務サービスは、研究開発サービス、専門・経営コンサルティングサービス、技術・貿易関連・その他業務サービスに分類される。このうち、検索エンジンやＳＮＳの広告スペース利用料などが含まれる専門・経営コンサルティングサービスは、世界的に成長が顕著であるものの、我が国では輸入に比べ輸出の伸びが小さく、赤字幅が同0.5兆円から1.3兆円へと拡大している。さらに、動画や音楽配信サービスは知的財産権等利用料の中の著作権等利用料に含まれているが、こうしたサービスも含め、著作権等利用料でも輸入に比べ輸出の伸びが小さく、赤字幅が同0.8兆円から1.4兆円へと拡大している（コラム１－１図（6））。

　デジタル関連サービスはこのように様々な項目に分類されているため、それだけを取り出して議論することは難しいが、例えば、通信・コンピュータ・情報サービスは世界全体で輸出額が過去15年で3倍以上に成長しており、今後も成長が続くと考えられる分野である[13]。このため、海外展開も視野に入れたデジタル取引における環境整備や、デジタル人

---

[12] 通信・コンピュータ・情報サービスのうち世界全体では84％、日本では91％（2021年）がコンピュータサービスとなっている。

[13] 令和3年度情報通信白書では、世界の市場規模について、動画配信は2020年の668.3億ドルから2023年には1,015.6億ドルへ、モバイル向けアプリは2020年の1,924億ドルから2023年には2,647億ドル

材の育成等を通じ、我が国企業のデジタル関連分野における競争力を強化していくことが重要となってくる。また、デジタル関連産業は比較的社歴の浅い企業が多く、スタートアップが果たしている役割が非常に大きい。我が国においてはスタートアップ5か年計画を取りまとめたところであり、スタートアップの成長がデジタル関連サービスの輸出増につながることも期待される。

コラム1-1図　世界のサービス輸出

　　世界と比べ日本はサービス貿易の成長が遅く、特にデジタル関連サービスの寄与が小さい

（1）世界の財貿易とサービス貿易　　　　　（2）世界と日本のサービス輸出金額（旅行除く）

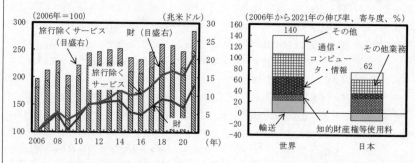

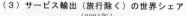

（3）サービス輸出（旅行除く）の世界シェア　　（4）世界のサービス輸出の寄与度分解

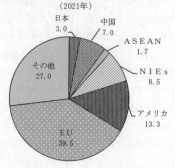

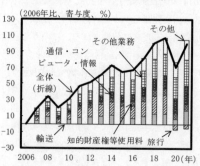

へ、ウェブ会議は59.5億ドルから83.9億ドルへ、クラウドサービスは2020年の3,281億ドルから2023年には5,883億ドルへとそれぞれ成長するとの調査結果が紹介されている。

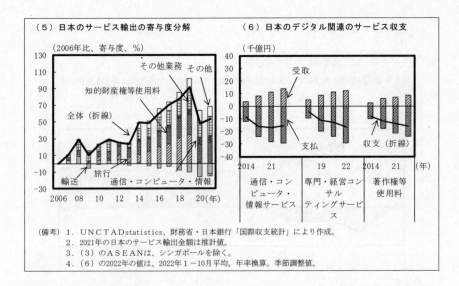

（5）日本のサービス輸出の寄与度分解

（2006年比、寄与度、％）

その他業務　その他

知的財産権等使用料

全体（折線）

旅行

輸送　　　　通信・コンピュータ・情報

（6）日本のデジタル関連のサービス収支

（千億円）

受取

支払

収支（折線）

2014　21　　　19　　22　　2014　21　（年）

通信・コン　　専門・経営コン　　著作権等
ピュータ・　　　サル　　　　　使用料
情報サービス　ティングサービ
　　　　　　　ス

（備考）1．UNCTADstatistics、財務省・日本銀行「国際収支統計」により作成。
　　　　2．2021年の日本のサービス輸出金額は推計値。
　　　　3．（3）のASEANは、シンガポールを除く。
　　　　4．（6）の2022年の値は、2022年1－10月平均。年率換算。季節調整値。

第2節　我が国の物価動向

　欧米におけるコロナ禍からの需要回復とウクライナ情勢による国際商品市況の上昇等を受けた輸入物価の上昇は企業物価や消費者物価ともに約40年ぶりの上昇をもたらしている。そこで本節では、企業物価の動向と価格転嫁の状況、消費者物価の現状と家計への影響、今回の物価上昇の要因と基調の強さなどについて検証する。

1　企業物価の動向と価格転嫁の状況

（輸入物価の上昇を受け、企業物価は42年9か月ぶりの上昇）

　はじめに輸入物価の推移から見てみよう。原油をはじめとする原材料価格が上昇する中で、2021年3月に前年同月比でプラスに転じて以降、上昇幅を拡大し続け、2022年7月に49.1％となった後、上昇幅が縮小した（第1－2－1図（1））。輸入物価（円ベース）上昇の内訳をみると、2022年夏までは国際商品価格の上昇を受け、「石油・石炭・天然ガス」といったエネルギー価格の上昇（契約通貨ベース）が押上げに最も大きく寄与してきたが、夏以降、2021年末ごろから進行してきた円安による為替要因の押上げ寄与がエネルギー価格上昇の寄与を上回るようになった。その結果、2022年11月時点では輸入物価の前年同月比（28.2％）における為替要因の寄与度は19.6％と上昇率の7割程度を占めている。

　次に国内企業物価についてみると、輸入物価の上昇を受けて2021年3月以降、前年同月比でプラスに転じており、2022年9月には1980年12月以来42年9か月ぶりの上昇となる10.3％となった後、上昇幅を縮め、11月には9.3％となっている。内訳をみると、原油等の資源価格の上昇を受けて「電力・都市ガス・水道」が最も押上げに寄与している（第1－2

－１図（２））。

第１－２－１図　物価関連統計の寄与度分解

輸入物価は国際商品市況が下がる中で上昇幅を縮めているが、企業物価は引き続き高い伸び

（１）輸入物価の寄与度分解

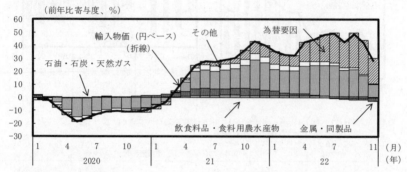

（２）企業物価の寄与度分解

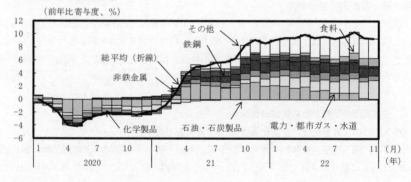

（備考）日本銀行「国内企業物価指数」により作成。

（日米の物価変動のパススルーを比較すると我が国のパススルーは相対的に小幅）

　最終需要・中間需要物価指数（ＦＤ‐ＩＤ指数）を用いると、需要段階別の物価動向を詳細にみることができる。ＦＤ‐ＩＤ指数とは、企業の生産フローに投入される財・サービスを生産段階ごとに分類し、素材・原材料に最も近い段階であるステージ１から最終需要に最も近い段階のステージ４まで、中間需要の各ステージと最終需要の価格を表したものである。これを用いて、我が国における企業間の物価変動のパススルーの特徴をみるため、我が国とアメリカのＦＤ‐ＩＤ指数を比較する。

　我が国では、輸入物価の上昇により、最も川上にある中間需要ステージ１が2021年３月以

降大きく上昇している一方で、最終需要の上昇は小幅にとどまっており、生産フローが川下になるにつれて物価変動が弱まっていることが分かる。一方で、アメリカでは生産フロー間の上昇率の差が小さく、我が国の物価変動のパススルーはアメリカと比べて弱いことが確認できる（第1-2-2図（1））。

　我が国において、企業部門での中間需要段階と最終需要段階の投入価格へのパススルーに続いて、その先で企業における最終需要価格が、消費者が購入する段階での財やサービスの価格に対し、どの程度パススルーされているかも見てみよう。そこで、FD‐ID指数の最終需要のうち消費財の卸売価格と消費者物価指数（生鮮食品を除く財）の前年比上昇率の相関関係を確認すると、我が国の消費者物価の消費財価格に対する弾性値は2020年以降上昇しており、それ以前に比べて消費者物価への価格転嫁が進展していることが示唆される（第1-2-2図（2））。ただし、アメリカと比較すると弾性値は低く抑えられており、価格転嫁の動きが相対的に弱いことが分かる。

第1-2-2図　日米の物価変動のパススルー

アメリカと比較して我が国は物価変動のパススルーが小幅にとどまっている

（1）最終需要・中間需要物価指数の日米比較

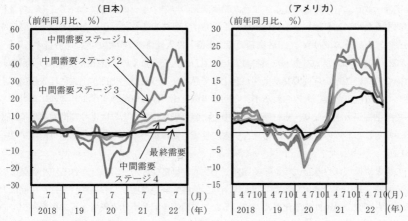

（2）消費者物価（生鮮食品等を除く財）の企業物価（消費財）に対する弾力性

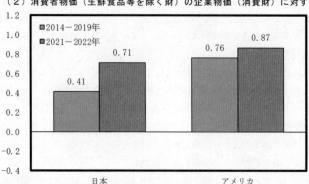

（備考）1．日本銀行「最終需要・中間需要物価指数」、アメリカ労働省、総務省「消費者物価指数」
により作成。
2．消費者物価については、日本は生鮮食品を除く財、アメリカは食料を除く財。

（一部で改善の兆しはあるものの、企業における疑似交易条件は総じてみると悪化）

財・サービスの投入構造には中間投入コスト以外に雇用者所得や営業余剰等が含まれるため、中間投入コストの増加を 100%価格転嫁したとしても、需要段階の川上と川下の価格上昇率は一致しない。そこで、このような物価変動のパススルーの弱さについて、その背景を確認するために、日銀短観の販売価格ＤＩから仕入価格ＤＩを差し引いた値（以下「疑似交易条件」という。）を用いて、各業種の産出価格と投入価格の上昇幅の違いを分析する[14]。

2021 年以降はいずれの規模・業種においても、仕入価格ＤＩの上昇に販売価格ＤＩが追い付いていないことから疑似交易条件が悪化してきた。こうした悪化は、過去に仕入価格が上昇した 2018 年前後にもみられるが、今回は当時と比べ仕入価格ＤＩがより急速に上昇する中で悪化幅が大きくなり、素材系業種を中心に販売価格ＤＩの上昇により疑似交易条件の改善がみられるものの、総じてみると、引き続き価格転嫁が不十分な状況である（第１－２－3図）。

これを規模別にみると、これまで同様、一般的に価格交渉力の弱いとされる中小企業において疑似交易条件の悪化が顕著な傾向にあり、価格転嫁が進展しておらず、また、今回は大企業にも疑似交易条件の悪化が及んでいるなど、規模を問わず仕入価格上昇の影響が出ていることがわかる。また、業種別にみると、製造業では、素材系に比べてより川下に近い食料品や電気機械、輸送用機械といった加工系の業種での疑似交易条件の悪化が目立つ傾向にあるが、2022 年４－６月期以降は緩やかに改善している。他方、非製造業では、建設や不動産・

---

[14] 販売価格ＤＩとは、販売価格が上昇したと回答した企業と下落したと回答した企業の比率の差分を指し、仕入価格について同様に調査したものを仕入価格ＤＩと呼ぶが、この二つのＤＩの差は、当該産業における仕入価格と販売価格との関係を示すことから、企業の価格転嫁状況を表す疑似的な交易条件と考えることができる。

物品賃貸業において建設資材の高騰の価格転嫁が遅れている。また、中小企業を中心に企業
数が多く、個社の価格交渉力が弱い傾向にある運輸・郵便業や、需要がコロナ禍前に戻って
いない宿泊・飲食サービス業などでは、大企業・中小企業ともに価格転嫁が困難な状況が続
いている。加えて、2022年以降情報通信業では、仕入価格が上昇している一方で販売価格は
横ばいと疑似交易条件が悪化し続けている（付図1－1）。

第1－2－3図　疑似交易条件の推移

一部で改善の兆しはあるものの、企業における疑似交易条件は総じてみると悪化

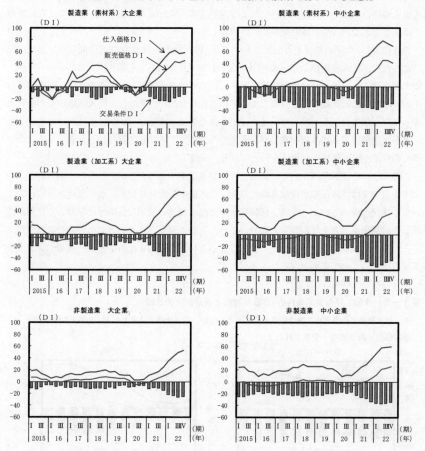

（備考）日本銀行「全国企業短期経済観測調査」により作成。

（仕入価格と販売価格の差は依然としてあるものの、2008年物価上昇局面からは改善）

　次に、疑似交易条件の動向を前回大きく物価が上昇した2008年と比較してみよう（第1－2－4図）。2008年の物価上昇局面においては、製造業は2006年に入った頃には既に仕入価格が上昇していたが販売価格ＤＩはマイナスで推移していた。2008年に入ってようやく販売価格ＤＩがプラスとなったものの、2008年10－12月期に世界的な景気後退によって輸入物価が下落し、仕入価格が下落するまで疑似交易条件の明確な改善はみられなかった。非製造業については、中間投入に占める輸入品の割合が低いことから、製造業と比較して相対的に仕入価格の上昇は緩やかだったとはいえ、仕入価格ＤＩが大きく上昇した2008年においても販売価格ＤＩはマイナスで推移したまま、製造業同様、輸入物価下落に伴って仕入価格が下落することでようやく疑似交易条件が改善した。

　これに対し、今回の物価上昇局面においては、輸入物価が2021年3月に前年比プラスに転じたことで、仕入価格ＤＩについても2021年1－3月期から上昇トレンドが始まったが、販売価格ＤＩも同年4－6月期にはプラスに転じている。また、非製造業では、販売価格ＤＩのプラスへの転換は7－9月期と1四半期遅れたものの、その後、仕入価格ＤＩの上昇に伴って販売価格ＤＩも上昇している。疑似交易条件は2021年から2022年にかけて悪化しているが製造業を中心に改善の兆しがみえており、2008年の物価上昇局面と比較すると、より多くの企業が販売価格への転嫁を行っている。

　このように企業部門において、価格転嫁の動きは進みつつあるが、改善の余地がある。特に中小企業では価格転嫁が抑制された結果、仕入価格の上昇に対して販売価格が追い付いていない状況となっている。今後、価格転嫁の更なる促進と適切な価格付けを通じて企業が確保した付加価値が賃上げの原資となり、これが家計に還元されることで消費者の購買力が維持され、更に価格転嫁等をしやすい状況になるという好循環を作ることで、構造的賃上げを実現していくことが重要となる。

第1－2－4図　疑似交易条件の2008年物価上昇局面との比較

仕入価格と販売価格の差は依然としてあるものの、前回物価上昇局面からは交易条件は改善

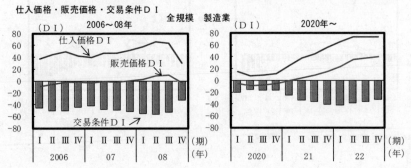

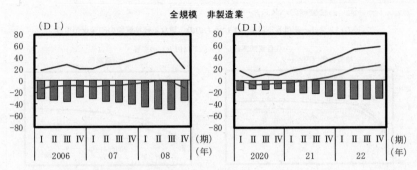

（備考）日本銀行「全国企業短期経済観測調査」により作成。

コラム1－2　為替のパススルー

2022年入り以降の輸入物価の急激な上昇において、為替変動の寄与が大きくなっている。そこで、為替変動に着目してその国内物価への影響をみるため、VARモデルを用いて国内企業物価や消費者物価へのパススルー率を推計し、川上から順に影響をみるため、為替レートの変化の輸入物価への影響からみていく。推計結果をみると、輸入物価は徐々に上昇幅を縮めながらも5か月にわたって上昇を続け、1年後には累積で1.5%ポイント上昇する（コラム1－2図）。次に企業物価への影響をみると、企業物価は最初の4か月程度の間にパススルーが進み、累積で約0.2%ポイント上昇した後、徐々にペースを緩めながら上昇を続ける結果となり、企業取引段階であっても価格転嫁に一定の時間を要している様子が窺える。しかし、2000年～19年の推計結果と比べると2022年まで含めた推計結果ではパススルー率が高まっており、足下では価格転嫁が進んでいる様子がうかがえる。

続いて、消費者物価への影響をみると、2000年～22年の推計結果では、為替変動直後の2か月以内に上昇した後、その後は徐々に価格転嫁が進むものの、1年後であってもパススルー率は累積で約0.05%ポイントにとどまっている。推計期間を2019年までに限ると、2か月目以降にはほぼパススルーはみられないことと比べると、足下の物価上昇局面においては小売価格への転嫁が進んでいる様子がうかがえる。しかし、企業物価以上に価格転嫁に時間を要すること、企業物価と比べるとパススルー率が低いことを勘案すると、円安による輸入物価上昇に対し、最終消費者への販売段階でも、企業内で物価上昇の影響が吸収されている可能性が示唆される。

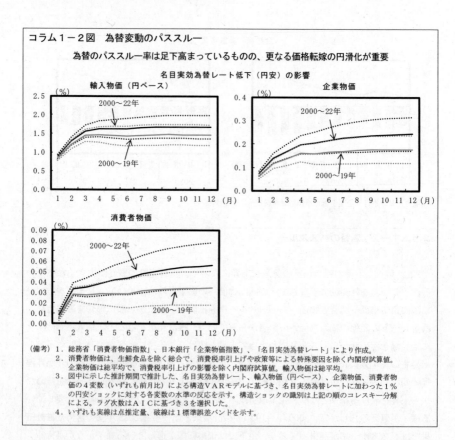

コラム1-2図　為替変動のパススルー

為替のパススルー率は足下高まっているものの、更なる価格転嫁の円滑化が重要

名目実効為替レート低下（円安）の影響

(備考)　1.　総務省「消費者物価指数」、日本銀行「企業物価指数」、「名目実効為替レート」により作成。
　　　　2.　消費者物価は、生鮮食品を除く総合で、消費税率引上げや政策等による特殊要因を除く内閣府試算値。
　　　　　企業物価は総平均で、消費税率引上げの影響を除く内閣府試算値。輸入物価は総平均。
　　　　3.　図中に示した推計期間で推計した、名目実効為替レート、輸入物価（円ベース）、企業物価、消費者物価の4変数（いずれも前月比）による構造VARモデルに基づき、名目実効為替レートに加わった1％の円安ショックに対する各変数の水準の反応を示す。構造ショックの識別は上記の順のコレスキー分解による。ラグ次数はAICに基づき3を選択した。
　　　　4.　いずれも実線は点推定量、破線は1標準誤差バンドを示す。

コラム1-3　品目別の価格転嫁の動向

　2019年以前と比較すると、今回の物価上昇局面では、価格転嫁が進んでいる可能性が示唆される一方、品目によって差はあるものの、現状では多くの品目で、原材料価格等（仕入価格）の高騰による仕入れコストの上昇分を一部しか販売価格へ転嫁できていない、つまり交易条件が悪化していると考えられる。輸入物価、企業物価、消費者物価の上昇品目率と下落品目率の差分をDIとしてとり、その推移を比較すると、輸入物価が上昇してから企業物価、消費者物価へとラグを伴って波及していく様子がうかがえる。この関係から現在の消費者物価の状況をみると、価格転嫁が続いている段階であると考えられる。（コラム1-3図（1））

　そこで、原材料価格等の上昇によるコストの増加が製品（消費者物価）に価格転嫁されるまでのラグについて、消費者物価の構成品目のうち31品目の上昇率とそれぞれの生産過程で投

入することが想定される輸入物価の構成品目の上昇率との間で時差相関を確認してみる。結果をみると、品目によって異なるものの、平均的には4四半期前の相関が最も高く、輸入された原材料価格等の高騰が最終消費財の価格に転嫁されるまで、ほぼすべての品目で半年以上のラグが存在することがうかがえる（コラム1−3図（2））。

　企業の価格決定プロセスとしては、原材料等の調達に当たっての輸入業者等との価格協議、社内における検討、小売店との調整等を経て、販売価格へ反映すると考えられるが、企業の価格改定のリリースは出荷価格改定の半年〜3か月前頃が多いことから、1年〜半年程度のラグが最も説明力が高いという推計結果は、一定の妥当性を持つと言えよう。

　品目によって相関の高いラグが異なる背景としては、例えば市場構造の違いが考えられる。独占的な販売企業は価格交渉力が高いことから販売価格への価格転嫁が比較的早く進む一方、競争的な環境にある企業の価格交渉力は弱いため販売価格への価格転嫁が遅くなる。また、加工度の高い品目は個別の投入素材の価格上昇の寄与が小さいため、価格転嫁まで時間がかかることなどが考えられる。あるいは、米穀等の農産物など、想定上の需給に応じ取引価格が設定される品目は、コスト上昇を直接的に販売価格に反映できないことから、輸入物価との相関が低い結果となっている。

　このように、価格転嫁に要するラグについては品目や業種によって様々な背景があるものの、価格転嫁に時間を要することで交易条件の改善が遅れる場合には、企業は価格転嫁までの間の付加価値を圧縮するため、投資や賃上げの余力を削っていることになる。そのため、競争が厳しく個別企業の価格交渉力が弱い品目や業種であっても、原材料コスト増を価格に転嫁しやすい環境の確保が、持続的な成長のためには今後重要になってくる。

コラム1−3図　業種別の価格転嫁動向

輸入価格の上昇が消費者物価に転嫁されるまでは平均的に4四半期かかる

（1）物価関連統計の値上げ品目数の推移

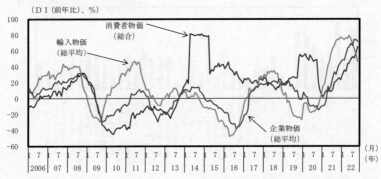

（2）業種（品目）別の輸入物価と消費者物価の時差相関

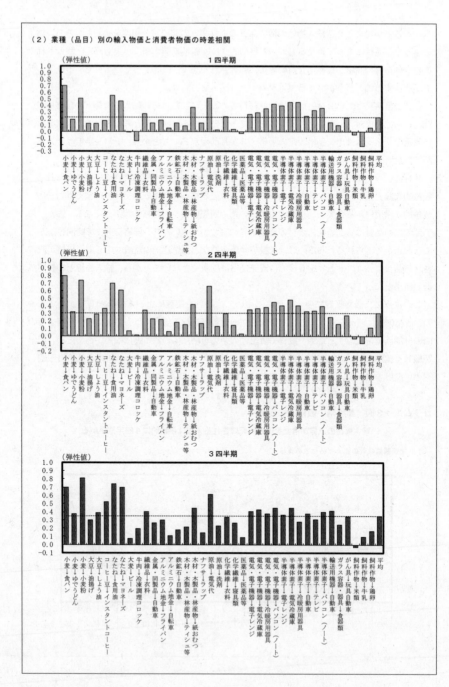

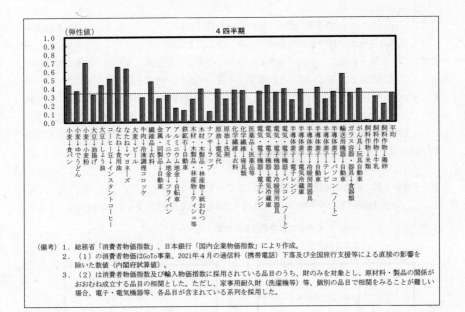

（弾性値）　　　　　　　　　　　　　4四半期

（備考）1．総務省「消費者物価指数」、日本銀行「国内企業物価指数」により作成。
　　　　2．（1）の消費者物価はGoTo事業、2021年4月の通信料（携帯電話）下落及び全国旅行支援等による直接の影響を
　　　　　除いた数値（内閣府試算値）。
　　　　3．（2）は消費者物価指数及び輸入物価指数に採用されている品目のうち、財のみを対象とし、原材料・製品の関係が
　　　　　おおむね成立する品目の相関とした。ただし、家事用耐久財（洗濯機等）等、個別の品目で相関をみることが難しい
　　　　　場合、電子・電気機器等、各品目が含まれている系列を採用した。

2　消費者物価の上昇と家計への影響

（今回は物価上昇のペースは緩やかながらも長期間に渡って上昇幅を拡大）

　消費者物価（コア）については、企業物価の最終財価格を転嫁する形で2021年9月以降、前年同月比がプラスとなっており、「食料」や「水道・光熱」などが押し上げに主に寄与しているが、その他の品目についても徐々に寄与を高め、2022年11月には40年11か月ぶりとなる3.7%となった（前掲第1-1-4（3））。そこで、消費者物価の総合と品目分類別の動向を過去の物価上昇局面と比較してみよう。まず、消費者物価総合の動きをみると、今回の特徴として、国際商品市況における原油価格の上昇開始から消費者物価上昇率がピークを迎えるまでの期間の長さが挙げられる。第一次石油危機、第二次石油危機、2000年代半ばの物価上昇局面はいずれも、国際商品市況で原油価格が上昇に転じてから約1年で物価上昇のピークを迎えたが、今回は消費者物価の上昇率の拡大ペースは相対的に緩やかであるものの長期にわたって高まり続けており、19か月を過ぎた2022年11月においても依然として上昇基調にある（第1-2-5図）。

　品目分類別に動向をみると、電気・ガス代の上昇ペースは電気料金について認可制だった第一次石油危機時よりも早く、上昇率も同程度となっている。電気代の規制料金適用部分については、電力各社の価格が燃料費調整制度に基づく上限額に達した影響もあり、2022年10

月以降は頭打ちとなっている。他方、その他の品目については、コロナ禍からの需要回復等に伴う国際運送費の上昇や原材料価格の上昇、円安による輸入物価の上昇が時差を伴って消費者物価に反映されることから、食料品の上昇にやや遅れて家具家事用品、被服及び履物などにも上昇が波及してきている。その結果、これらの品目の物価上昇率は、2022年11月時点で2000年代半ばの物価上昇局面を超え、第二次石油危機時の上昇率に迫っている。長く続くデフレにおいて、価格の粘着性が強くなっていたことなどから、輸入物価の急激な上昇に比して消費者物価上昇率が抑えられてきたものの、物価上昇が長く続く中で多くの品目に価格上昇が広がっている様子がうかがえる。

第1-2-5図　過去の物価上昇局面におけるCPI上昇率

今回は物価上昇のペースは緩やかながらも過去と比べて長期間に渡って上昇幅を拡大

CPI上昇率の過去の物価上昇局面との比較

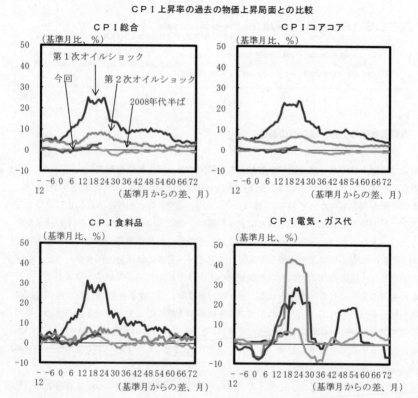

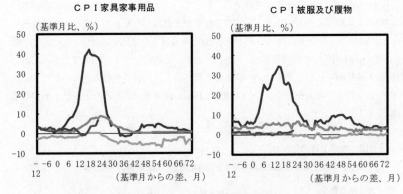

CPI家具家事用品 （基準月比、%）
CPI被服及び履物 （基準月比、%）

（基準月からの差、月）

（備考）1. 日本銀行「国内企業物価指数」、総務省「消費者物価指数」により作成。
　　　　2. 第1次オイルショック、第2次オイルショック及び2008年半ばのそれぞれの基準月は、
　　　　　　昭和55年の年次世界経済報告を参考に「石油価格が上昇に転じた月」とした。
　　　　　　直近の基準月は、令和4年度年次経済財政報告を参考に、2020年12月とした。

（物価上昇の品目的な広がりは第二次石油危機に近づいている）

　次に、消費者物価の対象となる各品目の価格上昇率（前年比）の分布をみることで、全体として原油・原材料価格の上昇ショックに対してどのように動いたかをみる（第1-2-6図）。このグラフでは、横軸に示された物価上昇率に対応する品目の割合が縦軸の高さとして示されている。

　第一次石油危機時には、危機前（1972年12月）の個別品目の価格上昇率は0％付近を頂点として、プラス（インフレ）方向になだらかな傾きで分布していた。半年後の1973年6月には山の高さが半分程度となり、インフレ方向に30％程度まで、非常になだらかに裾野が広がった。その後、更にインフレが加速し、消費者物価上昇率が前年比で最も高い水準となった1974年2月には0％近傍の頂点がなくなり、30％を超える価格上昇率までほぼ均一に分布するなど、非常に幅広い品目で高い上昇率を記録していたことがわかる。その後、消費者物価上昇率が危機前の水準に戻った1977年12月には、分布もおおむね元の形状に戻っており、収束に5年を要するなど長期間に渡って家計は高インフレに直面していたこととなる。

　次に、第二次石油危機時をみると、危機前（1978年12月）は、第一次石油危機前と同様に個別品目の価格上昇率は0％近傍に頂点があった。1980年9月に物価上昇率が前年比で最も高くなったが、その際には0％から10％程度までほぼ均一に分布し、裾野も10％台後半まで広がっていた。その後、1年強経った1981年11月に危機前の物価上昇率へ戻っている。

　2008年の物価上昇局面についてみると、2007年4月時点では0％近傍に分布が集中していたが、徐々に物価上昇が波及していった結果、2008年7月に物価上昇率がピークを迎えた。しかし、2度の石油危機発生時と比較しても0％近傍へ分布が集中したまま、2009年1月に物価上昇開始時の上昇率に戻った。この際は、比較的短期間で分布の形状がおおむね元に戻

るなど、外生ショックの後に、物価が自律的に上昇していく力が弱かった様子がうかがえる。

　今回の物価上昇局面についてみると、国際市況の原油価格が反転した2020年12月時点の分布は、前回の物価上昇局面の開始時点である2007年4月とほぼ同じ形状となっている。約2年後（2022年11月）の分布の頂点は、僅かにインフレ方向にシフトした程度であったが、前回の物価上昇局面のピーク時の2008年7月と比べると、山の高さは大きく下がり、インフレ方向へとなだらかな勾配を描き、その裾野は10％台後半まで広がるなど価格上昇が幅広い品目に及んでいる。

第１－２－６図　物価上昇の広がり

今回の物価上昇では石油危機発生後と同様に幅広い品目に物価上昇が波及

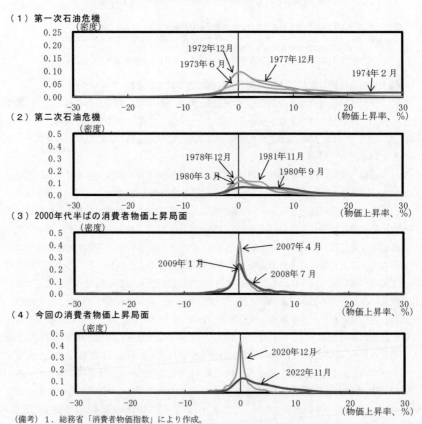

（１）第一次石油危機

（２）第二次石油危機

（３）2000年代半ばの消費者物価上昇局面

（４）今回の消費者物価上昇局面

（備考）　1．総務省「消費者物価指数」により作成。
　　　　　2．生鮮食品を除く値。また、1973年、1980年については2005年基準の公表値を用いて作成しており当時の調査品目が一部含まれていないため、簡易的な試算値となっている。

国際商品価格の急激な上昇とその後も続く不安定な動きや急速な円安の進行などを背景にコストが上昇してきたことから、消費者物価上昇率の高まりは依然として続いており、2023年に入っても当面はインフレ方向に分布の裾野がさらに広がっていく可能性がある。

（家計の価格上昇への反応は 2008 年よりも今回の方が大きい）

　消費者物価の上昇が長期間に渡り、かつ、上昇率が前回 2008 年の物価上昇局面を上回る中で、物価上昇に対して家計がどのように反応しているか、過去の物価上昇局面と比較してみたい。ここではデータの制約から前回局面における購買数量の価格弾力性と比較する。家計が実際に購入した品目の単価を横軸に、当該品目の購入数量を縦軸として散布図を描く。個別品目について、価格が上昇、購入数量が減少した場合には右下の象限に、価格が下落、購入数量が増加した場合には左上の象限にプロットされるため、通常であれば右下がりの直線に沿った分布になると予想される。その際、傾きが急であれば購買数量に対する価格弾力性が高く、物価上昇に対して家計がより大きな購買行動の変化をとっていることとなる。

　そこで、今回の物価上昇が本格化した 2022 年 4 月～10 月の対前年同期比での平均単価上昇率と購入数量変化率の比（弾力性）をみると、マイナス 0.7 となっている。すなわち、電気代やガソリンなどの代替品が存在しない品目については価格上昇に数量が反応せず、むしろ右上の象限に位置しているが、平均的には単価が 1 ％上昇した品目について、購入数量が0.7％減少する関係にある。一方、前回の物価上昇局面である 2008 年 4 月～10 月について、同様に弾性値をみると、マイナス 0.4 と今回よりも小さい。つまり、今回の物価上昇局面では前回よりも家計が価格の上昇した品目の購入を控える傾向が平均的に強いことがみてとれる（第 1 － 2 － 7 図 (1)）。

　また、消費者物価指数（CPI）は各品目での代表的な商品の価格を定点観測することで物価の動向を把握するため、同一品目内における低廉品へのシフトといった消費者の購買品の変化の影響が反映されない。そこで、スーパーにおける品目ごとの消費者の購入額ウェイトの変化を捕捉できるPOSデータ[15]による消費者物価とCPIを比較する。物価上昇局面において、仮に消費者が価格上昇を嫌気して、同一品目でもプライベートブランドなど相対的に低価格帯の商品に乗り換えた場合、POSデータの購入単価上昇率はCPIの同一品目の価格上昇率を下回ることが想定される。CPIとPOSデータにおける食料品の平均単価上昇率を比較すると、ほぼ一貫してCPIがPOSデータを上回って推移している[16]（第 1 －2 － 7 図 (2)）。2000 年以降でみると、CPIの上昇率がPOSデータの購入単価上昇率と比較して平均 0.8％ポイント高く推移している一方、前回・今回の物価上昇局面では、この

---

[15] ここでは、総務省「消費者物価指数」について、スーパーのPOSデータを扱う日経 CPINow と比較するため、食料品に限定している。日経 CPINow の食料系列は前年同日比と総合への寄与度を用いて日々のウェイトを逆算することで、食料のみの前年比を内閣府において試算している。
[16] これは、ラスパイレス指数による上方バイアスなどの可能性が考えられる。

乖離幅が 1 ％ポイントを超えている。想定どおり、物価上昇局面では消費者が低価格帯の同一機能商品へシフトすることで家計を防衛していることがうかがえる。さらに、前回の物価上昇局面では乖離幅が最大で 1.5％ポイントあった一方、今次局面では 8 月〜11 月にかけて乖離幅が 1.8〜1.9％ポイントと広がっている。このように複数のデータから、今回の物価上昇局面では、安い品目を購入する家計の節約行動が顕著となっている様子がわかる。

第 1 − 2 − 7 図　価格上昇に対する家計の反応

家計の価格上昇への反応は 2008 年より今回の方が大きい

（1）平均購入数量と平均単価の弾力性

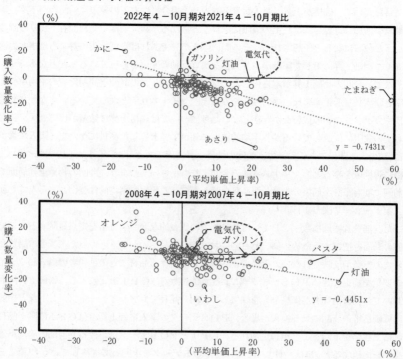

（2）ＣＰＩとＰＯＳデータの平均購入単価の上昇率の比較

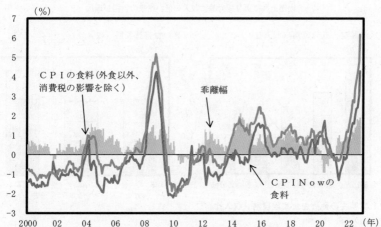

（備考）1．総務省「家計調査」「消費者物価指数」、日経CPINowにより作成。
　　　　2．（1）は二人以上の世帯を対象とし、期間における購入数量が1を下回る品目に
　　　　　　ついては除外した。
　　　　3．（1）の購入数量変化率、単価上昇率の絶対値が100を上回るものは除外した。

（消費者物価の上昇は低所得世帯等にとって相対的に大きな負担増）

　このように、今回の物価上昇局面において、長期間に渡って物価上昇が継続し、価格上昇品目の広がりも前回の物価上昇局面を超えている中で、家計は節約行動をとっているが、具体的にどのような世帯が影響を受けているか家計調査を基に見てみよう。今回の消費者物価の上昇に大きく寄与している品目は、食料やエネルギーといった消費の価格弾力性が低い生活必需品である。そのため、世帯収入が低くなるにつれて家計全体に占める支出割合は高く、価格上昇による負担が相対的に大きくなる（第1－2－8図（1））。世帯類型別にみても、ひとり親世帯や小規模事業所に勤める世帯主世帯では収入の低い世帯割合が高く、収入対比での負担増加率は他の世帯類型に比べて高い（第1－2－8図（2）、（3））。

　2022年9月に決定された低所得世帯への5万円給付や、10月28日に閣議決定された経済対策において措置された電力や都市ガス料金の激変緩和や中堅・中小企業等の賃上げ支援、フードバンク・こども宅食に対する支援は、こうした負担増加率の高い世帯の可処分所得を下支えする施策であり、着実に執行されることが期待される。

第1－2－8図　物価上昇による家計の負担増

物価上昇により相対的に収入の低い世帯の負担が増加

（1）年間収入五分位別（収入比）

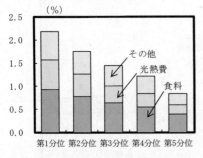

（2）世帯類型別（収入比）

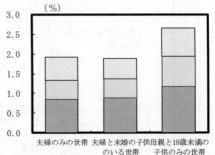

（3）世帯主の勤め先企業規模別（収入比）

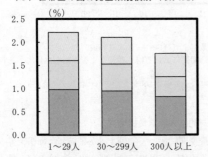

（備考）　1．総務省「消費者物価指数」、
　　　　　　　「家計調査」により作成。
　　　　　2．二人以上の勤労者世帯。交際費
　　　　　　　等は除く値。
　　　　　3．平均年間収入は、平均年間収入
　　　　　　　は、夫婦のみの世帯57万円、夫婦
　　　　　　　と未婚の子供のいる世帯65万円、
　　　　　　　母親と18才未満の子供のみの世帯
　　　　　　　32万円。

3　物価の基調的な動向からみた物価上昇の持続性

　ここまで、物価上昇下の企業物価と価格転嫁の状況、消費者物価について過去との比較を
しつつ、その家計への影響等をみてきた。本項では、今回の物価上昇の持続性をみるため、
ＧＤＰデフレーター、ＧＤＰギャップ、単位労働コスト（ＵＬＣ）の動きをみた後、それぞ
れと消費者物価との関係を見てみよう。

（国内需給や賃金からの物価上昇圧力は強くない）

　まず、消費者物価の生鮮食品及びエネルギーを除く総合（コアコア）が前年比 3.0%上昇
する中、国内で生産された付加価値の物価であるＧＤＰデフレーターについてみると、2022
年7－9月期において前年同期比で内需デフレーターが 3.3%、輸出デフレーターが 3.3%
上昇に寄与する一方、ＧＤＰの控除項目である輸入のデフレーターが 6.9%下落に寄与した
ことにより、ＧＤＰデフレーターは 0.3%下落し、2四半期連続の下落となった（第1－2
－9図（1）、（2））。

　次に、ＧＤＰギャップについてみるが、ＧＤＰギャップは、平均的な供給力を示す潜在Ｇ
ＤＰと実質ＧＤＰの実績値の乖離率として定義され、経済全体の需給の引締りの程度を示す
指標である。一般に、潜在ＧＤＰが実質ＧＤＰを上回った状態（マイナスのＧＤＰギャップ）
であれば、価格が下落することで供給に見合う需要増が生じると期待され、実質ＧＤＰが上
回っている場合（プラスのＧＤＰギャップ）であれば価格が上昇することで需要が減退する
と期待される。需給のタイト化が物価に反映されるには一定の時間がかかることを踏まえ、
４期前のＧＤＰギャップを横軸に、コアコアの前年比を縦軸にとって散布図で示すと、ＧＤ
Ｐギャップの縮小に伴い物価上昇率が高まることがわかる（第１－２－９図（3））。しかし、
コロナ禍において需要が大幅に抑制された結果として、ＧＤＰギャップは大きなマイナスと
なった（第１－２－９図（4））。経済社会活動の再開が進む中で、ＧＤＰギャップのマイナ
ス幅も縮小傾向にあるものの、2021 年 10－12 月期以降、ＧＤＰギャップはマイナス 2.0%
程度で推移するなど引き続き供給超過状態となっている。

　ＵＬＣは、名目雇用者報酬を実質ＧＤＰで割ることで求められる生産一単位当たりに要す
る労働コストであり、これが増加するということは、労働生産性を上回って賃金が上昇して
いるということになり、賃金由来の内生的な物価上昇圧力となる。実際、ＵＬＣの前年比を
横軸に、コアコアの前年比を縦軸にとって散布図を作成すると、ＵＬＣの上昇に伴ってコア
コアの上昇率が高まっている（第１－２－９図（5））。しかし、2022 年 7－9 月期のＵＬＣ
は、名目雇用者報酬が前年同期比 1.9%上昇した一方で、実質ＧＤＰも前年同期比 1.5%増加
したことで 0.4%の上昇にとどまり、賃金面からの物価上昇圧力は強くない（第１－２－９
図（6））。

第１－２－９図　物価の基調判断に当たっての４指標
国内需給や賃金からの物価上昇圧力は弱い状況

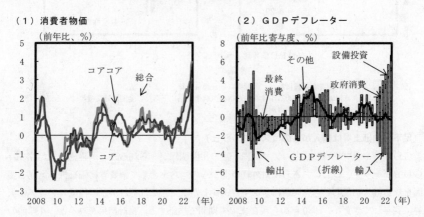

（1）消費者物価　　　　　　　　　　（2）ＧＤＰデフレーター

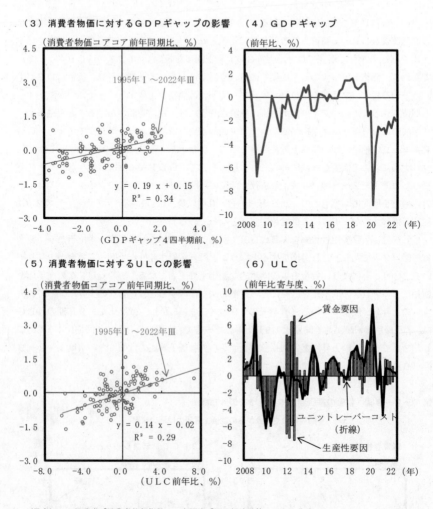

（備考）1．総務省「消費者物価指数」、内閣府「国民経済計算」により作成。
　　　　2．（1）はGoTo事業、2021年4月の通信料（携帯電話）下落及び全国旅行支援等による直接の影
　　　　　　響を除いた数値（内閣府試算値）。

（足下の物価上昇は輸入からのコストプッシュ）

　ＧＤＰギャップやＵＬＣとコアコアに一定の相関関係がみられることが確認できた。次に、ＧＤＰギャップ、ＵＬＣ、さらに対外経済面からのコストとして消費者物価を押し上げる要因となる輸入物価の動きを同時にコントロールした上で、それぞれがどの程度コアコアの上昇に寄与してきたか、1980年から現在までの期間で検証する。推計結果をみると、4期前の

輸入物価上昇率が１％ポイント上昇すると0.04％、４期前のＧＤＰギャップが１％ポイント
上昇すると0.22％、当期のＵＬＣ上昇率が１％ポイント上昇すると0.13％、それぞれコアコ
アの上昇に寄与する一方、４期前の輸入物価上昇率が下落してもコアコアには影響しない結
果となった（第１－２－10図（１））。当該係数を基に2022年７－９月期のコアコアの上昇
率1.5％の内訳をみると、上昇寄与の大半は輸入物価によるコストプッシュであり、ＵＬＣ
の寄与は限定的である一方、ＧＤＰギャップは依然としてマイナスで推移していることから
コアコアを押し下げる方向に寄与している。

　続いて、物価上昇が継続している中で、コスト増を価格に転嫁する際のタイムラグが短く
なっている可能性はないだろうか。消費者物価が一定以上上昇している局面では、価格改定
しない逸失利益が価格改定に伴う諸コスト（メニューコスト）を上回ることで、価格改定頻
度が高まる可能性[17]や、競合他社が値上げを行っている場合には、仕入価格上昇を販売価格に
転嫁する傾向を個別企業が強める可能性[18]が指摘されている。つまり、コアコアの上昇局面に
おいては、輸入物価の上昇に伴い、企業が高頻度で価格改定を行うことで、輸入物価上昇が
消費者物価上昇へ反映されるタイムラグが短くなる可能性がある。これを確認するため、コ
アコアの上昇局面に着目してコアコアの上昇率と輸入物価の１期ラグから６期ラグまでにつ
いて時差相関を確認してみる。コアコアの下落局面も含む全期間で推計を行った場合は４期
前の係数が最も高い結果となるが、上昇局面に絞ると３期前の係数が最も高い。また、全期
間での推計結果と比べて２期前、１期前の輸入物価が消費者物価に与える影響も強く、上記
仮説と整合的な結果となった（第１－２－10図（２））。

　こうした結果を踏まえると、足下の物価上昇局面において、ミクロ的な動きをみると一定
以上の物価上昇下で価格粘着性が弱まり、過去の物価上昇局面と比較して消費者物価が上昇
しやすい状況にある。こうした中で、これまでの輸入物価の上昇によるコストプッシュによ
って消費者物価は上昇しているものの、国内の需要や賃金による物価上昇のモメンタムは依
然として弱い状況にあることが示唆される。

---

[17] 渡辺・渡辺（2016）では、価格硬直性が内生的に変化する仕組みとしてのメニューコストモデルを我が
国のデータを用いて検証しており、ＣＰＩコア前年比と価格上昇品目の割合に正の相関がみられ、特に上
昇率が高いときほど関係性が強くなるが、ゼロ以下に下がる局面で、価格が上昇する品目の割合が減少し
ているとの結果が示されている。
[18] 詳細は日本銀行「経済・物価情勢の展望」（2022年10月）を参照。

第1－2－10図　消費者物価上昇の要因分析

足下の物価上昇は輸入物価によるコストプッシュで、需給面からの物価上昇圧力はみられない

（1）消費者物価上昇の要因分解

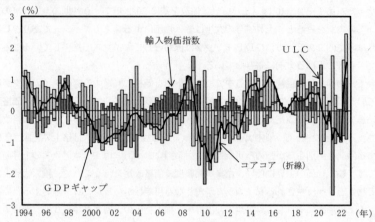

（2）消費者物価と輸入物価の時差相関

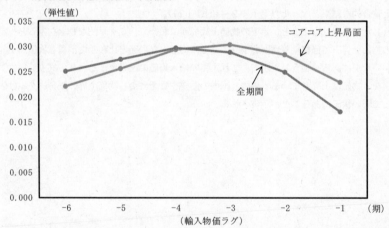

（備考）　1．総務省「消費者物価指数」、日本銀行「企業物価指数」、内閣府「国民経済計算」により作成。GDPギャップは内閣府試算値。

　　　　　2．（1）図の作成方法については、付注1－3を参照。

（スーパーの販売価格は、2021年末以降、供給要因が上昇に寄与）

　2022年の物価上昇要因を品目別のデータを用いて別の角度から検証[19]してみよう。ここでは、消費者が実際にスーパーで購入している品目別の価格動向と売上高を利用できるPOSデータを用いて、購入単価の上昇の背景を需要要因と供給要因に分解する。経済学において、一般的な右下がりの需要曲線と右上がりの供給曲線を想定すると、需要ショック（需要曲線のシフト）が起きれば、販売数量の増加と価格の上昇、又は販売数量の減少と価格の低下の組合せで変動がみられると整理できる。一方、供給ショック（供給曲線のシフト）が起きれば、販売数量の増加と価格の下落、又は販売数量の低下と価格の上昇の組合せで変動がみられると整理できる。そこで、品目別に毎月の販売数量と価格変化が、前者の2つの分類に該当すれば需要要因による価格変化、後者の2つの分類に該当すれば供給要因による価格変化とする。両方の曲線のシフトが同時に起こることもありえるが、その場合であってもいずれのシフトが強く影響しているかという観点から、ここでは当該4分類で分析を行う。

　まずは、POSデータでとれる217品目について、4分類に分けた時のシェアの変化をみてみると、例えば世界金融危機の影響を受けた2009年や、感染拡大から少し経過した2020年半ば以降に価格低下かつ数量減のシェアが大きく増加しており、需要ショックの影響が強く表れている一方、2006年後半から2008年にかけて原油価格の高騰により物価が上昇した時期や今次物価上昇局面では価格上昇かつ数量減少のシェアが増加しており、供給ショックの影響が強く表れていることが確認できる（第1-2-11図（1））。

　これを用いて、足下の価格変化を需要要因と供給要因に寄与度分解してみる。感染症拡大以降、2020年及び2021年については、緊急事態宣言等の発出・解除に伴う需要の変動によって価格変化の大宗を説明できることがわかる（第1-2-11図（2））。しかし、輸入物価の上昇により2022年10月に幅広い品目で値上げが行われるとの報道を受け、駆け込み需要のような動きがみられた2022年9月以外は、供給要因が物価上昇の大半を説明するように推移してきたことが確認できる。

　POSデータはスーパーで販売されている食料品・日用品に限定されたデータであることには留意する必要があるものの、前述したマクロの物価指数の要因分解と合わせてみても、コロナ禍からの世界的な需要の回復と供給制約による原油等の原材料価格の高騰が輸入物価の上昇をもたらしはじめた2021年末以降にみられた物価上昇はコストプッシュによるものであり、国内の需給や賃金上昇による物価上昇のモメンタムは未だ生まれていない。このため、仮に今後国際商品市況や為替市場の変動が落ち着き、輸入物価上昇による影響が剥落した後には再びデフレに戻るリスクも無くなっていない。

---

[19]　要因分解の詳細については小寺他（2018）を参照。

第1−2−11図　ＰＯＳデータによる価格変化の要因分解

2021年末以降の物価上昇は、供給要因が大きく寄与

（1）ＰＯＳデータに基づく価格・数量変化の4分類

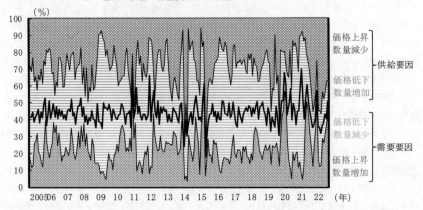

（2）価格の前年比前月差の要因分解（需要要因と供給要因の識別）

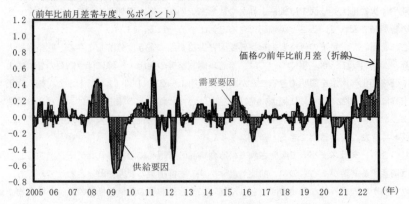

（備考）　1．日経CPINowにより作成。
　　　　　2．価格と数量の後方3か月移動平均値をもとに作成。
　　　　　3．2022年10月1日に幅広い品目で価格改定が行われることから生じた直前の駆け込み需要の
　　　　　　　影響を除くため、同年9月30日の売上高データを除いて作成。
　　　　　4．要因分解等の詳細は小寺他（2018）を参照のこと。

（サービス価格の動向と安定的な物価上昇）

　コストプッシュインフレが財だけでなく、サービスにも起きているか確認するため、消費
者物価上昇への寄与を財・サービス別に分解すると、2022年10月時点で財が3.3％寄与し

ているのに対してサービスは持家の帰属家賃を除くベースでみても 0.6％の寄与と相対的に低い水準となっている（第１－２－12図（1））。サービス業のうち中間投入に占める財の比率が高い外食や自動車整備等の家事関連サービスなどは財価格の上昇に伴って価格が緩やかに上昇しているものの、人件費が投入コストに占める割合の高いそれ以外のサービスでは賃金上昇によるコストプッシュが起きていないとみられる（第１－２－12図（2））。

　サービス業において賃金が物価に与える影響をみるため、サービス関連のＣＰＩとサービス産業の賃金上昇率の時差相関をとると、2011 年から感染拡大前の 2019 年までは賃金上昇が先行してＣＰＩの上昇が続くという関係がみられていたが、2020 年以降はむしろＣＰＩが若干先行し賃金が遅れて変化しており、賃金上昇による物価上昇という姿にはなっていない（第１－２－12図（3））。一方、非製造業の需給判断ＤＩとサービス関連のＣＰＩの関係をみると、1990 年代後半以降、相関関係は弱まっているものの、需給のタイト化に半年程度遅れてＣＰＩが上昇する関係が確認できる（第１－２－12図（4））。サービス需要は、2022 年夏頃からウィズコロナの下での経済社会活動再開が進展していた中で、10 月には全国旅行支援の実施やインバウンドの解禁を通じて、特に対面サービスを中心に、増加基調にある。これがサービス業の物価上昇、続いて賃金の上昇につながることで、サービス業の投入構造の４割を占める雇用者所得を押し上げ、コスト面からの物価の持続的な上昇圧力となることが安定的な物価上昇にとって重要となると考えられる。

第１－２－12図　サービス価格の動向と安定的な物価上昇

サービス関連のＣＰＩ上昇率は非製造業の需給判断ＤＩから２期遅れて変化する関係

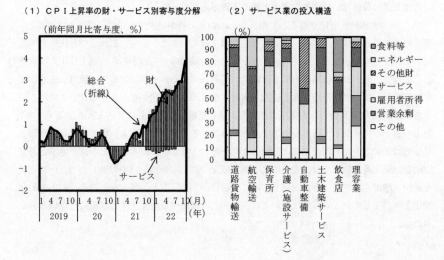

（1）ＣＰＩ上昇率の財・サービス別寄与度分解　　（2）サービス業の投入構造

（3）サービス関連のＣＰＩ上昇率と賃金
　　上昇率の時差相関

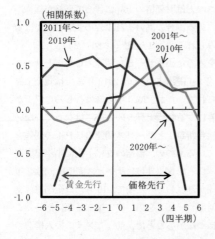

（4）サービス関連のＣＰＩ上昇率と需給
　　判断ＤＩ（２四半期前）の相関

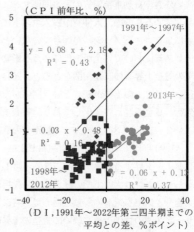

（備考）1．総務省「消費者物価指数」「産業連関表」、日本銀行「全国企業短期経済観測調査」、厚生
　　　　　労働省「毎月勤労統計調査」により作成。
　　　　2．（1）（3）のＣＰＩはGoTo事業、2021年4月の通信料（携帯電話）下落及び全国旅
　　　　　行支援等による直接の影響を除いた数値（内閣府試算値）。
　　　　3．（3）のサービス業の賃金は非製造業から「建設業」を除いた値。

（物価上昇に負けない持続的な賃金上昇の実現が必要）

　2022年の物価動向を振り返ると、輸入からの物価上昇が継続する中で、前回と比べると
価格転嫁の動きが徐々に進み、価格粘着性が弱まっていることから、これまでと比較して物
価が上がりやすい状況となっている。しかし、国内需給や賃金面からの物価上昇圧力は依然
として弱く、サービス価格の上昇も財に比べて遅れている。これに加えて、政策による物価
変動要因として、燃料油価格激変緩和対策措置や全国旅行支援がＣＰＩを下押ししている。
さらに、2023年2月からは電気・ガスの激変緩和措置が4月以降に見込まれる電気・ガス
料金の値上げに先立って導入されることとなっている。いずれにせよ、需要面による物価上
昇圧力は弱いことから需要増による物価上昇を懸念する状況にはないことを踏まえると、安
定的な物価上昇に向けては、企業による価格転嫁や適切な価格付けを促進しつつ、付加価値
を維持・増進させて賃上げを実施していく必要性がある。なお、賃金から物価への内生的な
物価上昇が生じていない段階においては、緩和的な金融環境を変更する状況にはないと考え
られる。

第3節　当面のリスクと我が国経済の中長期的な課題

　本節では、世界経済の先行きについて不透明感が高まる中で、主要な国・地域が大きく景気減速した場合に我が国にとってどのようなリスクがあるか点検したのち、我が国の中長期的な課題について考察する。

1　世界経済の見通しと日本経済のリスク

（不透明感が高まる世界経済の先行き）

　OECDが2021年12月に公表した世界経済見通しでは、世界経済の実質GDP成長率は、2022年4.5%、2023年3.2%とされていた。しかし、歴史的な物価高騰が続き、各国・地域の中央銀行において利上げが進められる中で、2022年11月の見通しでは、金融引締めやエネルギー価格の高止まり、家計所得の弱含み、消費マインドの低下等の影響を勘案して2022年3.1%、2023年2.2%に下方修正され、2023年は2022年からの成長減速を見込んでいる[20]。主要な国・地域別について見てもいずれも見通しを下方修正しており、特に英国やドイツは、2023年はマイナス成長に修正された（第1-3-1図（1））。加えて、物価高騰の継続、ウクライナ情勢の長期化に関連するエネルギー供給懸念、利上げによる需要減退効果等を背景とした世界経済のダウンサイドリスクが指摘されている。また、OECD景況感先行指標（CLI）をみると、我が国を除いた主要国は全て100を下回っており、未だ底入れをしていない（第1-3-1図（2））。

---

[20]　IMF世界経済見通し（2022年10月）でも、多くの国・地域における金融引き締めの影響や、急速な中国経済の減速、ロシアから欧州へのガス供給の削減などを背景に、世界経済の成長率は2022年が3.2%、2023年が2.7%とされている。

第1－3－1図　海外景気の見通し

2023年の成長率見通しは主要国を中心に下方改定

（1）実質ＧＤＰ成長率の見通し

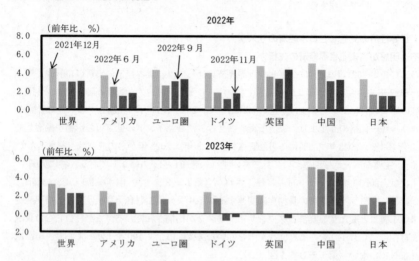

（2）ＯＥＣＤ景気先行指数（ＣＬＩ）

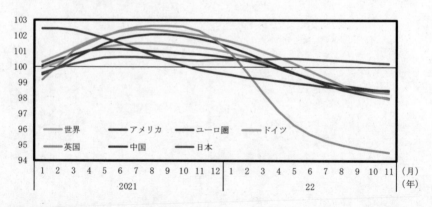

（備考）OECD.Statにより作成。（1）の世界経済の成長率は、PPPベース。

（我が国の付加価値生産の最終需要地は中国、アメリカ、ＥＵ、その他アジアに広く分布）
　海外経済の減速は、輸出の減少を通じて生産と企業業績を下押しし、投資を含めた国内経済の下押し要因になる。実際、輸出と設備投資との関係をみるため、設備投資の前期比を被

説明変数とし、2期前の輸出の前期比、1期前の経常利益の前期比、雇用人員判断DIを説明変数として回帰分析を行ったところ、全産業及び製造業について、設備投資と輸出との間には統計的に有意な関係がみられた（第1－3－2図（1））。

　コロナ禍以降の我が国の輸出動向をみると、半導体や半導体製造装置などの情報関連財、建設用・鉱山用機械や産業用ロボット、原動機などの資本財が数量の増加に寄与している（第1－3－2図（2））。

　我が国の輸出全体に占める自動車（完成車）の割合は高いものの、それ以外については、例えば生産用機械や素材、部品等をアジア諸国やアメリカなどに輸出し、輸出先でそれらを用いて生産された最終需要財が一定以上その他地域へ輸出されていると考えられる。そこで、OECDの付加価値貿易（TiVA）データベースを用い、日本の生産する付加価値の最終需要先の地域別シェア（2018年）をみると、財・サービス貿易額のシェアとは少し異なっている。付加価値ベースでも、首位の中国、2位のアメリカは共に2割程度で金額ベースのシェアと大きな違いはみられない。他方、NIEsは貿易金額ベースのシェアは2割を超えるが、付加価値ベースでは1割程度であることから、生産拠点としての位置づけが高い様子がうかがえる（第1－3－2図（3）、（4））。また、付加価値ベースでみて、最終需要先はアメリカ、中国以外の複数の地域に幅広く分布しており、特定の国や地域の景気の振れによる影響は限定的と言えよう。その際、成長をけん引している半導体製造装置であれば、その先にある半導体を搭載するデジタル機器の市況や、建設・鉱山用機械であれば住宅投資やインフラ投資、資源開発の動向などに影響されることから、こうした分野の市場動向を注視する必要がある。

第1－3－2図　輸出と設備投資

　　　　　我が国の付加価値生産の最終需要地は中国、アメリカ、EU、その他アジアに広く分布

（1）設備投資に対する輸出影響度

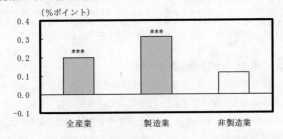

（２）輸出の累積寄与（品目別）

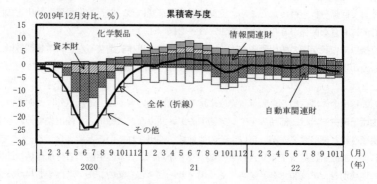

（３）日本の財・サービス輸出先（2018年）　　（４）日本の付加価値輸出先（2018年）

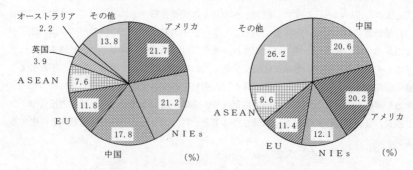

（備考）1. 日本銀行「全国企業短期経済観測調査」、「実質輸出」、財務省「法人企業統計調査」、「貿易統計」、　財務省・日本銀行「国際収支統計」、ＯＥＣＤ「TiVA」により作成。
　　　　2. （1）は、被説明変数を設備投資（ソフトウェア除く、前期比）、説明変数を輸出、経常利益（それぞれ前期比）、リーマンダミー、コロナダミー、雇用人員判断ＤＩで重回帰した結果（輸出係数の値）。詳細は、付注1－4を参照。推計期間は、1990年第1四半期～2022年第3四半期まで。***印は、1％水準で有意であることを示している。
　　　　3. （3）、（4）は、最終需要地ベース。NIEsは、韓国、香港、台湾、シンガポールの合計。ASEANは、シンガポールを除く。

（情報関連財と資本財の輸出が我が国の回復をけん引）

　個別にみていくと、情報関連財については、輸出金額の35％がＮＩＥｓ、30％が中国向けで、ＡＳＥＡＮを含めると77％がアジア向けとなっている（第1－3－3図（1））。その内容をみると、ＮＩＥｓについては、半導体（ＩＣ）と半導体等製造装置の寄与が大きく、2022年は半導体等製造装置が寄与を高めてきたが、半導体需要の伸びが一服する中で、足下で伸びがやや減速している。中国向けは基地局需要による通信機の部分品が2021年を中心に伸び、また半導体と半導体等製造装置は一定の寄与を保ってきたが、このところ伸びが減速している（第1－3－3図（2））。こうした需要動向を受けて、半導体が主力産業である韓国

や台湾のＰＭＩは既に50を下回っている（第１－３－３図（３））。半導体関連産業は長期的には成長が期待されるものの、民間機関の市場予測によると、半導体、半導体製造装置ともに2023年は世界市場のマイナス成長が見込まれる中で、当面は調整局面を迎え、2022年前半のような伸びは期待できない可能性がある（第１－３－３図（４））。また、アメリカによる半導体製造装置の対中輸出規制を巡る動向が及ぼす影響にも注意が必要である。

　次に、資本財についてみると、輸出金額の22%がアメリカ、16%が中国向けとなっている（第１－３－３図（５））。コロナ禍以降の累積で資本財輸出の内訳をみると、アメリカ向けについては、2021年に住宅需要やインフラ投資を背景に、建設用・鉱山用機械が増加した。2022年は金利上昇もあって住宅需要は減速しているものの、引き続き堅調なインフラ投資やウクライナ情勢を背景とした天然ガス需要の高まりなどもあり、増加している。中国向けについては、金属加工機械が一定の増加寄与を保ってきたが、足下では低下がみられる。また、中国国内でエンジン車から電気自動車への置き換えが徐々に進んでいること等を背景に、2021年半ば以降、原動機の輸出が大きくマイナスに寄与しており、今後も継続する可能性がある。一方、2020年末頃から産業用ロボット輸出が増加している。前述のように、我が国は産業ロボットの輸出シェアが高く、強みを有している分野と言えることから、今後の資本財輸出の成長をけん引していく分野の一つとなることが期待される（第１－３－３図（６））。

第１－３－３図　情報関連財、資本財輸出の動向

情報関連財と資本財の輸出が我が国の回復をけん引

（１）情報関連財輸出の地域別構成比（2021年）

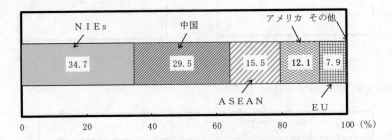

（2）情報関連財輸出の推移

NIEs

中国

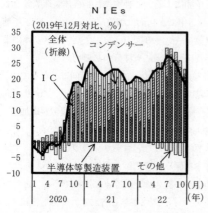

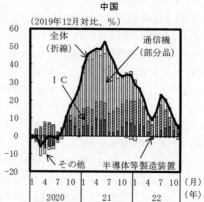

（3）韓国、台湾のPMIの推移

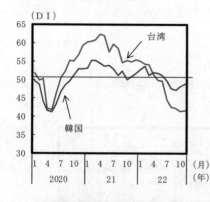

（4）半導体、半導体製造装置の市場予測

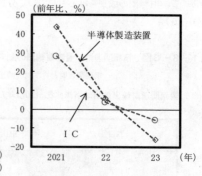

（5）資本財輸出の地域別構成比（2021年）

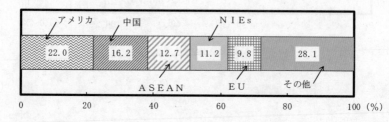

（6）資本財輸出の推移

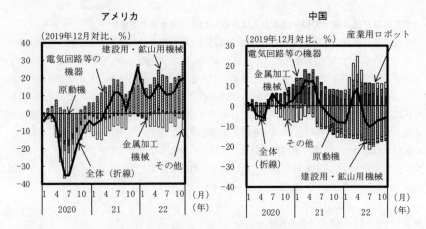

（備考）1．財務省「貿易統計」、ＷＳＴＳ、ＳＥＭＩ、Ｍａｒｋｉｔにより作成。
　　　　2．（1）、（5）図において、ＮＩＥｓ、ＡＳＥＡＮいずれもシンガポールを含むため、
　　　　　　その分「その他」のシェアが小さくなっている。
　　　　3．（2）、（6）図は、季節調整値。後方3か月移動平均。
　　　　4．（4）図の22年、23年は予測値。

（先行きについてはリスクと明るい材料が入り混じっている）

　このように、コロナ禍以降我が国の輸出は情報関連財や資本財の輸出に支えられてきたが、2023年には我が国の主要な輸出先国・地域の景気減速が懸念される中で、我が国の輸出を今後支えていくことが期待される分野であっても、投資が縮小することで競争力を失う可能性も否定できない。

　一方、下方リスクだけでなく、明るい材料もある。水際対策が緩和された中で訪日外国人客が戻ってきており、旅行サービス輸出が改善し始めている。また、国際商品市況が落ち着きを取り戻した場合には、鉱物性燃料等の輸入による所得流出に歯止めがかかる。

　内需に目を移すと、旅行・宿泊を中心にサービス消費が持ち直し傾向にあり、1月以降も全国旅行支援が引き続き実施される。また、設備投資についても、コロナ禍からの回復過程において成長期待が高まる中で企業の設備投資意欲は引き続き強く、また2022年度第2次補正予算においてサプライチェーンの強靱化や脱炭素化に向けた投資支援策が盛り込まれるなど、政策の後押しも受けて今後も持ち直しが続いていくことが期待される。

　今後、総合経済対策・2022年度第2次補正予算の徹底した進捗管理の下での着実な執行を通じて、これらの明るい材料が我が国の景気を下支えすることが期待される。

2　我が国の持続的な成長に向けた取組みの方向性

（潜在ＧＤＰ成長率は労働・資本ともに伸び悩む中、低水準で推移）

　中長期的な成長力に目を向けると、我が国の潜在ＧＤＰ成長率は各国と比較して低い伸びとなっている一方、全要素生産性（ＴＦＰ）[21]については遜色ない伸び率となっている（第1－3－4図（1）、（2））。そこで、生産要素である労働投入量と資本投入量の寄与度の推移をみると、労働投入量は、1990年代から2000年代にかけてマイナスに寄与していたが、2010年代に入り女性・高齢者の労働参加が進む中でマイナス寄与を縮小してきた。一方、資本投入量については、1990年代は0.5％を超える寄与度となっていたが徐々に低下し、リーマンショック以降はゼロ近傍で推移している。ＴＦＰが変動しながらもプラスで推移している中で、労働・資本の投入量が伸び悩み、低い潜在ＧＤＰ成長率となっている（第1－3－4図（3））。

第1－3－4図　潜在ＧＤＰの推移

資本投入量、労働投入量が伸び悩む中で潜在ＧＤＰ成長率は伸び悩み

（1）潜在ＧＤＰの推移

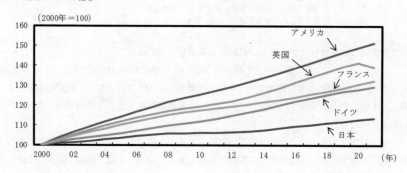

---

[21]　ここでは、ＯＥＣＤが試算している Multi Factor Productivity を用いている。

（2）全要素生産性（MFP）の推移

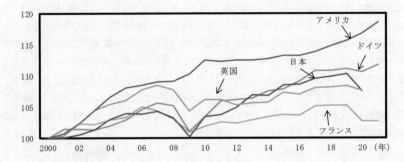

（3）潜在GDP成長率の寄与度分解

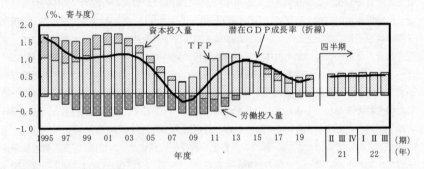

（備考）1．内閣府試算値、OECD.Statにより作成。
　　　　2．（3）について、内閣府「2022年7－9月期四半期別GDP速報（2次速報）」等に基づく
　　　　　　内閣府試算値。

（人口の自然減が進む中、コロナ禍では外国人労働者の減少もあり労働投入量が減少）

　2010年代以降の労働投入量は、少子高齢化の下で自然動態としての人口減少が進み、また、働き方改革等により労働時間はマイナスに寄与するものの、女性や高齢者を中心として労働参加率が上昇してきたことや外国人労働者の受入れが拡大（社会動態の増加）する中で、マイナス幅を縮小してきた。しかし、コロナ禍以降、65歳以上の労働参加率の上昇が止まったことや、水際対策を強化する中で外国人労働者が流出超過となってきたことで、労働力人口が減少している（第1－3－5図（1）、（2））。

　外国人労働者については、水際対策がビジネス目的の入国から段階的に緩和されてきたことで2022年4月、5月と再び流入超過へと転じている。外国人労働者の受入れに関しては2019年に深刻化する人手不足への対応として特定技能制度が導入されたが、感染症拡大の影響で当初の想定よりも活用が進んでいない。今後については、水際対策の緩和を受け、外国

人労働者の受入れが進むことが期待される[22]。そうした中、「外国人材の受入れ・共生のための総合的対応策」が2022年6月に閣議決定され、日本語教育や家族への支援、就労環境の整備などを進めることとされた。また、同11月に設置された技能実習制度及び特定技能制度の在り方に関する有識者会議では、両制度の課題を洗い出し外国人材を適正に受け入れる方策を検討するとされており、日本での就労を希望する外国人労働者にとって魅力のある制度とすることが期待される。他方、より本質的には外国人労働者の受入れではなく、人口減少そのものへの対応が重要である。2022年1月～10月の出生数は合計で約67万人となっており、前年同期の70万人から4.8%減少している。内閣府「令和2年度版少子化社会に関する国際意識調査報告書」によると、希望する子供の数はフランス、ドイツ、スウェーデンはいずれも2人以下なのに対し、我が国では2.1人と上回っている。他方、希望する子供の数より実際の子供の数が少ないが、今より子供を増やしたくない理由については、過半の回答者が子育てに教育やお金がかかりすぎることを挙げ、各2割程度が育児の心理的、肉体的負担、もしくは職場環境の制約を挙げている[23]（第1－3－5図（3））。この結果を踏まえると、現在子供の数を増やしたいと思っている人が希望人数まで子供を持てるようにするためには、育児や教育の金銭的負担に加え肉体的・心理的負担の軽減や、育児と仕事の両立を物理的にサポートする制度やサービスの充実が急務となる。これに関連し、中長期的には、幼児教育や子育て支援を含む家族への現物給付の拡充は、女性の労働参加促進や金銭的制約の緩和を通じた出生数の増加などを通じてGDPを増加させるだけでなく、他の構造政策と比べ、家計可処分所得への寄与が大きいとのOECDの分析結果[24]が得られている。

　我が国においても、幼児教育・保育の無償化や放課後児童クラブの整備、保育人材の確保、子育てワンストップサービス等の施策が実施されている。これらの施策は希望する数まで子供を増やさない理由への対応策として有効と考えられ、施策の充実と着実な実行を通じて人口減を食い止めることは、長期的な視点から潜在成長率の維持・上昇にも寄与すると期待される。

---

[22] 是川（2022）は、アジアの国際労働市場について、日本はアメリカ・韓国と並ぶ最大の目的地の一つであり、日本を目指す者は中-高学歴かつ高所得層が多く、能力や意欲が高い者が多い可能性を指摘している。
[23] 日本では、「子育てに教育やお金がかかりすぎるから」が51.6%と最も高く、次いで「自分又は配偶者・パートナーが高年齢で、生むのが嫌だから」が23.2%、「これ以上、自分又は配偶者・パートナーが育児の心理的、肉体的負担に耐えられないから」が19.4%、「働きながら子育てできる職場環境がないから」が17.5%となっている（2020年調査、回答者数314人、複数回答）。
[24] 詳細はOECD"Economic Outlook 112"、Botev etl al.（2022）を参照。

第1－3－5図　労働力人口

足下で社会動態による人口変動がマイナスとなったことで、15歳以上人口及び労働力人口が減少

（1）人口の変動要因

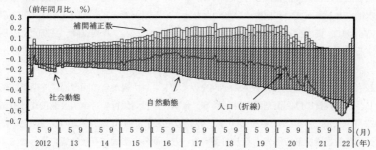

（2）労働力人口の変動要因

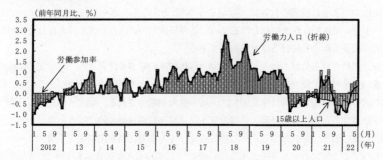

（3）子どもを増やしたくない理由（4か国比較）

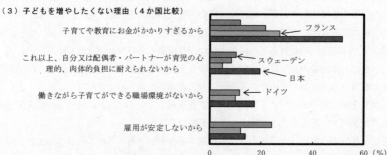

（備考）1．総務省「人口推計」、OECD.Stat、内閣府「令和2年度少子化社会に関する国際意識調査報告書」により作成。
　　　　2．（1）について、補間補正数は総務省「国勢調査」の結果を人口推計に反映させる際、自然動態及び社会動態
　　　　　で説明できない変動のこと。
　　　　3．（3）について、日本の回答割合上位4項目を掲載。

（一人当たり資本装備率は主要国で最も低く、成長分野での投資が鍵）

　人口減の対応の効果が潜在成長率に現れるまでは20～30年かかることから、当面、潜在成

長率の引上げには、資本投入量の増加やＴＦＰの向上が必要となる。そこで、資本投入量についてみると、我が国の一人当たりの資本装備率はＧ７諸国で最も低い水準で推移するなど、主要先進国と比較して潜在成長率への資本ストックの寄与が小さく[25]、我が国の潜在成長率が低水準にとどまっている理由のひとつとなっている（第１－３－６図（１））。第３章で詳述するように、資本投入が伸び悩んできた背景としては、バブル期以降、長期的に成長率が停滞する中で成長期待が低下したことにより、企業が国内投資を抑制したことなどが挙げられる。

2022年に入ってからの資本投入の動向をみると、コロナ禍からの回復過程で期待成長率が上昇し、設備投資には回復基調がみられる。日本政策投資銀行の「全国設備投資計画調査」（2022年）でも、製造業大企業の46％、非製造業大企業の57％が事業の成長のために国内有形固定資産投資を最も優先すると回答する一方、海外有形固定資産投資を最も優先すると回答した企業は各10％、3％にとどまる。一方で、世界的な景気減速懸念が指摘される中、不確実性の高まりは投資の抑制につながりうる[26]ことからも、国内投資の回復モメンタムをサポートし、持続的な増加につなげるには、総合経済対策の実行を含め、成長分野に対して重点的に投資喚起をし続けることが重要である。

成長が期待される分野の例として、まず半導体関連産業が挙げられる。経済安全保障を念頭に置いた半導体工場新設など、各国でサプライチェーンの再構築の動きがある中で、製造装置を含む半導体関連産業は中長期的に一層の拡大が期待される。他方、最先端の分野で競争力を維持するためには、多額の設備投資や研究開発投資を継続的に行う必要があることも指摘されている[27]。2021年の売上対設備投資比率でみると、我が国の主要半導体メーカーは欧米及びアジア諸国の主要メーカーよりも低く[28]、研究開発投資の規模も小さく、先端半導体分野での競争力を強化していくためには、投資の拡大が求められる。なお、我が国が競争力を持つ半導体製造装置の生産と輸出は近年急速に増加しており（第１－３－６図（２））、精密機械産業全体では、増産対応に向けた大幅な設備投資の伸びが計画されている。

また、ＣＯ２排出量の抑制に向けて各国が普及支援を実施している電気自動車では、新たに電気自動車専業の企業やＩＣＴ企業の新規参入を通じた競争の激化が見込まれる。我が国企業が世界市場拡大のチャンスを捉えてシェアを獲得していくには、設備投資や研究開発投資の拡充が不可欠と考えられる（第１－３－６図（３））。

さらに、脱炭素化に向けた原子力や再生可能エネルギー、省エネへの投資の加速も、我が

---

[25] 内閣府「令和４年版年次経済財政報告」

[26] 日本に関する実証研究において、不確実性は設備投資を抑制するという結果がおおむね支持されてきた。詳しくは宮尾（2009）を参照。

[27] ＥＵ "The 2022 EU Industrial R&D Investment Scoreboard"（2022年12月）

[28] 上述のScoreboardによれば、世界における半導体産業の主要企業89社の資本的支出対純売上比率は2021年で平均17％であったが、台湾33％、韓国20％、中国17％、アメリカ12％、ＥＵ8％に対し、日本は6％と最も低い。

国の持続可能な成長の鍵となる。上述の「全国設備投資計画調査」によれば、国際的なカーボンニュートラルへの取組の加速を設備入替えの契機と捉える企業は、製造業大企業の４割強、非製造業大企業の半分程度を占める。技術実装に向けたカーボンニュートラル関連の設備投資は、2050年にかけて１年あたり５－６兆円に増やす必要があるとの結果も得られている。関連する設備投資のため、「ＧＸ実現に向けた基本方針」に基づき、省エネ補助金等を通じた省エネ投資の促進、改正省エネ法に基づく大規模需要家に対する非化石エネルギー転換に関する中長期計画の提出及び定期報告の義務化、再エネ導入拡大に向けて重要となる系統整備及び出力変動への対応の加速等に加え、「成長志向型カーボンプライシング構想」の実現、実行が期待される。

　なお、今後の投資活性化を考えるには、上述のような有形資産投資だけでなく、有形資産と補完的に機能して生産性の押上げに寄与すると考えられる、デジタル化投資や人的投資などの無形資産投資の促進も重要と考えられる[29]。

　資本蓄積の促進は、中長期的に潜在成長率を高めるだけでなく、需要面からＧＤＰを上昇させる需給両面に寄与する取組である。世界的な経済構造の変化に対応し、積極的な投資を通じて世界をリードしていくことが、今後、日本経済の成長経路を一段高いものとしていく上で重要となる。

第１－３－６図　資本装備率、半導体製造装置、電気自動車市場の動向
一人当たり資本装備率は主要国で最も低い

（１）一人当たり資本装備率の推移

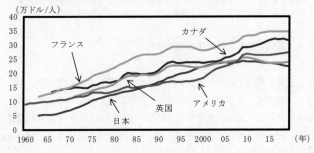

―――――――――――――――

[29] 国連で採択される国際基準（2008SNA）に基づき作成されるＳＮＡ統計では、無形資産に対応する知的財産生産物の中にコンピュータソフトウェア、研究・開発、娯楽作品原本等が含まれ、人的投資は含まれない。宮川・石川（2021）では、2015年以降、ソフトウェア投資を除いて日本の無形資産投資額の伸びが欧米諸国と比べて小さいことを指摘している。

（2）半導体製造装置の生産と輸出

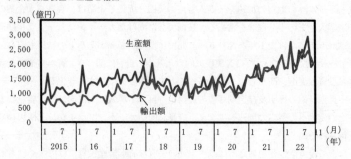

（3）電気自動車ストック台数の推移

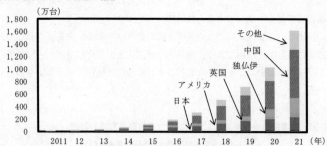

（備考）　1．ＩＭＦ「Capital Investment and Capital Stock Dataset」、OECD.stat、財務省「貿易統計」、
　　　　　　　経済産業省「鉱工業生産指数」、ＩＥＡ「Global Electric Vehicle Outlook 2022」により作成。
　　　　　2．（1）の資本装備率の算出における資本ストックは、2017年基準の実質値。

コラム1－4　電気自動車と半導体市場の動向

　本文では、成長が期待できる分野として半導体や電気自動車を挙げた。電気自動車には従来のガソリン車と比べて倍以上の半導体が一般的に使われていることから、両者の成長は相互に関連している。また、電気自動車は脱炭素の観点から、半導体は経済安全保障等の観点から、各国が積極的に支援策を講じている点も共通する。ここでは、それぞれの市場動向と各国の政策支援についてみていきたい。

　まず、電気自動車について見てみよう。電気自動車は、炭素排出量の大きなウェイトを占める交通分野の脱炭素化を進める上で、欧米各国が各種の規制や財政措置を通じて支援策を講じており、成長が期待される分野である（コラム1－4－1図（1））。例えば、アメリカでは2030年までに新車販売の50％以上をＥＶとＦＣＶとする大統領令が2021年に発令されるとともに、インフレ抑制法に基づきＥＶやＰＨＶの購入に対して最大7,500ドルの税額控除等が設けられた。また、欧州では、事実上2035年までにＨＶを含めた全ての

ガソリン・ディーゼル車を禁止するＣＯ２排出量の削減方針が示されている。先進的な取組として、ノルウェーでは 2025 年までに新車販売すべてをＣＯ２排出ゼロ車にするとの目標の下、ＥＶとＦＣＶの購入に対し、1990 年に車両購入税、2001 年に付加価値税を免税とするなどのインセンティブ措置を講じたことに加え、電気ステーションの大規模な整備などを実施した。その結果、2021 年時点でＥＶとＰＨＥＶが新車登録台数の 86.2％を占めている。また、英国では 2030 年までにガスリン、ディーゼル等の新車販売を終了させ、2035 年までに全ての新車販売をＣＯ２排出ゼロ車とするとの目標を設定した（コラム１－４－１図（２））。

　こうした各国の動きを踏まえると、従来、我が国が強みを有してきたＨＶも含めた電気自動車以外の自動車が電気自動車に置き換えられていくことになる。2021 年のメーカー別にみた電気自動車販売台数（上位 20 社）における我が国の世界シェアは 2.9％と、中国の46％、アメリカ 26％、ドイツ 25％などから大きく後れを取っている。我が国においては2035 年までに新車販売でいわゆる電動車を 100％とする目標とし、クリーンエネルギー自動車導入促進補助金や充電・充てんインフラ等導入促進補助金を措置するなど、当該目標に向けて取り組んでいるが、電気自動車の普及は各国と比べて遅れている。今後、電気自動車の普及に向けて積極的な投資が重要となってくる。

コラム１－４－１図　電気自動車市場の動向と各国の支援策

成長分野である電気自動車の普及に向けた積極的な投資が重要

（１）電気自動車販売台数の動向

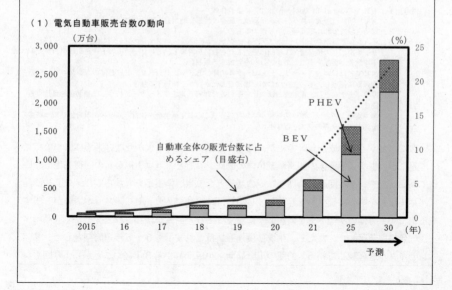

（2）各国におけるＥＶに関する規制と支援策		
国・地域	目標	規制・支援策
日本	乗用車の新車販売に占める電動車の割合を2035年までに100%とする。	・ＥＶ、ＰＨＶ、ＦＣＶの購入に対し、700億円規模の補助金（ＥＶを購入する場合、最大85万円補助等） ・充電設備の設置に対し、200億円規模の補助金。（V2H充放電設備を個人が設置する場合、設備費として上限75万円（補助率1/2）、工事費40万円補助等） ・政策目標の実現にあたり大きな影響を受ける中堅・中小自動車部品サプライヤーに対し、事業再構築などを支援するため、6億円規模の補助金
中国	乗用車の新車販売に占めるＥＶの割合を2025年までに30%、2030年までに40%とする。	・2009年から2022年まで、ＥＶの購入に対し、補助金 ・ＣＡＦＣ規制 ・ＮＥＶ規制
アメリカ	乗用車の新車販売に占めるＥＶとＦＣＶの割をを2030年までに50%以上とする。	・ＥＶの購入に対し、補助金（ただし、ＥＶの最終組み立てやバッテリー材料および部品の調達割合に対する要件有） ・全米のＥＶ充電器のネットワークを拡充するため、州政府を対象に助成金を支給
ＥＵ	新車販売される乗用車から排出されるＣＯ２を2030年までに2021年比で55%、小型商用車は50%削減し、2035年までにいずれも100%削減する。	・ＥＵ27か国中、リトアニアを除く26か国で補助金ないし税控除を実施。 ・環境ボーナス（ドイツ） ・kmあたりＣＯ２排出量20g以下の車両に対して補助金（フランス） ・エコボーナス（イタリア） ・車載用バッテリーの研究開発助成
ノルウェー	乗用車の新車販売に占める電動車の割合を2025年までに100%とする。	・ＥＶとＦＣＶの購入に対し、優遇措置（輸入関税や購入時の自動車登録税の減免等） ・化石燃料車に対し、増税

（備考）
1. ＩＥＡ "Global EV Outlook 2022" により作成。
2. （1）図は、販売台数ベース。予測は、既存の政策や施策を反映したシナリオに基づくもの。
3. 補助金額は令和4年度補正予算によるもの。
4. ＣＡＦＣとは、コーポレート・アベレージ・フューエル・エフィシエンシーの略。メーカーごとに「モデルごとの燃料費×1年間に販売した台数」を計算し、そのメーカーのトータル販売台数での平均燃費が規制を満たしたかどうかを監視する規制。
5. ＮＥＶとは、ニュー・エナジー・ビークルの略。BEV、PHEV、FCEVの3カテゴリーを新能源車に指定し、その生産台数が目標に達したか否かを監視する制度。
6. 環境ボーナスとは、電動車の購入に対し、連邦政府と完成車メーカーが折半して補助金を負担する制度。
7. エコボーナスとは、ボーナスマルス制度（実績に応じた補助金の給付と罰金の徴収を併せ持つ制度）を通じてＥＶ等の購入を促すもの。

　次に、もう一つの成長分野であり、電気自動車の生産にも欠かせない半導体について見てみよう。まず、半導体の関連産業全体の動向をみると、コロナ禍からの回復過程において高まったデジタル関連財の需要はその基盤となる半導体不足をもたらし、メモリや液晶パネルなどを中心に価格が上昇した。しかし、2022年に入り、ＰＣ・スマホ需要が一服する中で、半導体のリードタイムが徐々に短くなるなど需給が緩和され、メモリや液晶パネルの価格は急落した。ただし、半導体関連産業はこれまでも3～5年を周期としたシリコンサイクルを経験している。前回の下降局面（2019年）から3年経つことから、今回もシ

リコンサイクルとの指摘があり、2023年は調整局面が続くものの、その後は再び大きく成長するとの予測もある（コラム1－4－2図（1）～（4））。

　また、従来、車載用半導体は半導体市場におけるシェアは小さく、市場の大半はPCやスマホ向けのメモリが占めていた。しかし、電気自動車で利用されるイメージセンサー、パワー半導体、ロジック半導体といった部品の半導体市場に占めるシェアが拡大しており、今後も電気自動車とともに伸長することが見込まれる。車載用半導体は、日本企業が相対的に強みを有する分野であり、当該分野の成長を捉えていくことが我が国経済の成長にとって重要となってくる。

　さらに、半導体は政策的にも重要品目であるがゆえに、各国とも財政資源を投じて国内生産を拡充している。具体的には、アメリカで2022年8月に半導体産業の製造・デザイン・調査研究能力、経済と国家の安全保障、半導体サプライチェーンの強化を目的とした「CHIPS及び科学法」が制定され、527億ドル（約6兆9,000億円）がアメリカ国内で半導体を生産する企業への支援に用いられることとなった。EUにおいても、2021年3月に発表された2030 Digital Compassで、半導体を含むデジタル分野に今後2～3年で1,345億ユーロ（約17兆5,000億円）を投資すると発表された他、2022年2月に欧州半導体法案が欧州委員会より発表され、公的資金が110億ユーロ（約1兆4,000億円）規模で出資される欧州半導体インフラコンソーシアムが設置された。我が国では、2022年5月に制定された経済安全保障推進法に規定された特定重要物資として同年12月に施行された同法施行令において半導体素子及び集積回路が規定され、また、同月2日に成立した2022年度第2次補正予算において、先端半導体の国内生産拠点の確保事業として4,500億円が措置された（コラム1－4－2図（5））。

　このように、経済安全保障や2021年に生じた供給不足への対応もあり、2022年には半導体工場新設の動きが活発化してきたが、これにより我が国が強みを有する半導体製造装置の需要が高まる。これまでも半導体産業の成長に伴い、2015年から21年の過去7年間で輸出額が7,900億円から2兆1,600億円へと約2.7倍に成長している。今後も、半導体工場の新設とその更新需要を取り込むことで更なる市場規模の拡大、それに伴う生産・輸出の拡大が期待される。

　このように、半導体関連産業はシリコンサイクルによる定期的な振れを伴うものの、市場規模の拡大とそれに伴う製造装置の市場拡大を見据え、短期的な景気変動によって投資を控え、我が国が強みを有する分野でのシェアを失うことのないよう、継続的に投資がなされることが重要となってくる。

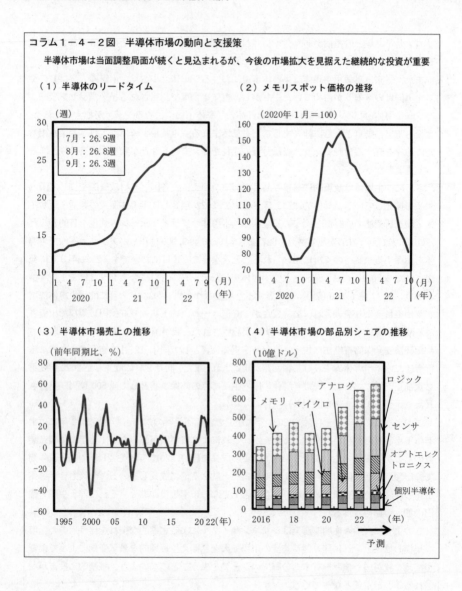

コラム1－4－2図　半導体市場の動向と支援策

半導体市場は当面調整局面が続くと見込まれるが、今後の市場拡大を見据えた継続的な投資が重要

（1）半導体のリードタイム

（週）

7月：26.9週
8月：26.8週
9月：26.3週

1　4　7　10　1　4　7　10　1　4　7　9　（月）
2020　　　　21　　　　22　　（年）

（2）メモリスポット価格の推移

（2020年1月＝100）

1　4　7　10　1　4　7　10　1　4　7　10　（月）
2020　　　　21　　　　22　　（年）

（3）半導体市場売上の推移

（前年同期比、％）

1995　2000　05　10　15　20 22(年)

（4）半導体市場の部品別シェアの推移

（10億ドル）

メモリ　マイクロ　アナログ　ロジック
センサ
オプトエレク
トロニクス
個別半導体

2016　18　20　22　（年）

予測

（5）各国における半導体の産業支援策

国・地域	産業支援策等	金額
日本	・日米が連携する次世代研究拠点の整備や先端品の生産拠点の支援、製造に欠かせない部素材の確保（2022年11月）	1.3兆円
台湾	・ハイテク分野を中心に台湾への投資回帰を促す補助金などの優遇策（2019年1月）	2.7兆円
台湾	・半導体分野に対して、2020年から2021年に補助金を投入（2020年7月）	300億円
韓国	・ＡＩ半導体技術開発への投資（2019年12月）	1,000億円
韓国	・2022年までに半導体を含む素材・部品・装置産業の技術開発に集中投資（2020年7月）	5,000億円以上
欧州	・半導体分野に対して、2018年から2024年に補助金を投入（2018年12月）	2,000億円
欧州	・復興基金「Next Generation EU」の一部を活用し、半導体を含むデジタル分野に投資（2021年3月）	1.8兆円
米国	・米国内で半導体を生産する企業への支援策（2022年7月）	6.9兆円

（備考）　1. Susquehanna International Group "Chip Delivery Times Shrink in Sign That Supply Crunch Is Easing"、Bloomberg、DSCC（Display Supply Chain Consultants, LCC）、WSTS（世界半導体市場統計）等により作成。
　　　　　2. （2）図の「メモリ」は、「DDR4 4GB」を指す。

（生産性向上に向けて人的資本投資、研究開発投資、競争性の高い規制制度等が重要）

　次に、ＴＦＰを見てみよう。ＴＦＰは労働投入と資本投入以外のすべての生産要素が包含されることから、人的資本の蓄積やイノベーション、規制や起業・廃業のしやすさといったビジネス環境、貿易開放度、政府部門の効率性、生産部門の構成などが影響[30]すると考えられ、これらの要素を改善することがＴＦＰの向上にとって必要となる。まず、人的資本の蓄積やイノベーションという観点では、人的資本投資や研究開発投資が寄与するが、我が国は企業による労働費用総額に占める教育訓練費の割合も各国と比べて低く、政府による教育支出対ＧＤＰ比も低い（第１－３－７図（１））。改善余地は大きく、リスキリング支援やＳＴＥＭ教育の充実、大学機能の強化等が重要である。研究開発投資については、政府部門の支出はアメリカ、フランス、ドイツよりもＧＤＰ比で低い水準で推移してきた（第１－３－７図（２））。今後、基礎研究等の採算性の低い研究開発を政府部門が支援するとともに、先端

---

[30] Égert（2017）は、ＭＦＰの決定要因として生産性フロンティアまでの距離、イノベーション、貿易開放度、製品市場規制や労働規制といった規制、ビジネス環境、人的資本を想定した上で、人的資本はイノベーションの説明要素ともなるので、人的資本は操作変数として扱った上で実証研究を行い、それぞれの統計的優位性を確認している。また、Loko and Diouf（2009）は、ＴＦＰの決定要因として、マクロ経済（物価上昇率や政府部門の大きさ）、貿易開放度や対内直接投資、労働の質、制度要因（政府部門の効率性、経済の自由度、法の支配、規制）、生産部門の構成、女性の労働力率等を指摘している。

分野の国際共同研究やオープンイノベーションなどを進めることで研究開発投資の効率性が向上していくことが重要となってくる。起業・廃業に係るビジネス環境という点ではスタートアップ支援5カ年計画をとりまとめたところであり、その着実な実行が期待される。規制については、OECD製品市場規制（PMR）指標（2018）によると、日本はOECD平均と比較すると政府調達、規制手続きの複雑性、電気通信分野の規制制度について、競争性が低いとされているなど、改善の余地がある（第1－3－7図（3））。また、低生産性部門から高生産性部門への労働移動もTFPの向上に寄与することから、労働者が転職を円滑に行うことが可能となるよう支援していくことも求められる。

第1－3－7図　人的資本投資、研究開発投資、PMR指標の国際比較

人的資本投資の拡充、研究開発投資の効率化、競争的でない市場規制に改善の余地

（1）企業の労働費用総額に占める教育訓練費の割合　　（2）政府の教育支出対GDP比（2019年）

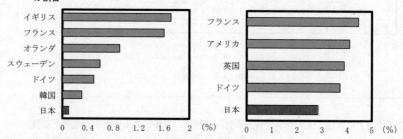

（3）各国における政府部門の研究開発投資額の対GDP比

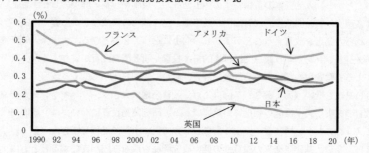

（4）製品市場規制（PMR）指標（2018年）

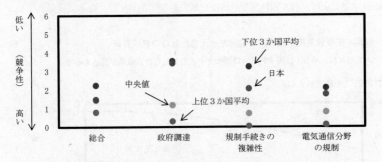

（備考）1．独立行政法人労働政策研究・研修機構「データブック国際労働比較2022」、OECD.Statにより
　　　　　作成。
　　　　2．（1）は日本：厚生労働省「令和3年就労条件総合調査」、フランス、イギリス、オランダ、
　　　　　スウェーデン、ドイツ：Eurostat"Labour Costs Survey 2016"（2022年2月現在）、韓国：
　　　　　雇用労働部集計（2022年2月現在）から集計。日本、韓国は2020年、その他は2016年のデータ。

（成長市場との間の貿易・投資の障壁を低下させることが重要）

　先にみたように、これまでの海外からの人口流入のペースを加味しても、我が国は人口が減少していくと見込まれる一方、今後、人口が増加しながら、高い一人当たりGDP成長率が見込まれる国・地域も存在する（第1-3-8（1）、（2））。こうした海外の成長市場との間にある貿易・投資の障壁を低下させることで、そのダイナミズムを取り込みながら、こうした国・地域の成長を我が国の成長につなげていくことが重要である。

　具体的には、欧米の一人当たりGDP成長率は1％台にとどまる中、アメリカは人口の増加を背景に市場が緩やかに拡大し、EUでは人口が横ばいで推移することから一人当たりGDPの成長率に沿ったペースでの市場拡大が見込まれる。我が国の最大の貿易相手国である中国は、IMF世界経済見通し（2022年10月）では一人当たりGDP成長率は当面4％台後半で推移すると予測されるものの、一人っ子政策による出生率の低迷による人口減と急速な高齢化が見込まれ、市場規模の拡大ペースは鈍化すると考えられる。他方、一人当たりGDP成長率、人口共に高い伸びが予測されているのが、ASEANとインドである（第1-3-8図（1）、（2））。ASEANは我が国の輸出全体の15％を占めるなど大きな貿易相手であり、かつ2021年の直接投資収益額は2.2兆円と中国からの直接投資収益の2.3兆円とほぼ同水準となるなど、我が国企業の海外展開も進んでいる。他方、インドについては輸出金額の1.7％しか占めておらず、直接投資収益額も2021年で566億円にとどまるなど企業の海外展開は限られている（第1-3-8図（3））。

　我が国は近年積極的な経済外交を通じて、TPP、日EUEPA、RCEP、日米FTAなどを締結してきたところであり、加えてインドについてはインド太平洋経済枠組（IPEF）の議論に参加している。これらの枠組みで得られたメリットを最大限活用し、成長して

いく国・地域との間の貿易や投資の結びつきを強めることは、ＴＦＰの上昇等を通じて安定的に潜在成長率を引上げ、我が国経済を一段高い成長経路に乗せていくために重要となる。

第１－３－８図 主要貿易相手国の人口動態と一人当たりＧＤＰ成長率

ＡＳＥＡＮ、インドは将来的な人口増加と一人当たりＧＤＰ成長が見込める市場

（１）人口動態（生産年齢人口）

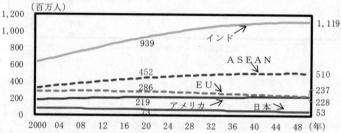

（２）一人当たりＧＤＰ成長率の推移

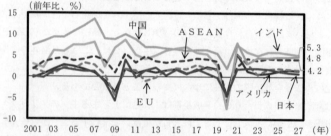

（３）日本の輸出金額の国別シェア

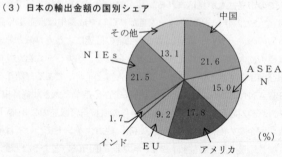

（備考） 1. 国際連合「World Population Prospects 2022」、ＩＭＦ「World Economic Outlook Database October 2022 edition」、財務省「貿易統計」により作成。
2. （3）のＡＳＥＡＮ、ＮＩＥｓはいずれもシンガポールを含むため、その分「その他」のシェアが小さくなっている。

第4節　まとめ

　本章では、第1節でコロナ禍での抑制された経済社会活動からウィズコロナ下における我が国経済の回復の特徴、世界的な物価上昇の背景や足下の為替変動の背景とその影響についてみた後、第2節では足下の物価上昇の家計・企業への影響と物価の基調的な動向について、最後に第3節では世界経済の見通しを踏まえた我が国の短期的なリスク、中長期的な課題についてみてきた。

　我が国経済はコロナ禍以降、財消費や財輸出を中心として持ち直してきたが、2022年以降はウィズコロナの下、消費や投資を中心に民需が徐々に持ち直している。しかし、サービス部門については、諸外国と比較すると依然として回復が遅れている。今後、全国旅行支援やインバウンドの再開もあり、サービス部門が引き続き我が国経済を下支えしていくことが期待される。こうした中で目下の課題は物価上昇への対応である。諸外国が金融引締めと物価対策を講じる中で、我が国も累次の支援策を実施しながら、2022年10月には総合経済対策をとりまとめた。今後、当該経済対策及び2022年度第2次補正予算を着実に執行することが重要となる。

　第2節では、国際商品価格の急騰等に端を発した輸入物価の上昇が企業部門、家計部門でどのように波及していったかをみた。企業部門における価格転嫁は少しずつ進んではいるが、アメリカと比べると依然としてそのパススルーは弱いこと、輸入物価の上昇は9か月から12か月程度のラグを伴って消費者物価へ波及する可能性があること、家計部門では低所得世帯として特にひとり親世帯や相対的に小規模の企業で働いている者の世帯などが影響を受けていることがわかった。過去の物価上昇局面と比較すると、今回は依然として上昇が続いている中で、既に上昇率でも広がりの面でも2008年の物価上昇局面を上回っており、第二次石油危機に近づいている。そうした中で、2008年の物価上昇局面と比べると、依然として十分ではないものの、企業の価格転嫁は進んでいる一方、家計は当時よりも安価品へのシフトや消費の抑制等の生活防衛的な行動をとっていることがわかった。また、マクロ統計を基にした推計結果やスーパーのPOSデータに基づく分析によると、今回の物価上昇は輸入物価の上昇がもたらしたコストプッシュ型であり、国内需給や賃金による上昇圧力は依然として弱い。ただし、長く続いたデフレにより生じた価格粘着性は弱まっている兆しもあり、今後、安定的な賃金上昇が実現すれば内生的な物価上昇へと変化していく可能性がある。こうした価格転嫁に係る環境変化を政策的に後押しするため、企業間取引に関し、下請取引の適正化に向

けた実態調査や企業への啓発活動が引き続き重要[31]であり、これにより企業が付加価値を維持することで投資・賃上げを継続できる環境を整えていくことが重要である。

　第3節では、世界経済の先行きに不透明感が高まる中、輸出の減速が設備投資の減少を招く可能性を指摘している。設備投資が我が国の回復を支えてきた情報関連財や資本財関連の業種で抑制された場合、これらの業種の競争力を損ねるリスクがあり、経済対策等を通じ、こうした分野の投資を喚起していくことが重要となる。また、潜在成長率が諸外国と比べても低い伸びとなっているが、投資の伸び悩みによる一人当たり資本装備率の低迷を是正する必要がある。また、生産性の向上に向けては人的資本投資や研究開発投資、競争性の低い規制の改革等も求められる。内需の伸長に加え、海外需要の取り込みを進めることも、成長分野での投資促進には不可欠である。中長期的には生産年齢人口の減少に歯止めをかけることが必要であり、将来を見据えた少子化対策の強化が不可欠である。

---

[31] 下請取引の適正化に関しては、2021年12月に中小企業等が労務費や原材料費等の上昇分を適切に転嫁できるようにし、賃上げ環境を整備するため「パートナーシップによる価値創造のための転嫁円滑化施策パッケージ」が取りまとめられた。これに基づき行われた事業者団体の自主点検結果（2022年12月公表）によれば、業種によって価格転嫁が実現できていると回答した企業の比率が異なるなど、改善余地がみられる分野の存在が示唆されている。

第2章

個人消費の力強い回復に向けた課題

第2章　個人消費の力強い回復に向けた課題

　第1章でみたようにウィズコロナへと進む下で、2022年の我が国の個人消費、雇用・所得環境は緩やかに持ち直してきた。他方、2022年春以降、物価上昇に賃金上昇が追い付かず、実質賃金は前年比マイナスが続いており、個人消費の腰折れを防ぐ上では、雇用・所得環境の更なる改善が不可欠である。また、経済社会活動に対する感染症の影響が薄れるにつれ、期待される生涯所得の伸び悩み等の感染拡大前から指摘されてきた我が国における個人消費、雇用・所得環境を取り巻く構造的な課題の解決を、景気回復の原動力に結び付けていくことの重要性は高まっていくであろう。これらの状況を踏まえて、本章では家計部門の短期及び中長期の課題を分析対象とし、個人消費が力強く回復を続けていくための論点を整理した。

　本章の構成は以下のとおりである。まず第1節では、最近の個人消費の動向について、物価上昇の影響と、感染症下でトレンドから乖離して積み上がった家計の貯蓄に注目して分析した。その際に、感染拡大前から指摘されてきた我が国における構造的な消費下押し要因も加味して、今後の消費回復に向けた論点を整理した。続いて第2節では、経済社会活動の正常化が進む下で持ち直しが続く労働市場について、特に感染拡大前と比較した構造的な変化の兆しについて考察する。さらに、交易条件の悪化が続く中で、実質賃金に下押し圧力が掛かり続けている現状を踏まえ、構造的な賃上げの実現に向け、労働移動と最低賃金制度に注目してその効果を分析した。

第1節　物価上昇下の個人消費

　我が国における個人消費は、感染症により抑制されてきたサービス消費を中心に緩やかな回復を続けている。他方、消費者物価指数が約40年振りの上昇率となる中で、消費者マインドが弱含んでおり、感染拡大を機に大きく低下した家計の平均消費性向（可処分所得に対する最終消費支出の比率、以下「消費性向」。）の回復ペースを注視していく必要がある。本節では、物価上昇や消費者マインドと消費性向の関係を整理した後、感染拡大に伴う行動制限等に起因する超過貯蓄の消費下支え効果について考察するとともに、感染拡大以前から指摘されてきた我が国における個人消費をめぐる構造的な課題を解消していく取組の重要性を改めて確認していく。

1　消費をめぐる物価と消費者マインド

（感染拡大以降、消費性向は低下）

　第1章で確認したとおり、2022年初以降の我が国の個人消費は、感染症により抑制されてきたサービス消費を中心に持ち直しが続いているが、消費者マインド等に弱めの動きもみら

れている。個人消費の回復を着実なものとするためには、企業業績が過去最高の水準に達する中で、次の春闘における賃上げの実現幅に注目が集まるが、感染拡大下の消費活動の制約を背景に積み上がった家計の超過貯蓄が個人消費の下支えとして機能していくと期待する見方がある[1]。こうした下支えが機能すれば、物価上昇が賃金上昇を上回って推移する間も、消費性向の上昇によって個人消費が下支えされることが期待される。

　こうした問題意識から、まずはマクロでみた感染拡大以降の消費性向の動向について考察を行う。消費性向は、分子の消費支出要因と、分母の可処分所得要因に分解できるが、それぞれの動向をみてみよう（第２－１－１図（１））。家計最終消費支出については、2020年4－6月期に大きく下落した。これは、緊急事態宣言が発出される等、感染拡大を防止する行動規制によってもたらされた側面が大きかった。その後、家計最終消費支出の動きは、感染者数が増減を繰り返す中で緩慢であったが、ワクチン接種が進展し、ウィズコロナの取組が社会全体で進む中で、最近では緩やかな持ち直しの動きが続いている。可処分所得については、2020年4－6月期は、雇用者報酬が感染拡大による経済活動の停滞を背景に減少した一方で、「給付金等」（特別定額給付金による「その他の経常移転要因」）により大きく押し上げられた（第２－１－１図（２））。これらを背景に、2020年4－6月期に消費性向は大幅に下落することとなった（第２－１－１図（３））。その後、消費性向は、経済社会活動が正常化に向かう中で持ち直しているが、感染拡大前との対比では依然として低い水準にとどまっている。

第２－１－１図　家計の収入と消費支出

感染拡大以降、消費支出は可処分所得対比で伸び悩み

（１）消費支出、可処分所得、賃金の推移

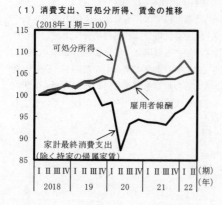

（２）可処分所得の要因分解

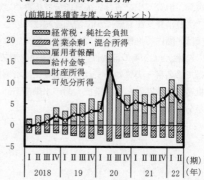

1　例えば、日本銀行（2021）を参照。海外でも European Central Bank（2022）や Congressional Budget Office（2022）など、感染拡大下で増加した貯蓄による消費の下支えを期待する議論がある。

－ 75 －

（3）平均消費性向の推移

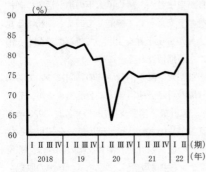

(備考) 1. 内閣府「国民経済計算」により作成。
2. （2）について「給付金等」は「現物社会移転以外の社会給付」と「その他の経常移転」の合計。
3. （3）について、分母の可処分所得は年金受給権の変動調整を加味したもの。また、分子の家計最終消費支出は、持ち家の帰属家賃を除く。

（物価上昇下で、低所得層ほど消費性向の戻りが鈍い）

　ウィズコロナの取組が進む中で、足下では消費性向が上昇している点をみたが、消費性向の上昇ペースに所得階層間で違いがあるだろうか。ここでは、総務省「家計調査」を用いて、世帯（二人以上世帯のうち勤労者世帯）の所得階層別にみた消費支出と消費性向の足下の動きを確認する。これをみると、①2020年、2021年の感染拡大下での消費性向の低下幅（2019年対比）は、高所得世帯でより大きいこと、②2022年以降の物価上昇下での消費性向の上昇幅は、低所得世帯でより小さいことが分かる（第2－1－2図（1））。①については、外食や旅行などの選択的支出への支出割合は高所得世帯ほど高く、感染拡大による消費活動の抑制による下押しが、高所得世帯ほど強く出ていたことを示している。②は、足下の物価上昇に対して、低所得世帯では購入量などを削減して実質支出額を抑えていることを示している。実際、消費支出を名目・実質に分けてみると、高所得世帯では、名目消費支出が増加する中で実質消費支出も緩やかに増加を続けているが、低所得世帯では、名目消費支出がおおむね横ばい圏内で推移する中で、実質消費支出は弱含んでいる（第2－1－2図（2））。これらの結果、2022年の消費性向はどの所得階層でも2019年の水準に戻っていないが、高所得世帯では名目・実質のいずれでも消費支出が感染拡大前の水準を回復している一方で、低所得世帯では依然として感染拡大前の水準を下回っており慎重な支出スタンスが続いていることが分かる。

第２－１－２図　所得階層別にみた消費性向と名目・実質消費支出

物価上昇下で、低所得世帯では実質消費を抑制しており、消費性向の戻りが弱い

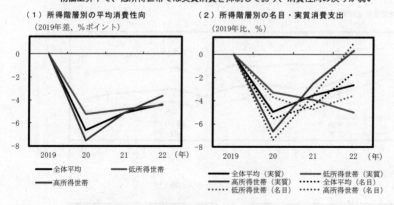

（１）所得階層別の平均消費性向
（2019年差、％ポイント）

（２）所得階層別の名目・実質消費支出
（2019年比、％）

全体平均　　　　　低所得世帯

高所得世帯

全体平均（実質）　　　低所得世帯（実質）
高所得世帯（実質）　　　全体平均（名目）
低所得世帯（名目）　　　高所得世帯（名目）

（備考）　1．総務省「家計調査」、「消費者物価指数」により作成。
　　　　　2．二人以上の世帯のうち勤労者世帯。低所得世帯は年収五分位別の第Ⅰ分位と第Ⅱ分位、高所得
　　　　　　世帯は第Ⅳ分位と第Ⅴ分位。2022年は1月～10月の値を2019年同期と比較した。なお、2019
　　　　　　年の平均消費性向は全体平均で67.9%、低所得世帯で75.7%、高所得世帯で63.6%。
　　　　　3．所得階層別の実質消費支出を求めるにあたっては、家計調査における10大品目に相当する消費
　　　　　　者物価指数上の系列を用いて実質化した。なお、「その他の消費支出」については「諸雑費」
　　　　　　の物価指数を準用した。

（幅広い所得階層で消費者マインドは弱い動きとなっており、その程度は低所得層でやや強い）

　上述したとおり、2022年以降、所得階層により物価上昇への消費支出面での対応が異なっている。こうした所得階層間での消費支出の動向と消費者マインドの動向について、内閣府「消費動向調査」における消費者態度指数[2]を詳しくみていくと次の点が指摘できる。第一に、消費者態度指数は、いずれの所得階層でも2022年初以降に下落傾向にあり、幅広い家計において消費者マインドは弱含んでいる（第２－１－３図（1））。第二に、消費者態度指数を構成する内訳四項目をみると、「収入の増え方」「雇用」といった、雇用・所得関連の指標の低下は相対的に限られている一方、「暮らし向き」「耐久消費財の買い時判断」の悪化幅が相対的に大きくなっている（第２－１－３図（2））。第三に、所得階層別の違いに注目すると、特に低所得層で「収入の増え方」が悪化しており、「暮らし向き」の下落幅も相対的に大きい。

---

[2] 消費者態度指数は、家計の考える今後半年間の①暮らし向き、②収入の増え方、③雇用環境（職の安定性、みつけやすさ）、④耐久消費財の買い時判断を、質問項目ごとに消費者意識指標として算出した後に、それらを平均して算出される。

第2-1-3図　所得階層別にみた消費者マインド

暮らし向きを中心に低所得層ほど消費者マインドが悪化

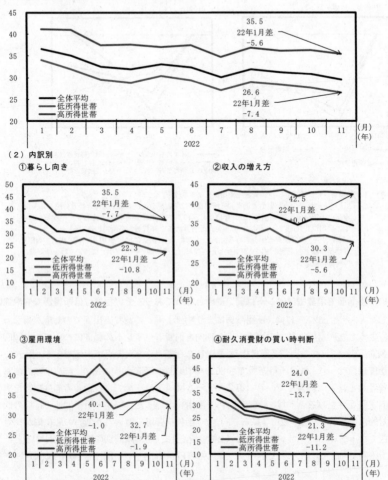

（1）消費者態度指数

（2）内訳別

①暮らし向き

②収入の増え方

③雇用環境

④耐久消費財の買い時判断

（備考）1．内閣府「消費動向調査」により作成。
　　　　2．本調査における所得階層7区分のうち上位2階層（年収950万円以上）を「高所得世帯」、下位2
　　　　　　階層（年収400万円未満）を「低所得世帯」に分類。

　これらの結果を考察すると、2022年以降、雇用・所得環境は全体として改善方向にあるものの、物価上昇を背景に幅広い家計で生活防衛意識は高まっているとともに、子細にみると、

　第１章で確認したとおり生活必需品への支出割合の高い低所得者の方が物価上昇に伴う負担増が大きいことなどを背景に、「暮らし向き」や「収入の増え方」の悪化幅も大きくなっている。

　「消費動向調査」では、マインドを悪化させた家計に対して直接的にその理由の回答を求めないため、消費者マインドをその背景と共に定点観測する日本銀行「生活意識に関するアンケート調査」の結果も活用して、消費者マインドの動きへの考察を深める。まず、「生活意識に関するアンケート調査」の「暮らし向きＤＩ[3]」の推移をみると、消費者態度指数と同様にこのところ悪化が続いている（第２－１－４図（１））。次に、「ゆとりがなくなってきた」と回答した者に対して、その理由を訊くと、「物価が上がったから」の割合がこのところ急激に上昇しており、反対に、「給与や事業などの収入が減ったから」の割合が低下している（第２－１－４図（２））。これらを勘案すると、足下の物価上昇が消費者マインドの悪化を招いていると整理できよう。

第２－１－４図　暮らし向きに余裕がなくなっている背景

物価上昇を背景に暮らし向きの悪化を意識する家計が増加

（１）暮らし向きＤＩと消費者態度指数　　　（２）暮らし向きにゆとりが無くなった理由

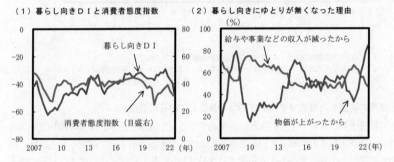

（備考）内閣府「消費動向調査」、日本銀行「生活意識に関するアンケート調査」により作成。

（物価上昇局面では所得階層間の消費者マインドのばらつきが大きくなりやすい）

　足下の消費者態度指数を所得階層別にみると、低所得者ほど低下幅が大きくなっていたが、次に、所得階層間の消費者態度指数のばらつきは過去のどのような局面で高まってきたのかを考察する。

　消費者態度指数は 2004 年４月から七つの年間収入階級別の数値が利用できるため、各月における年間収入階級間での変動係数をばらつきの指標として算出した（第２－１－５図）。時系列推移をみると、第一に、足下のばらつきの大きさは、既往ピークに達しており、過去に発生した他の経済的なショックと比較しても、最近の物価上昇に対する所得階層間での受

---

[3]　１年前と比較した現在の暮らし向きについて「ゆとりが出てきた」「どちらとも言えない」「ゆとりがなくなってきた」の３つから回答を聴取し、ＤＩ化したもの。

け取り方の違いが大きい。第二に、エネルギー価格・食料品価格が上昇した 2007 年初以降、消費税率引上げが決定された 2012 年末以降など、物価上昇が予見される時期に所得階層間のばらつきが大きくなる傾向がある[4]。逆に、大きな物価変動を伴わなかった 2011 年の東日本大震災や、2020 年の感染拡大時にはばらつきは低下している。

第2−1−5図　消費者マインドの所得階層間でのばらつき

物価上昇局面で所得階層間での消費者マインドのばらつきが大きくなる傾向

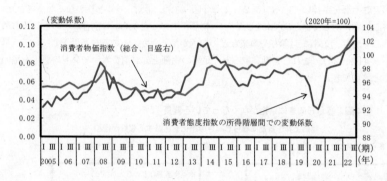

(備考)　1.　内閣府「消費動向調査」、総務省「消費者物価指数」により作成。
　　　　2.　「消費者態度指数の所得階層間での変動係数」は、各時点における所得階層間での変動係数。

（住宅価格の高騰も消費者マインドに影響を及ぼしている可能性）

　最近の物価上昇が家計の生活防衛意識を高めている点を確認したが、家計のインフレ実感は統計上の物価上昇率と乖離していると指摘する向きもある。第1章で確認したとおり、最近の消費者物価の上昇は食料品や光熱費で目立っており、先行研究によれば、こうした購入頻度の高い品目の物価上昇は家計のインフレ実感を高める傾向にある[5]。さらに、最近の研究では、消費者物価に含まれない住宅価格が家計のインフレ実感に大きな影響を及ぼすことも指摘されている[6]。

　こうした問題意識から、足下の住宅市場の動向を確認すると、感染拡大以降の住宅価格上昇を背景に、持家住宅への需要が抑制されて持家住宅の着工は弱含んでいる[7]（第2−1−6

---

[4]　2012 年後半以降は、我が国の株価が上昇局面に転じたことから、資産効果の恩恵の差によって高所得層と低所得層のばらつきが拡大した可能性も考えられる。

[5]　鎌田他（2015）、Abildgren and Kuchler（2021）などを参照。

[6]　髙橋・玉生（2022）などを参照。

[7]　今次局面で国際的に観察されている住宅価格の上昇は、建設コストの上昇（供給要因）と旺盛な住宅取得需要（需要要因）の双方から生じているとみられる。ただし、日本銀行（2022）では、建設コストの上昇幅を上回って住宅価格が上昇しているアメリカやドイツとは異なり、我が国では住宅価格の上昇が建設コストの上昇におおむね見合っている、すなわち、我が国における住宅価格の高騰は、そのほとんどが供

図（１）、（２））。実際、住宅ローンの返済ペースや金利・借入期間について一般的な想定を
おくことで、戸建住宅の取得のしやすさを示す住宅取得能力指数[8]を試算すると、住宅価格の
高騰を背景に、2021年入り後に急速かつ大幅に悪化している。今次局面では、消費者物価が
約40年振りの上昇率となっているが、消費者物価に含まれない住宅価格も上昇しており、特
に将来の住宅購入を検討する若年層の消費者マインドへの影響が懸念される。

第２－１－６図　住宅価格と家計の取得能力

住宅価格の上昇もあり持家住宅の着工に弱さ

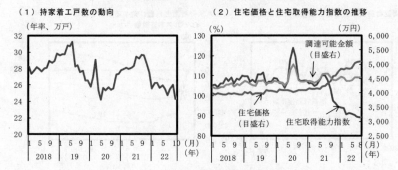

（１）持家着工戸数の動向

（２）住宅価格と住宅取得能力指数の推移

（備考）　1.　国土交通省「住宅着工統計」、「不動産価格指数」、一般財団法人建設物価調査会「建設物
　　　　　　　価指数月報」、独立行政法人住宅金融支援機構公表資料及び「フラット35利用者調査」、
　　　　　　　総務省「家計調査」、内閣府「消費動向調査」により作成。
　　　　　2.　（２）の住宅取得能力指数は高いほど住宅取得が容易な環境であることを表す。住宅価格、調達可能額
　　　　　　　及び住宅取得能力指数の算出方法は付注２－１を参照。

（消費者マインドはラグを伴って消費支出に影響）

　以上みてきたような消費者マインドの悪化は、実際の消費支出にどのように影響を及ぼし
ているのだろうか。2000年以降の我が国の消費支出と消費者マインドの推移をみると、消費
者マインドが悪化する局面では消費支出が下落する傾向が観察され、両者の関係性が示唆さ
れる[9]（第２－１－７図（１））。

　そこで、消費者態度指数、実質国内最終消費支出、家計部門の実質可処分所得から成る３

給要因に起因していると分析している。
[8]　推計方法は付注２－１を参照。
[9]　消費者マインドと実体経済に関する海外の先行研究をみると、Carroll et al.（1994）、Bram and
Ludvigson（1998）、Ludvigson（2004）、Starr（2012）などが、消費者マインドが消費支出などの実体経済
に何らかの影響を及ぼすことを報告している。我が国においては、Tsuchiya（2014）が、消費者態度指数
が特に耐久財消費や消費者物価に対して予測力を持つという結果を報告しているほか、小川（2020）が、
ＶＡＲモデルを用いて消費者態度指数が消費支出に影響を及ぼすとしている。本稿では小川（2020）のモ
デルを参考にしている。

変数VARモデルを構築し、消費者態度指数にショックが生じた場合に、消費支出がどの程度影響を受けるかを、インパルス応答関数によって検証する[10]。これをみると、消費者態度指数に下落ショックが生じた場合に、翌四半期から消費支出を下押しし、その下押し幅は3四半期後（付図2－1では4四半期後）に最も大きくなる関係が観察される（第2－1－7図（2））。

第2－1－7図　消費者マインドの消費支出への影響

消費者マインドの悪化はラグを伴って消費支出を下押し

（1）消費者態度指数と家計最終消費支出の関係　　（2）消費者態度指数に対する消費支出の
　　　　　　　　　　　　　　　　　　　　　　　　　　インパルス応答関数

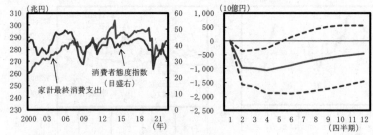

（備考）　1．内閣府「国民経済計算」、「消費動向調査」により作成。
　　　　　2．（1）は 季節調整値。
　　　　　3．（2）について、実質可処分所得、実質家計最終消費支出、消費者態度指数の3変数による構造
　　　　　　　VARモデルに基づき、消費者態度指数に加わった1標準偏差分のショックに対する家計最終消
　　　　　　　費支出の反応を示す。構造ショックの識別は、上記の順のコレスキー分解による。推計期間は、
　　　　　　　2000年1－3月期から2019年10－12月期。ラグ次数はAICに基づき2を選択した。
　　　　　　　実線は点推定量、破線は2標準誤差バンドを示す。詳細は付注2－2を参照。

　この結果を踏まえると、現状、消費者マインドが悪化する中においても、ウィズコロナ下での消費支出の回復が続いているが、感染拡大前の過去の平均的な関係をみる限りにおいて、消費者マインドの悪化はラグを伴って消費支出の下押し幅を強める傾向があり、今後の動向には注意を要する。

---

[10] 推計にあたっては、Johansen の共和分検定の結果、「変数間に共和分関係がない」という帰無仮説が棄却されたことを踏まえて、ベクトル誤差修正モデルによるインパルス応答関数も導出したが、推計値に大きな差はなかった。ベクトル誤差修正モデルによるインパルス応答は付図2－1を参照。

2　超過貯蓄と消費

（感染症下で積み上がった超過貯蓄による消費底上げ効果は現時点で限定的）

　ここまで確認したとおり、足下の物価上昇は家計の生活防衛意識を高めており、消費支出に影響を与える要因である消費者態度指数が低下している。他方、感染拡大下で生じた貯蓄率の上昇（＝消費性向の低下）は、本来の消費機会を逃したことなどにより生じたことから、感染症が収束に向かう過程でその一部が取り崩される可能性がかねてから指摘されており[11]、物価上昇による家計負担増加の影響を一部軽減する働きが期待される。

　本章では、先行研究を参考に[12]、2015〜19 年の家計の消費性向を平常状態と便宜的にみなし、コロナ禍以降にこれを下回った分と可処分所得の積を累積した金額を超過貯蓄と呼ぶことにする。まず、内閣府「国民経済計算」の家計可処分所得と家計貯蓄率から、マクロでみた超過貯蓄の推移とその規模を確認する（第２−１−８図（１））。これをみると、足下の超過貯蓄の水準は約 64 兆円に上るが、超過貯蓄は足下で幾分ペースを鈍化させつつも増加し続けており、足下の物価上昇局面においても、取り崩されている様子は観察できない。すなわち、超過貯蓄の取り崩しによる消費の押上げ効果は現時点で明確ではないと評価できる。ちなみに、マクロでみた預金残高について、日本銀行「資金循環統計」でその推移を確認しても、コロナ禍以降に家計部門の預金残高の増加ペースは感染拡大前と比較して加速した状態が続いており、超過貯蓄の存在とそれがまだ取り崩されていない様子が観察できる（第２−１−８図（２））。

　次に、総務省「家計調査」を用いて、2015〜19 年の世帯属性別の消費性向を平常状態と便宜的にみなし、世帯属性別に超過貯蓄の推移をみる。具体的には、勤労者世帯について所得階層別、また年金生活者が多くを占める高齢無職世帯についても所得階層別に超過貯蓄の動向を確認した。これをみると、高齢無職低所得世帯を除き、多くの世帯類型で超過貯蓄は引き続き増加傾向にある（第２−１−８図（３））。超過貯蓄を生み出す消費性向の水準低下は、参照時点より可処分所得が増加することによる効果（可処分所得要因）と、消費支出が減少することによる効果（消費支出要因）に分けて解釈することもできる。こうした整理の下で、勤労者世帯について高所得世帯と低所得世帯の超過貯蓄の動向を分解すると、高所得世帯における超過貯蓄は、消費支出の累積効果が直近の 2022 年 7 − 9 月期には減少に転じる（すなわち、2022 年 7 − 9 月期の消費支出は参照時点である 2015—19 年平均を上回った）中で、可処分所得が更に増えたことで生じている（第２−１−８図（４））。この間、低所得層ではこうした現象は観察されない。すなわち、高所得層では既存の超過貯蓄と可処分所得の上昇が、一定程度の物価高騰に対するバッファーとして機能し、消費支出を下支えした可能性があるが、低所得層ではそうした効果は限定的にとどまっているとみられる。

---

[11] 日本銀行（2021）を参照。

[12] 熊野（2022）、日本銀行（2021）では同様の算出を行っている。超過貯蓄は分析上の概念であり、定まった計測方法は現時点ではない。超過貯蓄の金額や変化幅は、利用する統計の違いや基準とする時点や数値の違い等により変動するため十分な幅を持って解釈する必要がある。

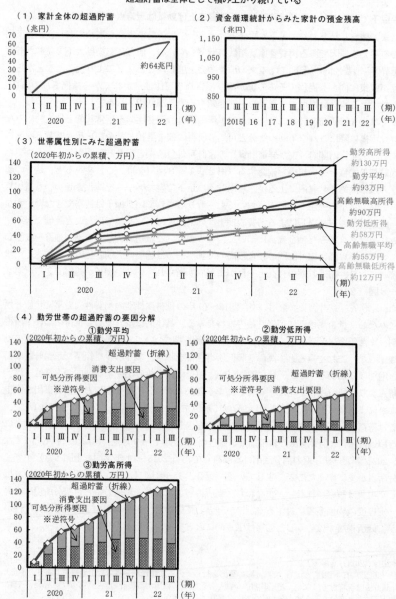

第2－1－8図　感染拡大前の消費性向を前提とした超過貯蓄

超過貯蓄は全体として積み上がり続けている

（備考）　1．内閣府「国民経済計算」、総務省「家計調査」、日本銀行「資金循環統計」により作成。
　　　　　2．（1）、（3）及び（4）の超過貯蓄累積額は、2015〜19年同期と当該期の平均消費性向の差と当該期の可処分所得との積で算出した超過貯蓄の2020年初からの累積額。
　　　　　3．（1）で使用した可処分所得及び消費支出は第2−1−1図（3）と同じ。それぞれ、公表の年換算額を4で除した値を用いて超過貯蓄を算出。
　　　　　4．（2）は、後方4四半期移動平均。
　　　　　5．（3）及び（4）は二人以上の世帯。勤労各世帯は第2−1−2図と同じ。高齢無職世帯は、男65歳以上、女60歳以上の者のみからなる無職世帯で、低所得は年収250万円未満、高所得は年収350万以上の世帯。2018年以前の数字は家計簿（調査票）変更による断層を補正。なお、詳細属性別の変動調整値は公表されていないため、勤労世帯平均または無職世帯平均の調整計数を各区分に準用している。四半期の超過貯蓄を求めるにあたっては、月次の可処分所得（年金を受給している高齢無職世帯にあっては後方2ヶ月平均）と消費支出の各四半期合計を求めた後、2．の計算方法によって超過貯蓄額を求めた。

（アメリカでは超過貯蓄を取り崩す動きもみられている）

　我が国では超過貯蓄を取り崩して消費に回す動きは限定的であるが、比較のため諸外国の動向を確認しよう。具体的には、アメリカとユーロ圏について、日本と同様に2015〜19年の消費性向の動向が感染拡大後と比べて安定していることを確認した上で、前掲第2−1−8図と同様に同期間の消費性向との差分を用いることで超過貯蓄を定義した[13]。これをみると、アメリカでは2022年1−3月期に、超過貯蓄が減少に転じている一方で、ユーロ圏と我が国では超過貯蓄の積み上がりが続いている（第2−1−9図）。アメリカでは雇用環境の大幅な改善を背景に、物価上昇下にあって、家計がより積極的に超過貯蓄を取り崩して消費に振り向けてきたと考えられる。また、超過貯蓄の蓄積を、前掲第2−1−8図と同じ考え方で可処分所得要因と消費支出要因に分解し、消費支出要因が減少に転じたタイミング（すなわち、消費性向が2015〜19年平均を上回ったタイミング）をみると、アメリカでは2020年7−9月期、ユーロ圏では2021年4−6月期となっているが、我が国では2022年4−6月期と大幅に遅れている。こうしてみると、超過貯蓄の蓄積が続いている観点で我が国とユーロ圏は同様であるが、消費支出の回復程度では様相が異なっている点には留意が必要だろう。なお、内閣府政策統括官（経済財政分析担当）（2022a）で紹介したとおり、欧州では、家計の期待インフレ率が高まったことで貯蓄が実質的に目減りしていることや、コロナ禍での貯蓄増加が消費性向の低い高所得層に偏っていること等を背景に消費下支え効果が限定的となる可能

[13] 内閣府政策統括官（経済財政分析担当）（2022a）では2019年の可処分所得と消費支出を基準として貯蓄超過額を計算している。本章の試算では、2019年に消費増税等による変動が生じたことから2015〜19年を便宜的に平常状態とみなした我が国の動向との比較を重視し、アメリカとユーロ圏についても同期間を平常状態としている。なお、アメリカとユーロ圏について、2019年を平常状態とした場合の超過貯蓄の寄与度分解については、付図2−2として掲載している。両地域において、2015〜19年の消費性向は我が国同様に安定していたため、超過貯蓄全体の動向には第2−1−9図と大きな差はない。他方で、両地域では我が国と異なり、分子の消費支出と分母の可処分所得がともに増加トレンドにあったことから、寄与度分解の結果は異なることには注意が必要である。もっとも、ここで注目した消費支出要因が減少に転じたタイミングについては、アメリカでは2021年1−3月期、ユーロ圏では2021年7−9月期となり、消費回復が我が国よりも早いという含意には変わりがない。

性も指摘されている。超過貯蓄の下支え効果の有無とその程度については、現時点で国際的なコンセンサスが確立している訳ではないが、我が国の消費の先行きを考える上では、諸外国における動向や分析事例も注視していくことが重要である。

第2－1－9図　超過貯蓄の国際比較

超過貯蓄の動向は日米欧間で差

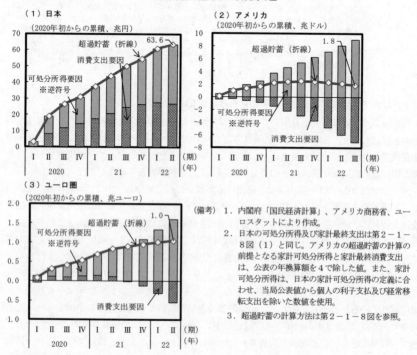

（1）日本
（2020年初からの累積、兆円）

（2）アメリカ
（2020年初からの累積、兆ドル）

（3）ユーロ圏
（2020年初からの累積、兆ユーロ）

（備考）　1．内閣府「国民経済計算」、アメリカ商務省、ユーロスタットにより作成。
　　　　2．日本の可処分所得及び家計最終支出は第2－1－8図（1）と同じ。アメリカの超過貯蓄の計算の前提となる家計可処分所得と家計最終消費支出は、公表の年換算額を4で除した値。また、家計可処分所得は、日本の家計可処分所得の定義に合わせ、当局公表値から個人の利子支払及び経常移転支出を除いた数値を使用。
　　　　3．超過貯蓄の計算方法は第2－1－8図を参照。

（超過貯蓄水準は、足下の物価上昇による年間負担増の10倍に相当）

　次に、足下の超過貯蓄の水準を、物価上昇により見込まれる家計の負担増分と簡便的に比較してみよう。ここでの負担増加額は、総務省「家計調査」の実際の消費支出を基に、同量の消費支出を行う上で、仮に物価上昇率の前年比が0％だった場合に必要だった支出と、現実の支出額との差分として定義した。まず、足下の物価上昇による負担増加額（家計調査の直近値である2022年10月）が同年末まで継続した場合の、二人以上勤労者世帯の2022年の負担増加額は9.6万円程度、可処分所得の1.6％と試算できる（第2－1－10図（1））。これを高所得・低所得世帯別にみると、高所得世帯の方が負担増加額は大きいが、可処分所

得対比でみれば影響は相対的に軽微である。また年金生活者におおむね相当する高齢無職世帯でも所得階層間の差は同様に観察される。さらに、前掲２－１－８図で確認した超過貯蓄とこの負担増加額の比率をみると、二人以上勤労者世帯の平均的な超過貯蓄額は、年間の負担増加額の 10 倍程度に相当し、現状の物価上昇をカバーするのに十分な規模であることが分かる[14]（第２－１－10 図（２））。ただし、以下の点には留意が必要である。まず、今般の物価上昇は、長年、デフレや低インフレを経験してきた我が国の家計にとっては、不慣れな物価上昇局面であり、先行きの物価上昇幅や物価上昇期間の持続性への見通しは家計によって異なると考えられる。したがって、来年度以降の所得と支出の環境に対する不安感から予備的な貯蓄動機が増大している家計も相応に存在する可能性がある。実際、上述したとおり、感染症下の行動制限が緩和される中で超過貯蓄を消費に振り向けようとする積極的な消費スタンスは観察されない。さらに、所得階層別の集計値でみると、属性間の超過貯蓄の水準差は大きく、高所得の勤労世帯では現下の年間負担の 11 倍に相当する額が保有されている一方、低所得の高齢無職世帯では、1.5 倍程度にすぎない（２年目中には消費水準を切り下げる必要）。また、個別の家計をみれば更に大きなばらつきがあると考えられる。以上を踏まえると、試算結果は幅をもって解釈する必要がある。

第２－１－10 図　超過貯蓄と物価上昇による負担増加額の比較

超過貯蓄の規模は足下の物価上昇による負担増加額と比べても相応に大きい

（１）世帯属性別にみた2022年の物価上昇による負担増加額

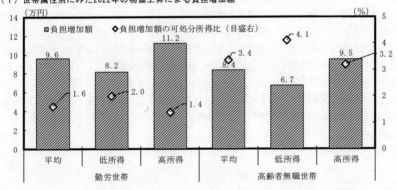

---

[14] 負担増加額について、2022 年の実績見込み額ではなく、フォワードルッキングな年間負担増加見通し額を試算する観点から、直近値（2022 年 10 月）が１年間続く想定での年間負担増加額と超過貯蓄の比率を計算しても、勤労者世帯平均では 6.6 倍（年間負担増加額は約 13 万円）、高齢無職世帯平均では 4.7 倍（年間負担増加額は約 11 万円）となっており、結論に大きな変化はない。

（2）世帯属性別にみた物価上昇による負担増加額に対する超過貯蓄の比率

（倍）

■超過貯蓄累積額（20年1月～22年10月まで）／22年の物価上昇による負担増加額

勤労世帯：平均 9.4／低所得 6.9／高所得 11.3

高齢者無職世帯：平均 6.5／低所得 1.6／高所得 9.5

（備考）　1.　総務省「家計調査」、「消費者物価指数」により作成。世帯区分及び超過貯蓄累積額の計算方法は
第2－1－8図（3）、（4）と同じ。
　　　　　2.　負担増加額については、まず、世帯類型別に、家計調査の10大費目の支出割合で消費者物価の前年
比を重みづけした物価上昇率を計算し、2022年の各月の消費支出と前述の物価上昇率を用いて、各
月の前年対比の負担増加額を算出。その後、11月～12月の負担増加額が、10月の実績から横ばいで
あると仮定して2022年の負担増加額を算出。
　　　　　3.　家計調査と消費者物価指数の10大費目の対応は総務省の基準による。なお、家計調査における10
大費目のうち、「その他の消費支出」については「諸雑費」の物価指数を準用した。

（預貯金増加の消費押上げ効果は限定的であり、ベースアップや将来不安の解消が重要）

　消費性向が引き続き感染拡大前の水準を下回っている状況を踏まえ、感染拡大以降に積み
上がってきた超過貯蓄が消費支出に及ぼす効果を考察することを目的に、消費関数を推計し
た。具体的には、総務省「家計調査」の調査票情報を活用し、可処分所得のほか世帯主年齢
等の属性情報に加え、住宅ローンを含む負債額などをコントロールした上で[15]、預貯金額の増
加が消費支出を押し上げるのかを確認した[16]。さらに、政府からの給付金等の一時的な可処分
所得の変動ではなく、生涯を通じた所得見通しの変化こそが消費スタンスに影響を及ぼすと
の見方である恒常所得仮説を踏まえ、個人の恒常所得への見通しと関係が強いとみられる定
期収入比率（＝定期給与／世帯主収入）の違いによる消費支出への影響もみた。消費支出と
これらの変数との関係は時期により異なると推察されるが、今回は推計期間を 2012～21 年
の直近10年間とした。

　推計結果の特徴は以下の点である。第一に、預貯金額による消費支出の押上げ効果を、所

---

[15]　推計式など詳細は付注2－3参照。消費関数の定式化に際しては、世帯レベルのデータを活用し資産変
動が消費に及ぼす効果を推計した Caceres（2019）などを参考にしている。
[16]　マクロデータの時系列分析では、消費と資産間の直接的な関係と、両者への共通ショックを通じた影響
の識別が困難である。そのため、世帯ごとの家計調査の調査票というミクロデータへの回答を活用した主
体間（クロスセクション）のばらつきを利用している点が本分析の特徴である。本稿同様に、ミクロデー
タを活用して資産変動が消費に及ぼす効果を推計した先行研究として、Caceres（2019）がある。なお、
Caceres（2019）では、アメリカの家計パネル調査（PSID）の調査票情報を活用して、住宅資産価格の上昇
による消費押上げ効果が大きいこと、また、株等のその他資産の場合には資産価格上昇による消費押上げ
効果が小幅にとどまることを指摘している。

得階層別にみると、いずれの所得階層でも統計的に有意に押上げ効果が確認されるがその規模は1万円の預貯金額の増加に対して、100～250円程度である（第2－1－11図（1））。第二に、定期収入比率が高い世帯ほど、消費支出額が大きい傾向が確認できる（第2－1－11図（2））。具体的には、定期収入比率が70％未満の家計を基準にすると、70～90％の世帯では、統計的には有意ではないが約5～6万円程度、90％を超える世帯では統計的に有意に約13万円消費支出が大きい。この結果は、恒常所得仮説と整合的である。第三に、こうした諸要素をコントロールした上でもなお残る年次ダミーによる消費支出への影響（2012年対比で、他の属性が同じ場合にみられる消費支出額の差）を、年齢階層別・配偶者の就業形態別にみると、34歳以下の若年層や共働き世帯を中心に幅広い世帯類型と年次ダミーの交差項は、下押し方向に寄与してきた（第2－1－11図（3）、（4））。この結果は、今回の推計では考慮されていない、世帯共通の消費支出の押下げ要因が存在している可能性を示唆しており、具体的には次項でみていくこととしたい。

第2－1－11図　消費関数の推計

預貯金の消費押上げ効果は限定的であり、定期収入の上昇や構造的な下押しの解消が重要

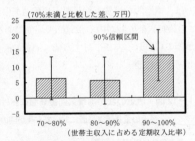

（1）預貯金額と消費支出の押上げ効果

（2）定期収入比率と消費支出の押上げ効果

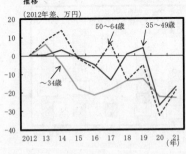

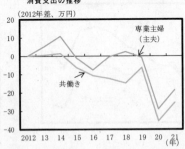

（3）属性等を調整した年齢階層別の消費支出の推移

（4）属性等を調整した配偶者の就業形態別の消費支出の推移

（備考）　1．総務省「家計調査」により作成。
　　　　　2．調査票情報を用いて世帯属性等をコントロールした消費関数を推計し、（1）については預貯金額、（2）については定期収入比率（定期給与／世帯主収入）、（3）、（4）については年次ダミーと属性の交差項が消費支出に与える影響を図示した。詳細は付注2－3を参照。消費支出や可処分所得は年間の累計額に換算している。

　以上の結果を踏まえると、超過貯蓄の存在は家計の消費支出を下支えする効果が期待されるものの、これまでみられてきた預貯金と消費支出の関係からは、その規模は限定的である可能性が示唆される。感染拡大下で積み上がった預貯金は、行動制限下などでの消費の先送り部分が含まれ、平時に家計が目的をもって増加させた預貯金とは性質が異なっているものの、超過貯蓄が消費支出をどの程度下支えするかをみる上では過度な楽観視は控えるべきであろう。他方で、定期収入比率の上昇が消費支出の増加に効果があることを踏まえれば、ベースアップの実現など、家計が中長期的にみて所得上昇期待を抱くことができる形で賃上げを進めていくことが個人消費を促進していく観点からは重要である[17]。さらに、第3項で詳述するとおり、生涯所得への期待が高まらない中で老後の生活資金への不安の高まり等の構造的な要因により消費支出への下押しが存在する場合には、こうした課題を解決することも引き続き重要である。

3　個人消費の活性化に向けた構造的な課題

（近年、特に若年層と高齢層の消費性向が低下傾向）
　前項では、構造的な消費下押し要因の解消が引き続き重要であることを確認した。これを踏まえ、感染拡大前の我が国の景気回復局面である 2012〜18 年を振り返ると、諸外国と比較して我が国のGDPの伸びに対する個人消費の寄与は小さく、またGDPの成長率も低かった（第2−1−12図）。

第2−1−12図　直近の我が国景気回復局面におけるGDPと個人消費

最近の景気回復局面においても我が国の個人消費は力強さを欠いてきた

（1）日本のGDPと個人消費

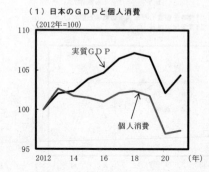

（2）主要国のGDP成長率と個人消費寄与度

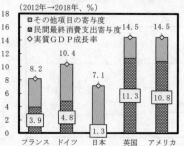

（備考）内閣府「国民経済計算」、OECD.Stat により作成。

---

[17] 構造的な賃上げに向けた論点は本章第2節で取り扱う。

　ここで、年齢階層層別に2010年代の消費性向の推移をみると、34歳以下の若年層と65歳以上の高齢層の消費性向が低下しており、これらの世帯において所得対比でみた消費支出が伸びなかったことが、個人消費の勢いが乏しい一因となってきた可能性がある（第2−1−13図（1））。共働き世帯の増加や、少子化等の進行による構成変化の要素も考慮し、総務省「家計調査」の調査票情報を活用して、同一の有業人員・世帯人数ベースで測った消費性向の変化（2010〜12年平均→2017〜19年平均）をみても、34歳以下や65歳以上の家計では幅広く低下傾向がうかがえる（第2−1−13図（2））。

第2−1−13図　年齢階層層別にみた消費性向

2010年代以降では高齢層や若年層の消費性向は低下傾向にある

（1）年齢階層層別の消費性向

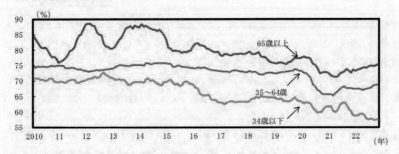

（2）世帯人員別・有業人員別の消費性向（2010〜12年平均→2017〜19年平均の変化）

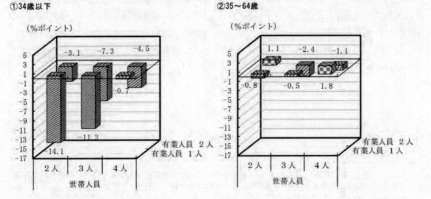

③65歳以上

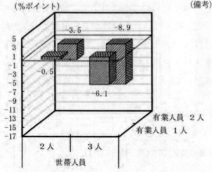

(%ポイント)

(備考)　1．総務省「家計調査」により作成。
　　　　2．二人以上の世帯のうち勤労者世帯。2018年以前の数字は家計簿（調査票）変更による断層を補正。なお、年齢階層別の変動調整値は公表されていないため、世帯平均の調整係数を各年齢区分に準用している。
　　　　3．（1）は、後方12か月移動平均値。偶数月に公的年金を受給しているため、65歳以上の平均消費性向の算出には可処分所得の後方2か月移動平均値を用いた。公表系列にない年齢階層は、公表されている年齢階層の世帯数分布（抽出率調整）を用いて加重平均することで計算した。
　　　　4．（2）は、家計調査の調査票データを利用して作成。各年齢階層に占める構成比の合計が15％に満たない分類は表示していない。

（非正規雇用比率の高まりや社会保障制度への懸念から若年層の老後への不安は上昇）

　若年層の消費性向が低下傾向にある背景[18]については、少子高齢化の進行などを受けて、公的な社会保障制度の持続可能性や将来の給付水準に対して不安が高まっている可能性が懸念される。具体的には、給付側として被保険者数が減少した場合に年金受給額を減額するマクロ経済スライド[19]が2004年に導入されている。負担側では、保険料の引上げに加え、2014年、2019年と社会保障制度の維持を目的として消費税率が引き上げられた。こうした負担増と受益減が実施されてもなお、人口動態の変化に対応した制度の持続性について、将来不安が残っている可能性がある。こうした観点から、まず、金融広報中央委員会「家計の金融行動に関する世論調査」を用いて、若年層の貯蓄理由の変化を確認する。2019〜21年平均をみると「こどもの教育資金」を選ぶ割合が最も高いが（第２−１−14図（1））、2007〜09年からの変化に注目すると「老後の生活資金」の回答割合の増加幅が最も大きくなっている（第２−１−14図（2））。この結果から、老後の生活への不安感の高まりが若年層の消費性向の低下につながっている可能性が懸念される。

---

[18] この点、三浦・東（2017）にあるとおり、共働き世帯の増加が消費性向を押し下げている可能性が指摘されているが、同分析の中でも老後への不安の高い世帯ほど共働きを選択しやすいことが示されているほか、付図２−３のとおり、共働き世帯、片働き世帯別にみても、消費性向は低下傾向にあったことから、以降の議論には影響が生じない。
[19] 具体的には、賃金や物価による改定率から、現役世代の被保険者の減少と平均余命の伸びに応じて算出した「スライド調整率」を差し引くことによって、年金の給付水準は将来にわたって調整されていく。

第2－1－14図 若年世帯における貯蓄行動の背景

若年層では老後の生活資金のために貯蓄する世帯が増加

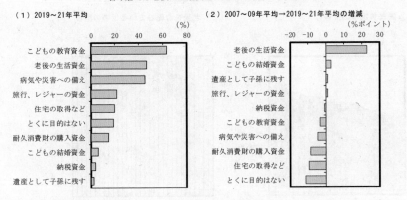

（1）2019～21年平均

（2）2007～09年平均→2019～21年平均の増減

（備考）1．金融広報中央委員会「家計の金融行動に関する世論調査」により作成。
　　　　2．金融資産を保有する二人以上世帯、世帯主の年齢20～39歳の計。なお、調査方法・調査対象の変更に伴い、2019年調査と2020年調査の間、2020年調査と2021年調査の間はデータが不連続となっている。
　　　　3．金融資産の保有目的について3つまで複数回答可。

　少子高齢化を背景に、現役世代が負担する社会保険料は段階的に引き上げられてきたことに加えて、上述したとおり社会保障の充実を目的として、数次の消費税率の引上げが実施されてきた。この結果、租税負担と社会保障負担の合計を所得で割り算して算出する国民負担率は上昇を続けている（第2－1－15図（1））。

　他方、年金給付水準は今後も低下が見込まれる下で、金融広報中央委員会のアンケートによれば、老後を心配する世帯の割合は、2000年代前半にかけて上昇した後に、高水準で推移している[20]（第2－1－15図（2））。

---

[20] Morikawa(2017)は、2016年に1万人を対象に実施したアンケート調査を用いて、家計が認識する制度・政策への不確実性とそれが生活に及ぼす影響に関する認識を調査し、両者の関係を分析している。その結果、①対象となった九つの制度・政策のうち家計が最も不確実性が高いと感じているのが年金制度であること（7割が「非常に不確実性が高い」と回答）、②制度・政策の不確実性が生活に及ぼす影響度が最も大きいと認識されているのも年金制度であること（6割が「非常に大きい影響がある」と回答）を報告している。

第2-1-15図　国民負担率の上昇と老後不安の高止まり

国民負担率が上昇する一方で老後を心配している世帯の割合は高水準

（1）国民負担率の推移　　　　　　（2）老後を心配している世帯の割合

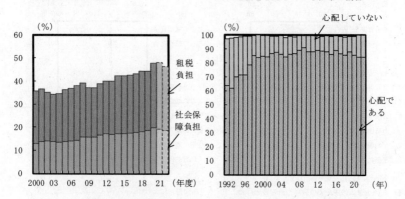

(備考) 1. 財務省資料、金融広報中央委員会「家計の金融行動に関する世論調査」により作成。
　　　 2. （1）は、2020年度までは実績、2021年度は実績見込み、2022年度は見通し。
　　　 3. （2）は、老後の生活への心配に関する質問。二人以上世帯のうち世帯主が60歳未満の
　　　　　 世帯の数値を用いて作成。無回答者がいるため、回答比率の合計は必ずしも100%になら
　　　　　 ない。なお、調査方法・調査対象の変更に伴い、2003年調査と2004年調査の間、2006年
　　　　　 調査と2007年調査の間、2019年調査と2020年調査の間、2020年調査と2021年調査の間は
　　　　　 データが不連続となっている。

　こうした老後の生活への不安の背景の1つとして、1990年代の後半から2010年代半ばに
かけて続いてきた労働市場の低迷の中で、働き方の選択肢も多様化する一方、若い世代の雇
用環境が悪化してきたことが指摘できる[21]。例えば、年齢階層別にみた非正規雇用者の割合を
みると、若年期に非正規雇用に就く雇用者の割合は、生まれ年が若い世代ほど増えており、
1973～82年に生まれた雇用者のおよそ3割は20～30代を非正規雇用者として過ごしており、
1983～92年生まれについても足下で3割が25～34歳の若年期を非正規雇用者として過ごし
ている（第2-1-16図）。非正規雇用は柔軟な働き方を可能にする一方、雇用契約期間に
定めがあるほか、賃金面でも正規雇用との格差があると指摘されているが[22]、5年を超えて契
約が反復更新される有期雇用者が希望すれば無期転換できるよう定める2013年の労働契約
法の改正や、同一労働同一賃金を定める2020年のパートタイム・有期雇用労働法の施行など
の施策が講じられており、今後もこうした処遇差の縮小を後押しすることを通じて、若年非

---

[21] 2010年代半ば以降には、若年層（25～34歳）の非正規雇用比率は減少に転じているが、2000年初の水
準と比較すると依然として高い。詳しくは内閣府（2022）を参照。
[22] 非正規雇用は初職で就くとその後長期にわたり固定化しやすい点については第2節を参照。

正規雇用者の将来不安の軽減につなげていくことが重要である[23]。

第2−1−16図 出生年代別にみた各年齢階級時点での非正規雇用割合
近年は非正規雇用に就く若年層が増加

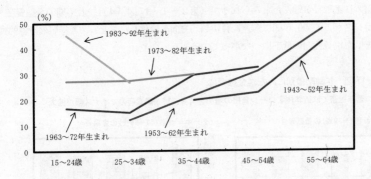

(備考) 1. 総務省「就業構造基本調査」により作成。
2. 調査票情報を集計し作成。
3. 就業者は「就業構造基本調査」における有業者の数値を使用。

さらに、将来の社会保障制度の持続性への懸念を軽減する観点からは、以下の点が重要である。第一に、家族内扶助の役割が後退する中で社会的な世代間扶助である社会保障制度への依存が高まっていることを再認識し、世代間・所得階層間での給付と負担の割合に関する国民の理解の下で、全世代型社会保障制度改革を進めていくことである。第二に、社会保障制度の支え手を増やすために、若年女性が継続就業しやすい雇用環境の整備と高齢者の就労促進を図ることである。第三に、希望出生率の実現を目指して少子化対策を拡充することである。第四に、高齢者の一人当たり可処分所得は低下傾向にある中で、一人当たりの医療・介護費用は上昇傾向にあることを踏まえれば[24]、デジタル技術などを活用して、サービスの質の劣化を避けながら、社会保障関連の支出額自体を削減していくことである[25]。

---

[23] 小川 (2020) は、慶應義塾大学パネルデータ設計・解析センター「日本家計パネル調査」を用いて、夫婦の雇用形態（正規雇用・非正規雇用・自営業・無業の組合せ）が「貯蓄の取り崩しに慎重である」と回答する確率に及ぼす影響を確認している。推計では、世帯収入をコントロールしているが、その下でも「夫婦ともに正規雇用」であれば、どちらかが非正規雇用や無業である場合と比較して「貯蓄の取り崩しに慎重である」と回答する割合が低下する傾向を報告している。

[24] 付図2−4を参照。

[25] 金融広報中央委員会「家計の金融行動に関する世論調査［二人以上世帯調査］令和元年調査結果」（全国の20歳以上が対象）によれば、老後の生活にゆとりがないと考える世帯が「年金ではゆとりがない」と考える理由として、「高齢者への医療費用の個人負担が増えるとみているから」の回答が26.6%、「高齢者への介護費用の個人負担が増えるとみているから」の回答が25.9%を占めている（六つの項目から二つまでの複数回答。なお、直近の令和3年、令和4年調査では「物価上昇等により費用が増えていくとみて

（持家比率の高まりを背景に若年層の純金融資産はマイナスに）

　さらに、家計の資産・負債の動向について、年齢階級別にみると、若年層では住宅ローン残高の増加を背景に、2000年代には平均的な純金融資産がマイナスに転化し、マイナス幅も拡大傾向にある（第2−1−17図（1）〜（3））。低金利環境や住宅ローンの優遇税制の下で、若年層の住宅取得が進んだとみられるが（第2−1−17図（4））、若年期の金融資産・負債のバランスがこの20年間に急速に負債超過方向に変化したことも、若年層の予備的動機を背景とした消費性向の低下につながっている[26]。

第2−1−17図　年齢階級別にみた純金融資産

　　　若年世帯では近年住宅ローン負担の増加を背景に純金融資産のマイナス幅が拡大

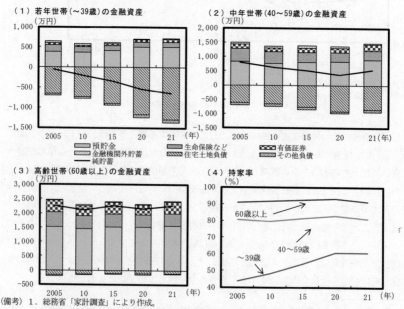

（備考）1．総務省「家計調査」により作成。
　　　　2．二人以上の世帯、世帯主年齢別。預貯金は、通貨制預貯金及び定期制預貯金の計。その他負債は、住宅・土地以外の負債及び月賦・年賦の計。

───────────────

いるから」の割合が急激に高まった結果としてこれら二項目の回答が10％台まで低下しているが、2010年代を通じてこれら二項目の選択割合は20％〜30％台で推移している）。また、内閣府「令和元年度高齢者の経済生活に関する調査結果」（全国の60歳以上が対象）によれば、「経済的な面で不安なこと」として30.8％が「自分や家族の医療・介護の費用が掛かりすぎること」を選択しており、不安の理由として最も高い。

[26] なお、本稿における消費支出は、国民経済計算の定義を踏まえて、住宅ローンの返済額は含んでいない。持家比率の上昇を踏まえて、消費支出に住宅ローンの返済額を加えたものを分子とした消費性向も確認したが、若年層の消費性向が低下傾向にあるという結論は変わらなかった（付図2−5）。

（子・孫世代への不安も高齢層の消費スタンスの慎重化に寄与）

　次に高齢者の消費性向をみる。前掲第２－１－13図をみると、65歳以上の高齢者層の消費
性向も、近年は緩やかな低下傾向にあった。伝統的な経済理論であるライフサイクル仮説に
よれば、若年期に所得の一部を貯蓄に振り向けた個人は、高齢期には貯蓄を取り崩して所得
を上回る消費を行うとされる。では、足下の高齢者の貯蓄の取り崩しペースは慎重と言える
であろうか。この点を確認するため、総務省「全国消費実態調査」[27]を用いて、資産階級別に
高齢世帯の貯蓄の取り崩しペースを検証する。これをみると、貯蓄の取り崩し額は保有して
いる資産が大きい世帯ほど大きいが、保有資産対比でみた取り崩し率では、保有資産が大き
い世帯ほど低いことがわかる（第２－１－18図（１））。更に、世帯別の構成割合を加味した
平均的な貯蓄取り崩し率は近年緩やかに低下しており、感染拡大以降はさらに落ち込んでい
る（第２－１－18図（２））。仮に貯蓄取り崩し額が、「家計調査」における全高齢世帯の平均
である２％程度相当とすると、貯蓄を取り崩すのに掛かる年数は約50年である。あくまで平
均値ではあるものの、平均年齢が70歳を超える高齢世帯の取り崩しペースとしては保守的
であるとともに、近年はその保守性がより強まっていると評価できる。ただし、前掲第２－
１－18図（１）でみたとおり、保有資産の規模間で取り崩し率の違いが大きく、特に保有資
産300万円を境に、取り崩し率からみる余力には大きな差が生じている点には留意が必要で
ある。

第２－１－18図　高齢者の貯蓄取り崩し率
平均してみれば高齢者の貯蓄取り崩しペースは慎重

（１）高齢夫婦無職世帯の貯蓄年間取り崩し率（貯蓄現在高階級別）

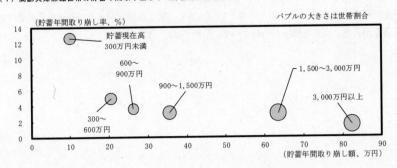

27　ここでは、2014年調査を用いている。2019年調査（「全国家計構造調査」と名称変更）は消費増税後の
反動減や自然災害などの影響で、マクロの消費支出が大きく落ち込んでいる10～11月に実施されている
ため、消費支出をみる上では実勢との乖離が大きいと判断し、一つ前の調査回を用いた。

（2）高齢無職世帯の貯蓄年間取り崩し率の推移

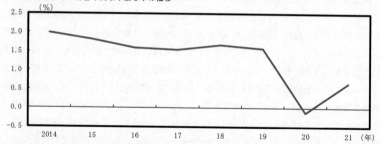

（備考）1．総務省「平成26年全国消費実態調査」、「家計調査」により作成。
　　　　2．（1）は、夫65歳以上、妻60歳以上の夫婦で有業者がいない世帯（世帯主の平均年齢：74.5歳）が対象。
　　　　　　公表系列にない貯蓄現在高階級は、公表されている階級の世帯数分布（抽出率調整）を用いて加重平均する
　　　　　　ことで算出。貯蓄年間取り崩し率は、以下のとおり。
　　　　　　（実支出－実収入）×12か月／（貯蓄現在高－負債現在高）×100
　　　　3．（2）は、65歳以上の二人以上無職世帯が対象。2018年以前の数字は家計簿（調査票）変更による断層を補正。
　　　　　　なお、年齢階層別の変動調整値は公表されていないため、世帯平均の調整係数を準用している。
　　　　　　年間取り崩し率は、以下のとおり。
　　　　　　（消費支出－可処分所得）×12か月／（貯蓄－負債）×100
　　　　　　負の年間取り崩し率は、消費支出が可処分所得よりも少なく、純貯蓄を取り崩していないことを示す。

　　次に、若年層と同様に、高齢者についても金融広報中央委員会のアンケート調査により、
貯蓄をする理由の回答割合をみると、2019～21年平均では「老後の生活資金」や「病気や災
害への備え」の割合が高く、自らの生活資金を補填する意識が高い点が指摘できるが、回答
割合について2007～09年から2019～21年への変化でみると、「遺産として子孫に残す」の
割合の上昇幅が最も大きい（第2－1－19図（1））。この点、同アンケートの調査票を用い
た先行研究によれば、自分よりも子供の将来の暮らし向きが悪くなると予想する高齢者ほど、
貯蓄率が有意に高まる傾向が指摘されている[28]（第2－1－19図（2））。

---

[28] 濱秋・堀（2019）を参照。

第２－１－19図　高齢世帯の貯蓄動向の背景

遺産動機の貯蓄が増加し、子供世代の生活悪化への意識が高い高齢者ほど貯蓄をする傾向

（１）貯蓄の動機

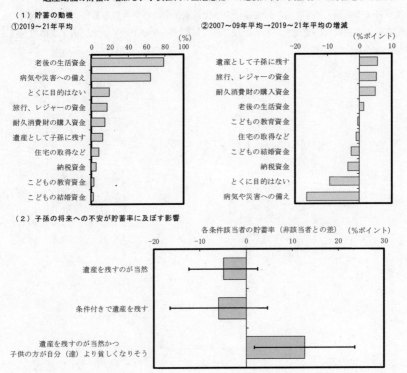

①2019～21年平均

②2007～09年平均→2019～21年平均の増減

（２）子孫の将来への不安が貯蓄率に及ぼす影響

各条件該当者の貯蓄率（非該当者との差）（％ポイント）

（備考）1．金融広報中央委員会「家計の金融行動に関する世論調査」、濱秋・堀（2019）により作成。
　　　　2．（1）は二人以上世帯、世帯主の年齢60歳以上の計。金融資産の保有目的について３つまで複数
　　　　　　回答可。
　　　　3．（2）は内閣府「家族とくらしに関するアンケート」を用いた回帰分析における推定値及びその
　　　　　　95％信頼区間。詳細は濱秋・堀（2019）を参照。

（賃上げ・多様な労働参加の促進・少子化対策等を通じた将来不安の軽減が鍵）

　本節の内容をまとめると以下のとおりである。アフターコロナに向けて個人消費を力強く
引き上げていくためには、第１項で論じたように足下の物価高騰への対策を講じていくこと
に加えて、構造的に消費を下押ししてきた将来不安を解消することも重要である。特に、若
年層の消費性向が近年低下傾向にあったこと、子・孫の世代の雇用・所得環境への懸念が高
齢者の消費支出への足かせとなっていることも考えれば、①現役世代の賃金が構造的に上昇
する社会に変えていくこと、②多様な働き方による労働参加を促す中で高齢者が働き続けら

れる環境を整備[29]することにより、現役世代の生涯賃金に対する見通しを改善させる取組が
まず重要である。さらに、社会保障制度の持続性への懸念を払拭するために、③デジタル技
術の活用による医療・介護費用の抑制等や少子化対策を進めるべきである[30]。なお、世代間の
再分配を促して消費支出を促すための相続や贈与に関する税制上のインセンティブ措置も検
討材料となろう。

---

[29] Niimi and Horioka (2019) では、日本の高齢者の資産取り崩し率が低い背景として予備的動機と遺産動
機の両方があると論じ、前者について親の介護が生じる年齢が 60 代以降とより高まっていることや、我
が国の介護保険制度に何らかの不具合があり得ることを指摘している。
[30] 例えば、高齢化の進展が顕著なフィンランドにおいては、ロボット化により介護労働者の業務の約2割
が代替可能になるとの推計も存在する（内閣府政策統括官（経済財政分析担当）(2022a)）。

コラム２－１　金利上昇時の住宅ローン保有世帯への影響

　歴史的なインフレの抑制に向けて、欧米の中央銀行は 2022 年以降、数次にわたり政策金利の引上げを実施している。我が国でも消費者物価上昇率は約 40 年振りの水準となっているが、需給ギャップが依然としてマイナスで推移するなど、コストプッシュインフレの側面が強く、日本銀行における長短金利操作付き量的・質的金融緩和の下で、低金利が維持されている。他方、2022 年４月の住宅金融支援機構の調査によると、2021 年 10 月時点の調査と比較して、１年後の住宅ローン金利が現在よりも上昇すると予想する家計が、約２割から約４割へと高まっている（コラム２－１－１図）。

コラム２－１－１図　金利上昇を予想する家計の割合

今後１年間の住宅ローン金利は現状よりも上昇すると見込む家計が増加

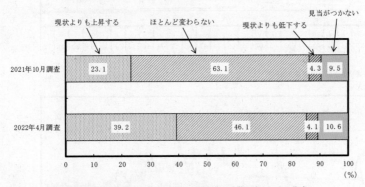

（備考）1．独立行政法人住宅金融支援機構「住宅ローン利用者の実態調査」により作成。
　　　　2．今後１年間の住宅ローン金利見通しに関する質問。
　　　　3．「2021 年 10 月調査」は、調査対象は 2021 年４月から９月までに住宅ローンの借入れをした 20 歳上上 60 歳未満の者。ただし、学生及び無職を除く。サンプル数は 1,577、調査時期は 2021 年 10 月 28 日〜11 月４日。「2022 年４月調査」は、調査対象は 2021 年 10 月から 2022 年３月までに住宅ローンの借入れをした 20 歳以上 60 歳未満の者。ただし、学生及び無職を除く。サンプル数は 1,500、調査時期は 2022 年４月 28 日〜５月６日。

　我が国では金融自由化や住宅金融公庫（現住宅金融支援機構）の改革によって、住宅金融市場は大きな変容を遂げており、必要な頭金が少額になっているほか、新築だけでなく中古住宅も融資対象となるなど、家計にとって住宅ローンの選択肢が広がってきた[31]。また、住宅ローンの 10 年固定金利は 2022 年以降に幾分上昇しているが、やや長い目で 2000 年代以降をみると、長期金利が低下する中で、住宅ローン金利も変動・固定共に低下傾向

---

[31] 家森・上山（2015）を参照。

にある（コラム2－1－2図（1））。こうした緩和的な資金調達環境を背景に、我が国家計部門の住宅ローンの負債残高は増加傾向にある。

コラム2－1－2図　我が国の各種金利の動向

我が国の各種金利は低水準で推移

（1）長期金利・政策金利・住宅ローン金利

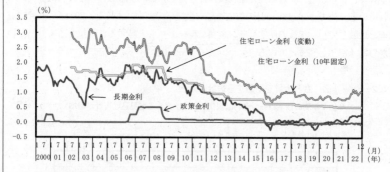

（2）普通預金金利・定期預金金利

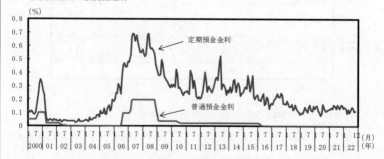

（備考）1．日経 NEEDS、都市銀行各行公表資料、日本銀行「預金種類別店頭表示金利の平均年利率等」、「定期預金の預入期間別平均金利」により作成。
　　　　2．（1）は、長期金利は 10 年国債利回り、政策金利は無担保コールレート翌日物を使用。日次数値の月平均値。2022 年 12 月は、12 月 28 日までの値の平均値。住宅ローン金利（変動、10 年固定）は都市銀行 5 行の最優遇金利の平均。
　　　　3．（2）は、普通預金金利は、2007 年 9 月以前は月末営業日を含む週の平均レートの月平均値、2007 年 10 月以降は、月末営業日を含む週の週初レート（ただし、月末営業日を含む週の営業日が 2 日以内の場合は、その前週の週初レート）の月平均値、2022 年 4 月以降は、毎月 15 日（休日の場合は翌営業日）のレートであり、調査対象が異なるためデータが連続していない。定期預金金利は、預入期間が 3 か月以上 6 か月未満、月中新規受入高を 0.1%刻みで集計の上、下限金利を加重平均したもの。直近は、2022 年 10 月の値。

また、消費者信用等も含めた家計の負債残高は全体として増加傾向にあるが（コラム2－1－3図（1））、金利低下は家計の支払利子負担を抑制してきた。実際、家計の月々の

住宅ローンの返済負担は対可処分所得対比でみると低下傾向にある[32]（コラム２−１−３図（３））。他方で、低金利環境は、前掲コラム２−１−２図（２）のとおり、預金金利も低下させ、家計の受取利子を押し下げてきた。実際、2006年のゼロ金利解除時[33]の金利上昇局面の受取利子と支払利子の動きをみると、負債サイドの住宅ローン金利と資産サイドの預金金利がいずれも小幅に上昇する中で、純受取利子（＝受取利子−支払利子）のマイナス幅が縮小した（コラム２−１−４図）。前掲コラム２−１−３図（１）と（２）の比較から明らかなように、家計部門全体としてみると、預貯金残高が負債残高の約２倍の規模であり、金利上昇局面における預金金利と負債金利の上昇幅に大きな開きがなければ、受取利子の増加幅が支払利子の増加幅を上回ることになる。

コラム２−１−３図　家計の負債・預貯金残高と月々の返済負担
住宅ローン負債残高が増加する中で金利低下もあり返済負担は低下

（１）家計の負債残高の内訳

（２）家計の預貯金残高の内訳

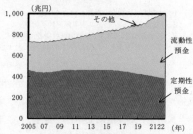

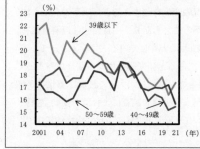

（３）住宅ローンの月々の返済額対可処分所得割合

（備考）1. 日本銀行「資金循環統計」、総務省「家計調査」により作成。
2.（３）は、二人以上の世帯のうち勤労者世帯かつ住宅ローン返済世帯。住宅ローンの返済額対可処分所得割合は、以下のとおり。
　土地家屋借金返済／可処分所得×100
　可処分所得の2018年以前の数字は家計簿（調査票）変更による断層を補正。なお、詳細属性別の変動調整値は公表されていないため、勤労世帯平均の調整係数を各年齢区分に準用している。公表系列にない年齢階層は、公表されている年齢階層の世帯数分布（抽出率調整）を用いて加重平均することで算出した。土地家屋借金返済の値は変動調整値が公表されていないため、未補正。

---

[32] 「家計調査」における収支項目分類の基本原則によると、住宅ローン返済額のうち、利子分は「土地家屋借金返済」に含まれないが、利子と元本の区分は事実上困難であることに加え、調査票上に利子を明示的に分類する項目がないことから、宇南山（2008）で指摘されているとおり、元利ともに計上されている可能性が高い。
[33] 金融システムの不安定性が解消し、長期にわたる景気回復の過程で構造調整が進展したことを背景に日本銀行は2006年3月に量的緩和政策を解除し、7月にはゼロ金利を解除した。

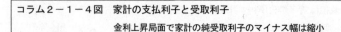

コラム2-1-4図　家計の支払利子と受取利子

金利上昇局面で家計の純受取利子のマイナス幅は縮小

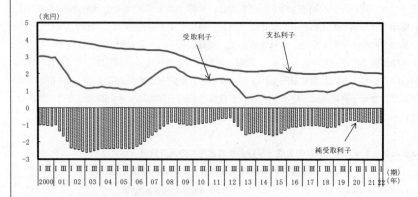

(備考)　1.　内閣府「国民経済計算」により作成。
　　　　2.　FISIM調整前。後方4四半期移動平均値。
　　　　3.　2012年Ⅱ期以前は、投資信託投資者に帰属する投資所得及び投資信託に係るインカム
　　　　　　ゲインを原資とした分配金が受取利子に計上されている。

　ただし、預貯金残高と負債残高を年齢階層別にみると、前掲第2-1-17図のとお
り、高齢世帯では預貯金超過となっているが、若年世帯では負債超過となっており、預
金金利と負債金利が同様に上昇した場合には、若年世帯の純受取利子を悪化させるが、
高齢世帯では純受取利子を改善させるといった形で、世帯属性によって受ける影響が大
きく異なることには留意が必要である。また、こうした年齢階層間での構造的な影響の
差に加えて、最近の家計の住宅ローンの組成状況の変化を踏まえると、以下の点にも注
意が必要だろう。まず、住宅価格が上昇傾向にあることもあり、中長期的な返済負担を
示す負債残高対年収倍率は、39歳以下を中心に顕著に上昇している（コラム2-1-5
図）。さらに、家計の住宅ローンを金利タイプ別にみると、変動金利型の割合が高まって
おり（コラム2-1-6図）、金利が上昇した場合の返済負担が大きく変動する世帯が増
えていると考えられる。こうした中で、住宅金融支援機構の調査によれば、変動型金利
を選択したローン利用者のうち、商品特性について十分に理解していない層が相応に存
在している（コラム2-1-7図）。

コラム2－1－5図 家計の負債残高の対年収倍率

若年層を中心に負債残高対年収倍率が上昇

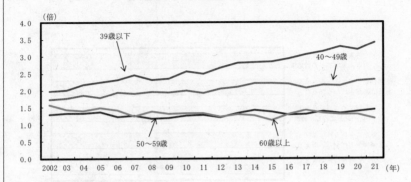

(備考) 1. 総務省「家計調査」により作成。
2. 二人以上世帯のうち負債保有世帯。公表系列にない年齢階層は、公表されている年齢階層の世帯数分布（抽出率調整）を用いて加重平均することで算出した。

ラム2－1－6図 住宅ローンの金利タイプ別割合の推移

変動金利型の割合が増加

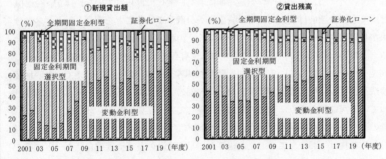

(備考) 1. 国土交通省「民間住宅ローンの実態に関する調査」により作成。
2. 新規貸出額には、資金の借換えを含む。

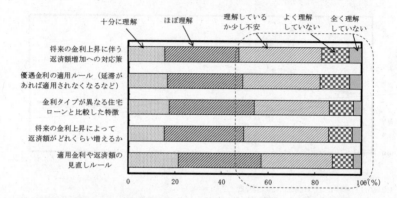

コラム2－1－7図　住宅ローンの商品特性への理解度

変動型金利のリスクについて十分に理解していない住宅ローン利用者が相応に存在

（備考）1．独立行政法人住宅金融支援機構「住宅ローン利用者の実態調査」により作成。
　　　　2．調査対象は2021年10月から2022年3月までに変動型金利で住宅ローンの借入れをした20歳以上60歳未満の者。ただし、学生及び無職を除く。サンプル数は1,108、調査時期は2022年4月28日～5月6日。

　これまでのところ、住宅ローンの延滞率に著しい変化はみられていないほか、金融機関にとっても、企業向け貸出対比では貸出先が分散していることを背景としたリスク分散効果から信用コストの増大にはつながりにくく、我が国の金融仲介機能を大きく損なうリスクとはみられていないが[34]、住宅ローン保有者の債務特性の変化を踏まえると、変動金利型でローンを組んでいるが金利上昇時のリスクについて十分に備えていない世帯や負債残高対年収倍率が高い若年世帯など、一部の家計における金利上昇への脆弱性が高まっている可能性があり、今後の動向を注視していく必要がある。政府は、「新しい資本主義のグランドデザイン及び実行計画」[35]の中で、金融リテラシーの向上に向けた情報発信の強化を掲げており、こうした取組等を通じて家計のリスク管理をサポートすることが重要である。

---

[34] 日本銀行（2022）を参照。
[35] 令和4年6月7日閣議決定。

コラム２－２　感染拡大を契機とした生活時間の変化

　2020年以降、感染症への対応が進む中でテレワークの増加等、働き方や消費スタイルに変化が生じている。こうした変化のうち、構造的な変化として定着するものがどの程度存在するのか不確実性が伴うが、本コラムでは、5年ごとに国民の生活時間の配分と過去1年間における活動状況を調査している総務省「社会生活基本調査」（2021年調査[36]）の結果を、前回調査（2016年）と比較することで、感染症の拡大がもたらした生活時間・活動状況の変化の特徴を考察する。

　まず、年齢階層別に生活時間の配分の変化を概観すると以下のことが分かる（コラム２－２－１図）。第一に、現役世代（20～50代）では、「仕事・学業」や「通勤・通学」の時間が大幅に減少している。これは感染拡大下におけるテレワークの拡がり等の働き方の変化を反映した動きであると推察される。第二に、「交際・付き合い」や「移動（通勤通学を除く）」が減少している。これは、感染症下の移動制限措置や自粛行動を反映した変化であると推察される。第三に、こうした家の外で過ごす活動の減少の裏で、「睡眠」や「休養・くつろぎ」の時間が増えている。この間、働き方改革による就業時間の削減の効果として期待されていた「学習・自己啓発・訓練」の時間は微増にとどまっている[37]。

コラム２－２－１図　年齢階層別にみた生活時間の変化

家の外での活動時間が減少した一方で休息や睡眠の時間が増加

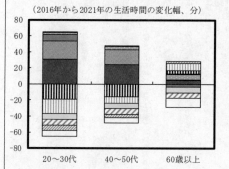

（2016年から2021年の生活時間の変化幅、分）

凡例：
- ■休養・くつろぎ
- ■睡眠
- ■趣味・娯楽
- ■家事、育児、介護・看護、身の回りの用事
- ■学習・自己啓発・訓練
- ■テレビ・ラジオ・新聞・雑誌
- ■仕事・学業
- ■交際・付き合い
- ■移動（通勤通学を除く）
- ■通勤・通学
- □その他

（備考）総務省「社会生活基本調査」により作成。週全体平均による1日の生活時間。

---

[36] 生活時間の調査は2021年10月16～24日を対象としており、同期間の一日当たりの新規陽性者数は348人と比較的落ち着いていた期間に実施されている。ただし、コラム２－２－２図で用いている「行動者率」は2020年10月20日～2021年10月19日の間の実施の有無によって回答されている。
[37] このほか、「テレビ・ラジオ・新聞・雑誌」が減少しているが、これは感染拡大以前からのトレンドである。

　次に20～30代の生活時間として増加が目立つ「趣味・娯楽」について、具体的な活動内容別に実施者割合の変化をみると、「スマートフォン・家庭用ゲーム機などによるゲーム」の割合が最も上昇しており、次いで「ＣＤ・スマートフォンによる音楽鑑賞」となっている（コラム２－２－２図）。他方で、「カラオケ」「遊園地、動植物園、水族館などの見物」などの外出と出費を伴う活動の実施割合は大きく減少している。サブスクリプションサービスや広告収入で運営される無償のデジタルサービスは、現行の経済統計では未計測の付加価値を生んでいると指摘されており[38]、こうした活動内容の変化は、感染拡大以降に消費性向の低下が計測される一因となっている可能性がある。

コラム２－２－２図　趣味・娯楽の行動者率の変化

屋外での娯楽が減り、スマートフォンによる娯楽が増加

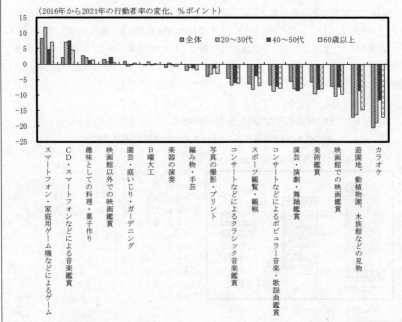

（2016年から2021年の行動者率の変化、％ポイント）

（備考）　1．総務省「社会生活基本調査」により作成。過去１年間の自由時間において該当する活動を行った状況について調査したもの。
　　　　　2．2016年調査における行動の実行者が１割以上の活動に限定して、行動者率（＝実行者／調査対象者）の変化を算出。
　　　　　3．2021年調査において、「趣味としての読書」から「マンガを読む」が質問項目として分離されたため「趣味としての読書」を含めていない。

---

[38]　内閣府（2020）を参照。

　最後に、我が国の男性の育児・家事参加の促進は、女性の就労促進の観点から課題の一つとなっているが、子供がいる者の生活時間の変化をみると、末子が未就学の場合には、男性が「家事、育児、介護・看護、身の回り用事」に費やす時間が増加した一方で、女性の「仕事・学業」の時間が増加しており、男女間の家事・仕事の分担の偏りが是正方向にある（コラム２－２－３図（１））。こうした傾向は、末子の年齢が上がるほどに縮小し、中学生・高校生となると、2016年との差はほとんど生じていないが、テレワークの拡がりによる男性の在宅時間の増加が2021年入り後の変化を促した可能性がある。他方、2021年においても、家事や育児と仕事の時間を子供がいる者で比較すると、依然として男女間の格差は大きく、男性側の働き方改革や男性が育児参加をするためのインフラの整備等[39]を進め、男女間の役割の偏りを小さくしていく取組が重要である（コラム２－２－３図（２））。

コラム２－２－３図　子供がいる男性・女性の生活時間の変化

男性の仕事時間の削減と家事の参加が促されている

（１）2016年から2021年の生活時間の変化幅

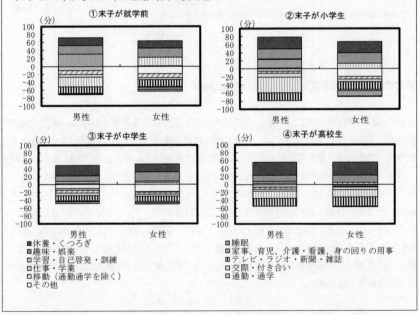

　①末子が就学前　　　　　②末子が小学生
　③末子が中学生　　　　　④末子が高校生

■休養・くつろぎ
■趣味・娯楽
■学習・自己啓発・訓練
□仕事・学業
■移動（通勤通学を除く）
□その他
□睡眠
□家事、育児、介護・看護、身の回りの用事
■テレビ・ラジオ・新聞・雑誌
□交際・付き合い
□通勤・通学

---

[39] 例えば、「女性活躍・男女共同参画の重点方針2022（女性版骨太の方針2022）」では、男性用トイレへのベビーベッドやベビーチェア等の設置推進等が記載されている。

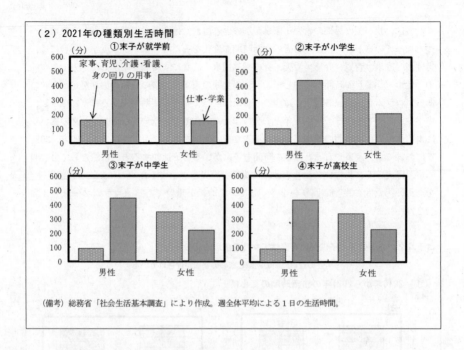

（2）2021年の種類別生活時間

①末子が就学前

②末子が小学生

③末子が中学生

④末子が高校生

（備考）総務省「社会生活基本調査」により作成。週全体平均による1日の生活時間。

第2節　労働市場の変化と賃上げに向けた課題

　我が国は 1990 年代半ば以降の長引くデフレの下で、名目賃金が上がらない状況が継続してきた[40]。2000 年代半ばまでには、企業部門はバブル崩壊後の課題であった三つの過剰（過剰債務、過剰設備、過剰雇用）を解消し財務体質の改善が進んだことや、2012 年末以降のマクロ経済政策の転換を契機として、雇用環境の改善が進んだ。その結果、家計所得の低下に歯止めがかかり、各分野で良好な経済状況がみられるようになった[41]。しかしながら、前項で確認したとおり、我が国の家計消費は力強さに欠けており、コロナ禍以降の回復も緩やかである。さらに、足下の物価上昇を踏まえれば、消費の回復を継続していくためには、雇用・所得環境の更なる改善が不可欠である。本節では、こうした状況を踏まえ、感染拡大以降の我が国の労働市場の動向を整理するとともに、構造的な賃上げ環境の醸成に向けて検討するべき雇用政策を議論する。

---

[40] 吉川洋（2013）を参照。
[41] こうした状況を踏まえ、内閣府（2015）では、冒頭の「はじめに」の中で「我が国経済は、デフレ状況ではなくなる中で、およそ四半世紀ぶりの良好な状況に達しつつある」と評価している。

1　足下の労働市場の動向

（経済社会活動が正常化に向かう中で、雇用環境は回復）

　最近の労働市場の状況を概観するに当たり、まず、就業者数の動向を確認する。2020年の感染拡大以降、対面型サービス消費の減少等を背景に、非正規雇用者を中心に就業者が大きく減少したが[42]、その後、経済社会活動が回復する中で、人手不足感の強い医療・福祉業や情報通信業等を中心に就業者数は緩やかに増加している[43]（第2−2−1図）。非正規雇用者数についても2022年初以降は、対面型サービス業の業績の持ち直しもあり、緩やかに増加している。

第2−2−1図　就業者数の推移

就業者数は回復傾向

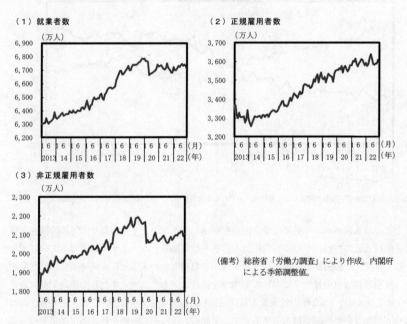

（1）就業者数

（2）正規雇用者数

（3）非正規雇用者数

（備考）総務省「労働力調査」により作成。内閣府による季節調整値。

---

[42]　内閣府（2021）の第3章を参照。
[43]　厚生労働省（2022a）を参照。

　次に、労働需給の状況を確認する。まず、労働供給面の指標である労働力率の動向から確認する。労働力率は、我が国の15歳以上人口に占める労働力人口[44]（労働市場に参加している人口）の比率を示す。我が国の労働力率は、感染拡大を機に一時的に下落したが、2022年入り後は上昇傾向がみられる（第2－2－2図）。このように、労働供給が回復傾向にある中で、労働需要の改善に応じて上述のように就業者数が回復している。こうした推移の下で、労働力人口に占める失業者を示す完全失業率をみると、感染拡大後のピークでは3％を超える水準まで上昇したが、足下では振れを伴いつつも2％台半ばまで低下している。

第2－2－2図　労働力率と失業率

労働力率に上昇傾向がみられる中で失業率も低下傾向

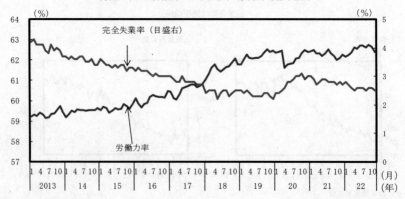

（備考）厚生労働省「労働力調査」により作成。いずれも季節調整値。労働力率は内閣府による季節調整値。

　ここまでは人数ベースで労働市場の回復を確認してきたが、一人当たりの労働時間も加味した労働投入量の推移についても常用労働者を一般労働者とパートタイム労働者に分けて確認する。まず、一般労働者の労働投入量を雇用者数要因と一人当たり労働時間要因に分解すると、雇用者数は感染拡大下においても増加を続けた一方で、一人当たり労働時間が大きく減少したことから、2020年の労働投入量は減少した（第2－2－3図（1））。その後、2021年は一人当たり労働時間が持ち直すもとで、労働投入量は2019年を超える水準まで持ち直し、2022年は前年と同水準となっている。パートタイム労働者では、2020年以降は雇用者数の伸びが鈍化したほか、一人当たり労働時間も2020年に大きく減少した後にほとんど回復

---

[44] より厳密には就業者と完全失業者（働く意思を持ち求職活動を行っているが就業していない者）の合計である。

していないことから、労働投入量は2022年も感染拡大前を下回る状況が続いている（第2－2－3図（2））。

このように人数ベースでみると回復が鮮明な一方で、労働時間まで加味すると労働投入の回復ペースは緩慢である。一人当たり労働時間の減少は、ワークライフバランスの改善や労働生産性改善を企図して感染拡大前から推し進められてきた動きだが、感染拡大を機に労働時間が大きく減少し、その後の戻りも小幅にとどまっている。感染症による影響を除いても、労働時間の減少傾向が続いていると考えられるが、こうした労働時間の削減は、労働者の厚生や労働生産性の改善を伴って進むことが望ましい。

第2－2－3図　労働投入量の推移

雇用者数は増加傾向にあるが、労働時間の回復は緩慢となっている

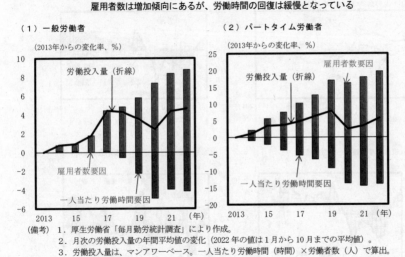

（1）一般労働者

（2）パートタイム労働者

（備考）　1．厚生労働省「毎月勤労統計調査」により作成。
　　　　　2．月次の労働投入量の年間平均値の変化（2022年の値は1月から10月までの平均値）。
　　　　　3．労働投入量は、マンアワーベース。一人当たり労働時間（時間）×労働者数（人）で算出。

（労働需給が改善する中で、賃金も持ち直している）

上述したとおり、労働市場が全体として回復傾向にある中で、現金給与総額（労働者一人当たりの平均賃金）も持ち直している（第2－2－4図（1））。現金給与総額を、一般労働者の賃金の伸び、パートタイム労働者の賃金の伸び、パートタイム労働者の比率の三つの要因に寄与度分解すると、一般労働者とパートタイム労働者のいずれの賃金も上昇傾向にある中で、パートタイム労働者の比率の高まりがやや下押ししている（第2－2－4図（2））。

一般労働者の現金給与総額の動きを内訳別にみると、2021年以降は、経済社会活動の回復を反映し労働時間が持ち直していることから、残業代に相当する所定外給与の前年比プラス傾向が続いてきた。さらに、2022年入り後は、堅調な企業業績を反映して、所定内給与

の前年比プラス幅が高まる中で、ボーナスを含む特別給与も伸びを高めている（第2－2－4図（3））。

　次にパートタイム労働者についてみると、度重なる感染拡大による影響から労働時間の回復が遅れていることから、残業代に相当する所定外給与は2020年に下落した後に目立った回復がみられないが、2022年入り後には、休業等の影響を受けてきた所定内給与を中心に前年比プラス傾向が続いている（第2－2－4図（4））。

第2－2－4図　賃金の動向

一般労働者・パートタイム労働者の賃金はいずれも持ち直し

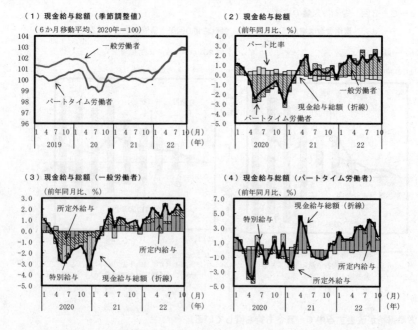

（備考）　1．厚生労働省「毎月勤労統計調査」により作成。
　　　　　2．（1）の一般労働者およびパートタイム労働者は、内閣府による季節調整値。後方6カ月移動平均値。

（実質賃金への交易条件の下押しが大きい中、労働生産性の引上げが急務）

　このように、労働需給が改善する中で名目賃金は上昇傾向にあるものの、物価上昇を背景に実質賃金はこのところ弱含んでおり、第1章で論じたように、景気回復の足取りを確かなものとしていくためには実質賃金が上昇していくことが重要である。実質賃金の引上げに向けて重要な施策を考えるために、実質賃金（時間当たり）の変動を、労働生産性、労働分配

率、交易条件、海外からの所得の純受取に要因分解してみよう（第2-2-5図）。足下の
大きな動きとして、2021年後半～2022年にかけて、エネルギー・食料を中心とした輸入物
価の上昇を背景に、実質賃金に対する交易条件悪化の下押し幅が拡大している点が指摘でき
る。すなわち、エネルギー・食料といった輸入品価格が我が国の生産する財・サービス対比
で上昇したため、賃金の原資となる国内における付加価値への下押しが強まっている。ま
た、企業収益が堅調に回復する中にあって、労働分配率要因も2021年以降は緩やかに下押
し幅を拡大し、2022年には横ばいとなっている。この間、労働生産性要因は振れを伴いつ
つも横ばい圏内で推移しているほか、海外からの所得の純受取は緩やかにプラス方向に寄与
を拡大させている。エネルギー輸入国である我が国は、資源価格が高騰する局面で交易条件
の悪化が実質賃金の下押しに働くことは避けられず、中長期的にはエネルギー輸入依存度を
下げていくことが肝心であるが、あわせて、こうした局面で賃金上昇率を高めていくには、
人的資本投資の強化や労働移動の活性化を通じた労働生産性の引上げを図ることに加えて、
物価動向や企業の事業環境とのバランスをみながら賃上げに向けた労使交渉が進められてい
くことも重要である。

第2-2-5図 時間当たり実質賃金の要因分解

足下で交易条件悪化による実質賃金への下押し圧力が高まる

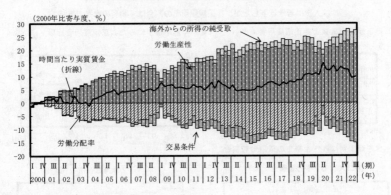

（備考）1．内閣府「国民経済計算」、総務省「労働力調査」、厚生労働省「毎月勤労統計調査」により作成。
　　　　2．時間当たり実質賃金の寄与分解は以下の式による。
$$\left(\frac{W}{P_{PCE}}\right)/E_2 h = \frac{W/E_2}{I/E_1} \times \frac{Y/P_{GDP}}{E_1 h} \times \frac{P_{GDP}}{P_{PCE}} \times \frac{I}{Y} = 労働分配率 \times 労働生産性 \times 交易条件 \times 海外からの所得の純受取$$
　　　　ただし、Wは雇用者報酬、Yは名目GDP、Iは名目GNI、E_1は就業者数、E_2は雇用者数、hは労働時間、
　　　　P_{GDP}はGDPデフレーター、P_{PCE}家計最終消費支出（除く持家の帰属家賃）デフレーターを表す。

（幅広い世帯の賃上げの実現に向けて、非正規雇用者の増加も踏まえた施策が重要）

　前述した賃上げ環境の整備においては、前掲第2－2－2図のとおり労働力率が高まる中で、非正規雇用者の割合が高まるなど働き方の多様化が進んでいることにも留意する必要がある（第2－2－6図（1））。非正規雇用者の割合は、感染拡大後に幾分低下しているが、依然として雇用者の4割弱を占めている。非正規雇用者比率を年齢階層別にみると、高齢者（60歳以上）では感染拡大前の2019年まで上昇傾向がみられる中で、若年層（20～39歳）や中年層（40～59歳）では、2013年以降は低下傾向となっているが、こうした現役世代でも引き続き3割弱が非正規雇用者となっている（第2－2－6図（2））。さらに、世帯主の雇用形態の推移をみると、非正規雇用者の比率は上昇傾向にあり、2021年には二人以上世帯の世帯主で2割弱、単身世帯で3割弱を占めている（第2－2－6図（3））。非正規雇用に初職で就くと、40～50代になっても男性では3割以上、女性では7割以上が非正規雇用形態にあるなど、非正規雇用に一度就くと、スキルの蓄積が進みにくいこともあり、固定化しやすい傾向がある[45]（第2－2－6図（4））。

　こうした状況を踏まえ、第3項では、構造的な賃上げに向けた課題について、正規雇用者だけではなく非正規雇用者も併せて分析対象としている。

第2－2－6図　非正規雇用者割合の高まり

感染拡大後は若干低下したが、非正規雇用者の割合は4割弱の水準で推移

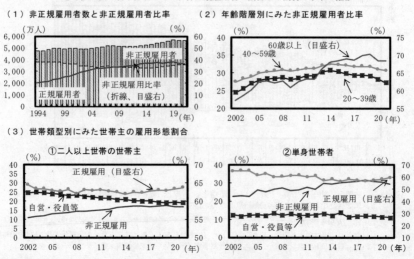

（1）非正規雇用者数と非正規雇用者比率　　（2）年齢階層別にみた非正規雇用者比率

（3）世帯類型別にみた世帯主の雇用形態割合

①二人以上世帯の世帯主　　②単身世帯者

---

[45] 平田・勇上（2011）は、日本・ドイツ・英国の個票データを活用し、初職の一時雇用（Temporary Worker、日本では多くが非正規雇用に相当）から、常用雇用への移行は、英国で最も起こりやすく、日本で最も起こりにくいことを確認し、国際比較の観点からも日本における初職の重要性を指摘している。

**（4）年齢階級別にみた初職が非正規雇用である者の
うち現職が非正規雇用である者の割合**

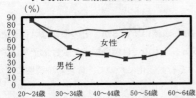

（備考）　1.　（1）～（3）は総務省「労働力調査（特別集計）」及び「労働力調査（詳細集計）」により作成。
　　　　　2.　（4）はリクルートワークス研究所「全国就業実態パネル調査」により作成。個票により特別集計を
　　　　　　　行い、集計にあたってはウエイトバックを行っている。2016～2022年に実施された調査について、
　　　　　　　利用可能な個人の最新の状況に基づいて計算している。

（賃金の水準について、同一雇用形態の中でのばらつきの拡大はみられない）

　本項の最後に、賃金分布の推移について、正社員・短時間労働者別に確認する。具体的には、正社員の所定内給与、短時間労働者の所定内時給について、2010年以降、90％分位点（上位から数えて10％に位置する労働者の賃金）と10％分位点（下位から数えて10％に位置する労働者の賃金）の幅に拡がりがあるか、また両端の分位点と50％分位点（中央値）の距離に変化がないかという観点から分布の形状をみると、正社員・短時間労働者とも分布の拡がりは確認されない[46]（第2－2－7図）。

第2－2－7図　賃金の分布の推移

同一雇用形態での賃金のばらつきに広がりはみられない

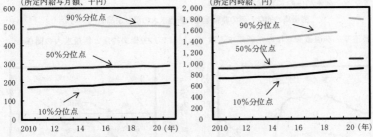

（1）正社員・正職員計　　　　　　　　　　（2）短時間労働者

（備考）　1.　厚生労働省「賃金構造基本統計調査」により作成。
　　　　　2.　短時間労働者については、2020年以降の調査対象変更により連続性が保たれていないことに
　　　　　　　留意が必要。

---

[46]　子細にみると、上位・下位の賃金比率（＝90％分位点の賃金／10％分位点の賃金）は、正社員では2010年以降下落傾向にある。また、短時間労働者については、2010年からデータの断絶がある2019年まで同比率は下落傾向にあるほか、2020年から2021年においても同比率は下落している。

2　労働需要・労働供給別にみた構造変化の可能性

（省人化による労働需要の変化の可能性）

　上述したとおり、労働市場は全体として持ち直しが続いているが、その様態はコロナ禍を経て、少なくとも一部で変化している可能性がある。本項では感染拡大を受けた企業（労働需要側）、家計（労働供給側）の労働市場における行動変化について、今後の持続性に留意しつつ整理する。

　まず、企業の新たな労働需要を示す新規求人数をみると、製造業・非製造業供に2020年以降は回復が続いてきたが、足下では一服感がみられる（第2－2－8図（1））。特に、製造業では既に感染拡大前（2020年初）を上回る水準を回復しているが、非製造業では感染拡大前を依然として下回る水準にある。足下の新規求人数と各産業の労働集約度（ここでは、就業者一人当たりの経常利益で計測。）の関係でみると、緩やかではあるが労働集約度が高いほど新規求人の減少幅が大きい傾向があり、特に小売業や飲食サービス業などの労働集約度の高い一部の非製造業で新規求人の水準が感染拡大前を大きく下回っている（第2－2－8図（2））。小売業や飲食サービス業などの労働集約度の高い産業は、利益ベースでみたシェア対比で、就業者ベースでみたシェアが大きい（第2－2－8図（3））。また、一部の接客業務などは雇用者に事前に求められる専門的なスキルが比較的少なく、アルバイトなどの非正規雇用の受け皿となってきた。すなわち、こうした業種・職種は、労働需要量が大きく、相対的に低賃金の雇用機会を供給してきたことから、そうした業種や職種の労働需要に変調が生じた場合には、高齢者・学生や短時間労働を望む主婦パート等の労働参加機会への影響が特に大きいと考えられる。

第2－2－8図　産業別にみた新規求人の動向

労働集約的な一部の非製造業の新規求人の戻りが弱い

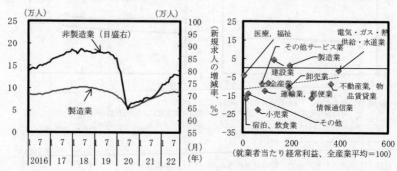

（1）製造業・非製造業別にみた新規求人数　　（2）労働集約度と新規求人の関係

（3）産業別にみた就業者シェアと経常利益シェア（2019年度時点）

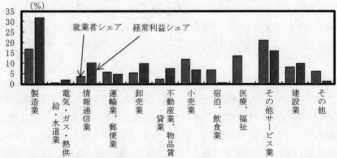

（備考）1．厚生労働省「職業安定業務統計」、財務省「法人企業統計」、総務省「労働力調査（基本集計）」
により作成。
　　　　2．（1）は、内閣府による季節調整値。後方3カ月移動平均値。
　　　　3．（2）の縦軸は2022年第3四半期の2019年同期比。横軸は2019年度の経常利益を就業者数で除し
た値を、全産業平均を100として指数化。
　　　　4．（3）は2019年度におけるシェア。

　こうした労働集約度の高い業種には、2020年以降、感染拡大による業績の下押しが繰り
返し強まってきた企業が多く、感染の影響が完全には収束しない中で採用スタンスが他業種
に比べ保守化している可能性も考えられる。また、非製造業の店舗における省人化投資等の
拡大により、労働需要が変化している可能性も指摘できる。例えば、スーパーマーケットに
おけるセルフレジの導入は、感染症に対する防疫手段として急速に進んだ（第2－2－9図
（1））。こうした中で、中堅・大企業の従業員一人当たりの経常利益をみると、小売業や飲
食サービス業を含む非製造業で幅広く改善がみられており、足下では感染拡大前を上回って
いる（第2－2－9図（2））。

第2－2－9図　店舗での省人化の進捗と経営効率の改善

店舗でのセルフレジの導入など非製造業で省人化が進んでいる可能性

（1）スーパーのセルフレジの導入企業割合

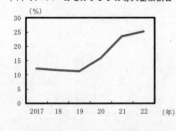

（2）中堅・大企業の従業員1人当たり経常利益

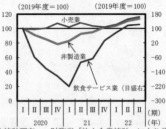

（備考）1．一般社団法人全国スーパーマーケット協会「年次統計調査」、財務省「法人企業統計」により作成。
　　　　2．（1）は国内にスーパーマーケットがある企業が対象。2022年度調査は977社が対象（回答率は30.2％）。
セルフレジの導入店舗があると回答した企業の割合。
　　　　3．（2）は資本金1億円以上の企業の後方4四半期平均値。2020年第1四半期（＝2019年度平均）を100として
指数化。

　ここでみた労働需要の変化が構造的なものであるのか断定するには時期尚早と考えられる。しかし、コロナ禍を契機に比較的定型的な業務の一部が機械に置き換わったこと等により、労働需要の動向が変化していく場合には、労働者に求められるスキルも変化すると考えられる。

（雇用調整助成金による雇用保蔵が求人に影響を及ぼしている可能性）

　また、労働需要の面では、休業措置により雇用維持を図る企業に対する雇用調整助成金の特例措置の導入等の政策支援の効果もあって、感染拡大の影響が大きかった業種でも雇用が一定程度維持され、失業率の抑制につながってきた（前掲第2-2-2図）。実際、雇用調整助成金の支給決定件数を業種別にみると、「飲食店」や「宿泊業」など、感染症による売上減少の大きい業種を中心に活用されてきた（第2-2-10図（1））。こうした政策は、感染拡大以前から存在した構造的に人手不足が継続することへの企業の意識もあいまって、感染拡大以降の企業の雇用保蔵[47]につながっていたと考えられる。ただし、ウィズコロナの取組が進む下で制度利用の申請件数は減少傾向にある。雇用調整助成金の毎月の支給決定額を毎月勤労統計の定期給与で除すことにより、簡易的に支給対象延べ人数を試算すると、2020年8月のピークと比較して、足下の人数はおよそ1割程度まで低下している（第2-2-10図（2））。支給延べ人数の試算値が労働力人口に占める割合をみると、2020年のピークである8月には3.6％と相応に失業率の抑制に寄与してきたが、2021年を通じて1％台で推移し、直近の2022年9月では0.4％となっている（第2-2-10図（3））。既に本制度の支給人数から試算される直接的な失業率の押下げ効果は相当小さく、特例措置の終了も2023年1月末に予定されているが、感染症下で続いてきた雇用保蔵が、上述した一部の非製造業の求人の水準が感染拡大前に届かない背景の一つとなっている可能性がある。一方、前掲第2-2-9図（2）でみたように、非製造業の中堅・大企業の一人当たり経常利益水準は既にコロナ前を超えており、今後の労働需要の動向が注目される。

---

[47] 企業活動に必要となる雇用者数と実際の雇用者数の差を雇用保蔵と定義。例えば、内閣府（2020）では、過去の労働生産性の動きから、活動に必要な雇用者数の水準を推計し、感染拡大下で生じた雇用保蔵の規模について議論している。

第2－2－10図　雇用調整助成金と失業率抑制効果

雇用調整助成金による雇用保蔵は相当程度縮小

（1）業種別にみた雇用調整助成金の支給決定件数

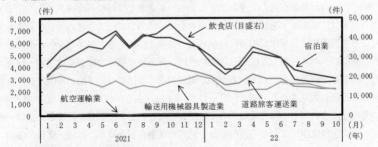

（2）雇用調整助成金の支給対象延べ人数

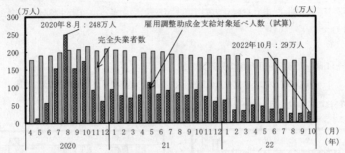

（3）雇用調整助成金の支給対象人数が労働力人口に占める割合

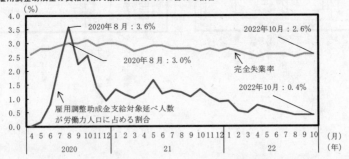

（備考）1. 厚生労働省「毎月勤労統計調査」、「オープンデータ　雇用調整助成金」、「アフターコロナ期の
　　　産業別雇用課題に関するプロジェクトチーム」提出資料、厚生労働省資料、総務省「労働力調査
　　　（基本集計）」により作成。
　　　2. 雇用調整助成金支給対象延べ人数は、月ごとの雇用調整助成金支給額を毎月勤労統計調査の定期
　　　給与で除したもの。
　　　3. （2）の完全失業者数及び（3）の完全失業率は、季節調整値。

（正規・非正規間での処遇面での差は拡大）

　非正規雇用者と正規雇用者間の処遇差については、同一労働同一賃金を義務付けるパートタイム・有期雇用労働法が2020年４月から大企業で、2021年４月から中小企業で適用されるなど、縮小に向けた取組が進んできたことにより、賃金面では縮小傾向にある[48]。他方、賃金以外の面では、感染拡大を契機に正規雇用者を中心にテレワークなどの柔軟な働き方が広がったことを受けて、正規雇用の優位性が高まった可能性がある。民間アンケートの結果をみると、感染拡大前と比較した勤務日の柔軟性は、非正規雇用者では多くの業種・職種で改善したと回答した割合が低下しているが、正規雇用者では総じて低下幅が軽微であり、むしろ改善した業種も散見される（第２－２－11図（１））。さらに、勤務時間の柔軟性・働く場所の柔軟性についても、非正規雇用者では改善したと回答した割合が低下した業種・職種が目立つが、正規雇用ではむしろ改善したと回答した割合が上昇した業種・職種が多い（第２－２－11図（２）、（３））。テレワークの導入状況の差をみても、正規・非正規の間で開きがあり、上述したような働き方の柔軟性の差につながった可能性がある（第２－２－11図（４））。

第２－２－11図　正規・非正規間の処遇面の差

テレワークなど非賃金面の正規・非正規間の処遇差がコロナ禍で拡大

（１）勤務日の柔軟性（2019年→21年の変化）

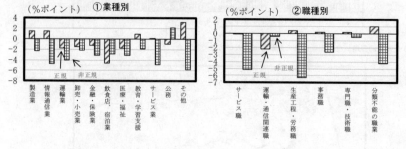

[48] 内閣府政策統括官（経済財政分析担当）（2022b）を参照。

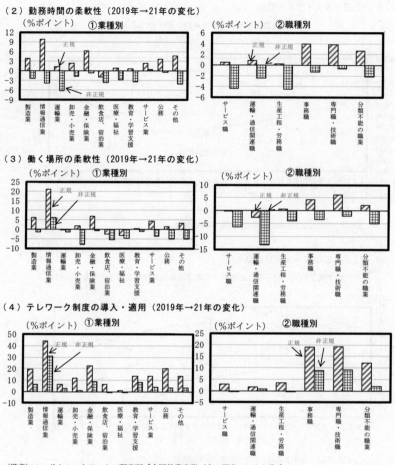

（2）勤務時間の柔軟性（2019年→21年の変化）

①業種別（%ポイント）

②職種別（%ポイント）

（3）働く場所の柔軟性（2019年→21年の変化）

①業種別（%ポイント）

②職種別（%ポイント）

（4）テレワーク制度の導入・適用（2019年→21年の変化）

①業種別（%ポイント）

②職種別（%ポイント）

（備考）　1．リクルートワークス研究所「全国就業実態パネル調査」により作成。
　　　　　2．各問に対し、「あてはまる」「どちらかというとあてはまる」の回答結果を集計した。
　　　　　3．「非正規雇用」は、非正規、派遣社員、契約社員、嘱託、その他の合算。

（ミスマッチを背景とした長期失業者の滞留）

　厚生労働省「職業安定業務統計」を用いて、求人・求職の動向をみると、感染拡大を受け有効求人数は大きく下落した後に持ち直す中にあって、有効求職者数は高止まりしている（第2－2－12図）。この間、求人の充足率が低下する中で、求職者の就職率も感染拡大以降低下したまま推移し、求人と求職のミスマッチが大きくなっている可能性が示唆される（第2－2－13図）。

第2－2－12図　求人・求職の動向

有効求人数が増加する中で有効求職者数は高止まり

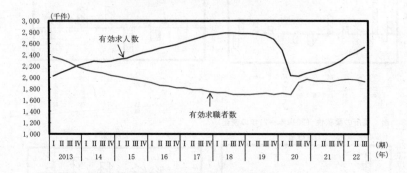

（備考）厚生労働省「職業安定業務統計」により作成。季節調整値。

第2－2－13図　就職率・充足率の動向

充足率が低下傾向にある中で就職率の水準は感染拡大後の切り下がりから未回復

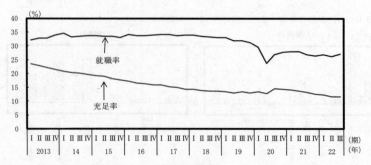

（備考）厚生労働省「職業安定業務統計」により作成。季節調整値。

　実際、失業者数の水準が足下でも感染拡大前を上回っている（第2－1－14図（1））。失業期間別にみると3カ月未満の短期失業者数では感染拡大前と比較して大きな変化はみられないが、1年以上の長期失業者数は幅広い年齢層で増加が顕著であり、2022年の水準は感染拡大前を2割以上上回っている（第2－1－14図（2））。

第2−2−14図　失業期間別にみた失業者数の推移

幅広い年齢層で1年以上の長期失業者数が高止まり

（1）失業期間別にみた失業者数　　　（2）年齢階層別・失業期間別にみた増加率

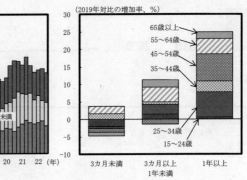

（備考）1．総務省「労働力調査（詳細集計）」により作成。
　　　　2．（2）は2022年1−3月期〜7−9月期平均の2019年対比の増加率。

　失業者が仕事を見つけられない理由について、総務省「労働力調査」を用いて、2019年からの変化をみると、「賃金・給料が希望とあわない」や「勤務時間・休日などが希望とあわない」の割合が低下している。その一方で、「希望する種類・内容の仕事がない」の増加が顕著であり、待遇ではなく職務内容のミスマッチが失業増加の要因となっている可能性がある（第2−2−15図）。

　また、求職活動をしていない者にその理由を尋ねた結果についても感染拡大前からの変化をみると、「健康上の理由のため」と感染リスクを考慮した動きや「今の景気や季節では仕事がありそうにない」と景気動向を挙げる声もあるが、「自分の知識・能力にあう仕事がありそうにない」とミスマッチを理由に非労働力化した層も増加していることが分かる（第2−2−16図）。

第2－2－15図　失業者が仕事につけない理由の変化

希望する種類・内容の仕事がないことを理由に仕事につけない失業者が増加

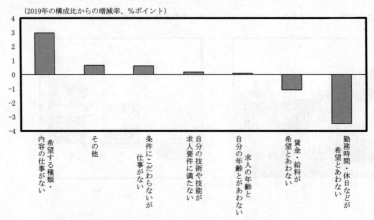

（2019年の構成比からの増減率、％ポイント）

（備考）1．総務省「労働力調査（詳細集計）」により作成。
　　　　2．2022年1－3月期〜7－9月期の平均構成比を2019年と比較した結果。

第2－2－16図　求職活動をしない理由の変化

健康上の理由のほか、能力のミスマッチを理由に非労働力化している層の割合も増加

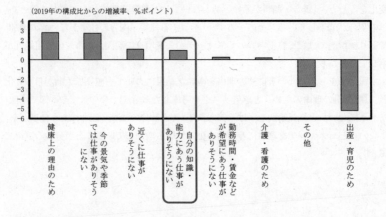

（2019年の構成比からの増減率、％ポイント）

（備考）1．総務省「労働力調査（詳細集計）」により作成。
　　　　2．2022年1－3月期〜7－9月期の平均構成比を2019年と比較した結果。

（高齢者の雇用者数の増加ペースの鈍化）

　さらに、働き方改革等を背景に、高齢者の雇用機会の確保が進む中[49]、2010年代以降は65歳以上の高齢者の労働参加が進んできたが、感染拡大以降は増加ペースに鈍化が見受けられる。まず、同一世帯を2か月連続で調査する総務省「労働力調査」のデータを活用し、全年齢で就業状態の変化の割合を示す遷移確率を算出する（第2－2－17図）。様々な状態遷移パターンの感染拡大前と足下の水準の乖離をみると、特に「就業者から非労働人口」の遷移確率の上昇が目立つ。これは、高齢者就業が促されたことから感染拡大前は低下傾向にあった同遷移確率が、高齢者の継続就業などが鈍化したことで、感染拡大以降は上昇に転じていることによるとみられる[50]。また、「失業者から就業者」の遷移確率は感染拡大前対比で低下しており、前述したミスマッチによる失業増加を背景とした動きとみられる。

　これを踏まえて、65歳以上の高齢者の労働力率をみると、感染拡大後の増勢鈍化が目立つ（第2－2－18図（1））。ただし、65歳以上の高齢者を「65歳～69歳」「70歳以上」別に分けて労働力率をみると、こうした鈍化は明確には観察されず、年齢階級別の構成変化の影響が大きいと推察される。実際、高齢者の年齢階級別の構成割合の推移をみると、60代の割合が低下する中で、70歳以上の人口の割合が高まっている（第2－2－18図（2））。こうした中で、雇用形態別に65歳以上の雇用者数の推移をみると、「パート・アルバイト」を中心に、2020年以降増勢鈍化がみられる（第2－2－18図（3））。ただし、前掲第2－2－18図（1）でみたとおり、高齢者についても年齢階級を子細にみれば労働力率は高まり続けており、引き続き就業を希望する高齢者の雇用確保を進めることが重要である。

---

[49]　高年齢者雇用安定法の改正により、65歳までの希望者全員の雇用が確保されるよう、継続雇用制度の対象者を限定できる仕組みが2013年4月から廃止された。さらに、2021年4月1日から施行された改正高年齢者雇用安定法により、65歳から70歳までの労働者に対し、事業主は就業確保措置を講じることが努力義務となった。就業確保措置とは、①70歳までの定年引上げ、②定年制の廃止、③70歳までの継続雇用制度の導入、④希望する場合は70歳まで継続的に業務委託契約を締結する制度の導入、⑤希望する場合は70歳まで継続的に、事業主が自ら実施する社会貢献事業あるいは事業主が委託、出資等する団体が行う社会貢献事業に従事できる制度の導入のいずれかをいう。
[50]　本調査の公表データでは、「15～34歳」「35～54歳」「55歳以上」の3区分でしか遷移確率を確認できないが、これらの動きは付図2－6を参照。これをみると、特に「55歳以上」で「就業者から非労働力人口」の遷移確率の上昇が目立っている。

第2-2-17図　労働状態のフロー

就業者から非労働力人口の遷移確率が上昇

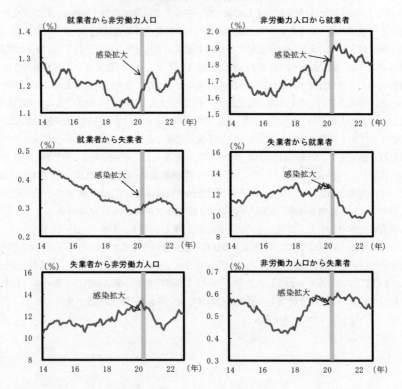

(備考)　1．総務省「労働力調査」により作成。
　　　　2．遷移確率 ＝ (t 月のフローデータ) ÷ (t-1 月のストックデータ)
　　　　3．フローデータ、ストックデータは 12 か月累計値。男女計の値。
　　　　4．シャドーは新型コロナウイルスの感染拡大初期（2020 年 4 － 6 月）を示している。

第2−2−18図　高齢者の労働参加の変化

70歳以上の高齢者が増加する中で65歳以上の雇用者数の増勢も鈍化

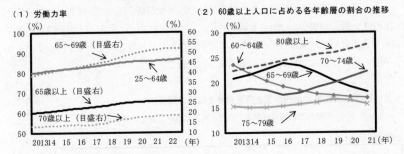

（1）労働力率

（2）60歳以上人口に占める各年齢層の割合の推移

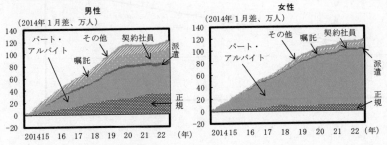

（3）雇用形態別雇用者数（65歳以上）

（備考）　1．総務省「労働力調査（基本集計）」により作成。
　　　　　2．（1）、（3）の各系列は12か月後方移動平均。

3　構造的な賃上げに向けた課題

（国際的には労働移動の円滑度が高い国ほど実質賃金上昇率が高い傾向）

　労働生産性の伸びを高め構造的な賃上げを実現していく手段の一つとして、適材適所を推し進めながら、成長産業の雇用が拡大していく形で労働移動を促す必要性は高いと考えられる。

　先行研究では、国際的にみると、労働移動の円滑化が高い労働生産性などの良好な経済パフォーマンスにつながる傾向が報告されている[51]。ここでは、OECDが公表している各国の「短期失業者数（求職期間1年未満）／長期失業者数（求職期間1年以上）」を、労働移動の円滑度を表す指標として、実質賃金上昇率との関係を確認する（第2−2−19図）。こ

---

[51] Engbom（2022）では、欧米で実施された調査をもとに、過去1年間に雇用されていた者のうち、11カ月以内に現在の雇用者の下で働き始めた者の割合を、労働移動の円滑度の指標と定義し、労働移動の円滑度の高い国では労働生産性の水準が高い傾向を報告している。

の指標は、失業者に占める長期失業者の割合が低いほど、失業を介した労働移動が円滑であると評価するものであり、労働市場のミスマッチの大小を測る概念の一つと考えられる。結果をみると、長期失業割合の高低でみた労働移動の円滑度が高い国ほど、実質ベースで賃金が上昇しやすい傾向が緩やかながらも観察された。こうした中で、我が国の労働移動の円滑度と実質賃金上昇率はいずれもデータが入手可能なOECD加盟国の平均を下回っているものの、両者の関係はおおむねOECD諸国並みと評価できる[52]。

第2－2－19図 労働移動の円滑度と実質賃金上昇率の関係

労働移動の円滑度が高いほど、実質賃金が上昇しやすい傾向

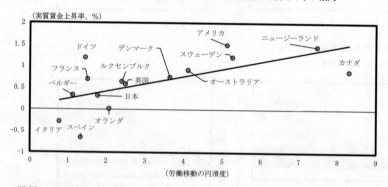

(備考) 1．OECD. Stat により作成。
　　　 2．労働移動の円滑度は失業期間1年未満の失業者数/失業期間1年以上の失業者数で算出。賃金は年収ベース。
　　　 3．2010～21年の平均値。

（感染拡大後に若干弱まった正規間転職、非正規の正規化には持ち直しの動き）

　では、足下で、我が国の労働移動は活発化しているのであろうか。労働移動の円滑度には様々な指標が存在するが、以下の分析では主に転職者割合を用いる。具体的には、総務省「労働力調査」を用いて、過去1年以内に勤め先の変更を行った者が雇用者全体に占める割合を、転職者割合と定義する。2012年以降の転職者割合を総数でみると、2019年にかけて緩やかに上昇した後に、2020年から2021年にかけて低下し、2022年入り後は横ばいで推移しており、全体としては活発な状況にあるとは言い難い（第2－2－20図（1））。ただし、年齢階級別にみると、25～34歳や35～44歳といった若年層の転職者割合では、2022年入り後に持ち直しの動きがみられている。

　次に、労働移動の内訳をみるため、主要な就業形態である正規雇用者・非正規雇用者・自

---

[52] 内閣府（2015）は、就業者が失業する確率と、失業者が就業する確率のいずれも我が国はOECD諸国平均対比で低く、失業するリスクは低いものの、一度失業するとそれが長期化しやすいと我が国の労働市場の特徴を結論づけている。

営業者別に、就業形態内及び就業形態間の移動の動向をみる。正規間転職は2010年代には緩やかに増加傾向にあったほか、非正規雇用の正規化の動きは同期間に横ばい傾向で推移したが、2020～21年にかけて、正規間転職・非正規雇用の正規化の動きは若干弱まった（第2－2－20図（2））。2022年入り後は、いずれも持ち直しの動きがうかがわれており、こうした労働移動の回復が、雇用者の処遇改善につながっていくことが期待される。

第2－2－20図　転職者割合の推移

感染拡大後に若干弱まった正規間転職や非正規雇用の正規化に、2022年以降は持ち直しの動き

（1）転職者割合の推移

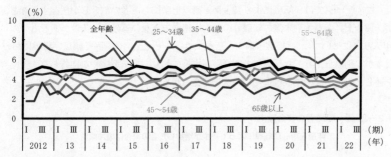

（2）雇用形態間の移動経路別にみた転職者割合

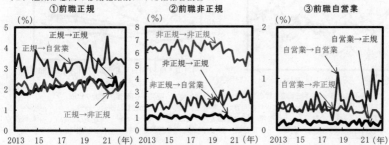

（備考）1．総務省「労働力調査（詳細集計）」により作成。
　　　　2．（1）の転職者割合は、「転職者数（過去1年間に就業した就業者数）／雇用者数」より求めた。（2）の雇用形態間の移動経路別にみた転職者割合は、「過去1年間に離職かつ前職の雇用形態が正規（・非正規・自営業）であり、現職の雇用形態が正規（・非正規・自営業）である雇用者数／現職の雇用形態が正規（・非正規・自営業）である雇用者数」より求めた。

（若年層を中心に転職後に賃金が増加した労働者の割合は増加傾向）

次に、転職者の賃金動向をみていく。まずは、公的統計や民間データから確認できる転職者へのアンケート調査を基に、転職前後で賃金が上昇した雇用者の割合の推移を確認する。

厚生労働省「雇用動向調査」で、「転職により賃金が増加したと回答した雇用者の割合－転職により賃金が低下したと回答した雇用者の割合」として計算されるＤＩの推移をみると、リーマンショックが発生した2008年から2011年頃まで「減少」超過で推移した後に、2014年以降は2018年頃まで「増加」超過で推移し、2019年以降は「減少」超過となっている（第２－２－21図（１））。ただし、各年齢階層層別に推移をみると、20〜40代では2018年にかけて「増加」超幅が拡大し、その後は「増加」超幅を縮小させつつも、「増加」超を維持している。50代も、2000年代以降をならしてみると「減少」超過幅が縮小傾向にある。

　「雇用動向調査」の転職者の賃金の動向は2021年までしか確認できないことを踏まえて、より足下の動向については民間データも活用して確認していく（第２－２－21図（２））。このデータでは、転職により賃金が１割以上増加した者の割合しか把握することができず、賃金上昇率が１割未満の転職者の動向を把握できない等の留保条件があるものの、2022年入り後については、「接客・販売・店長・コールセンター」を除く幅広い職種において、賃金が１割以上上昇した転職者の割合が高まっており、景気が緩やかに持ち直す中で、転職を通じた所得上昇の動きは進んでいると考えられる[53]。

第２－２－21図　転職者の賃金動向

若年層を中心に転職によって賃金が増加した者の割合は増加傾向

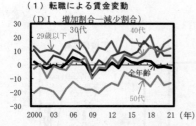
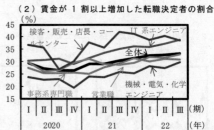

（備考）　1.　株式会社リクルート「転職時の賃金変動状況」、厚生労働省「雇用動向調査」により作成。
　　　　　2.　（1）は転職により賃金が増加したと回答した割合と、減少したと回答した割合の差分。
　　　　　3.　（2）は、株式会社リクルートが提供する転職支援サービスリクルートエージェントにおいて、「転職決定者数の合計」に占める「前職と比べ賃金が１割以上増加した転職決定者数」の割合を算出したもの。

---

[53] Becker（1964）の「人的資本理論」によれば、「一般的人的資本（企業を問わず有効なスキル）」と「企業特殊的人的資本（特定企業でのみ有効なスキル）」の蓄積により、賃金上昇が起こると考えられている。この下では、転職による「企業特殊的人的資本」の喪失は、賃金下落に結び付く。他方、Javanovic（1979）の「ジョブマッチング理論」では、仕事内容と自身のスキルの相性が悪い労働者が転職をし、仕事とスキルがマッチした労働者は勤続年数が長くなる傾向を指摘し、こうした中で企業の生産性向上と賃金上昇が起こると仮定している。「ジョブマッチング理論」で想定されるマッチングは、非自発的な転職の場合に発生する可能性が完全に否定される訳ではないが、多くは自発的な転職の中で発生すると考えられる。これらの代表的な理論を踏まえれば、平均的な転職者の賃金の動向は、①自発的な転職の活発度、②自発的な転職時に発生する仕事とスキルのマッチングの改善度、③転職が発生した企業における企業特殊的人的資本の重要度、といった複数の要素によって決まると考えられる。

（環境改善を目的とした自発的な転職は賃金やモチベーションにプラス）

　上記でみたアンケートの結果は転職者に対する賃金の変動についての単純な集計結果であるが、転職効果を測る上では、転職しなかった場合との比較の視点が重要である。そこでまず、リクルートワークス研究所「全国就業実態パネル調査」を活用し、正規雇用者の転職者[54]の転職前年から転職1年後にかけての年収変化率の分布を、転職をしなかった者の分布と比較する（第2-2-22図（1））。本調査では、転職理由についても確認していることから、転職者が自発的に環境改善を目的に転職したケースを「環境改善目的転職者」と呼び、それ以外の家族都合や会社都合などによる転職者である「その他理由による転職者」と区別した。これをみると、まず、「その他理由による転職者」の賃金変化率の中央値は「非転職者」を下回っているが、「環境改善目的転職者」では「非転職者」を上回っている。次に、前職が非正規雇用だった者については転職に伴って正規転換を果たした「正規雇用への転職者」と、それ以外の転職者である「非正規雇用間転職者」に分けて、「非転職者」との比較を同様に試みた（第2-2-22図（2））。この結果をみると、「正規雇用への転職者」では「非転職者」と比べて、賃金上昇率が大幅に高い傾向があるほか、「非正規雇用間転職者」であっても「非転職者」と比べて賃金変化率の中央値は高い。

　ただし、こうしたデータベースでは、転職した労働者が転職しなかった場合の仮想的な賃金変動を観察できるわけではないので、転職による賃金への効果を探る上では、おおむね同質とみなせる労働者について、転職した者と転職しなかった者のペアを作り出し、その後の動向を比較することが有効である[55]。結果をみると、処置群（環境改善改善目的転職者）と対照群（属性の近い非転職者）の賃金の伸び率は、（処置群の時間軸でみて）転職前年から転職年にかけてはおおむね等しいが、転職翌年にかけての処置群の年収の伸びは対照群を上回り2年累計で約7％程度上昇し、そのうち転職による効果は3％ポイント程度と推計された（第2-2-22図（3））。

　さらに、転職の効果は、転職直後の短期的な賃金変動にとどまらず、労働者のモチベーションの改善につながる可能性も示唆される。同データベースの仕事の満足度に関する指標（仕事への熱心さ）について、転職者の転職前年と転職から1年後にかけての変化を、同期間の非転職者と比較すると、非転職者では平均的に僅かに低下した一方で、転職者では改善傾向がうかがえる（第2-2-22図（4））。

---

[54] ここでは正規雇用者間の転職に限定している。

[55] こうした手法を、傾向スコアマッチングを用いた差の差分析（Difference in Difference、ＤＩＤ）と呼ぶ。ここでは、個人の属性を踏まえた環境改善目的転職への至りやすさを傾向スコアとして算出し、実際に環境改善目的転職者を行った者（処置群）と傾向スコアが近い非転職者（対照群）をマッチングし、属性が等しくなるように調整された両群間の賃金変化率を比較することで、環境改善目的の転職が年収に与える効果を検証する。傾向スコアマッチングにあたっては、マッチングされた全てのペアに関して平均絶対距離が最も小さくなるように「最適ペアマッチング」を行っている。推計の詳細は付注2-4を参照。

第2－2－22図　労働移動による賃金・モチベーションへの効果

労働移動は賃金やモチベーションの改善に効果

（1）正規雇用労働者における転職に伴う賃金変動の分布

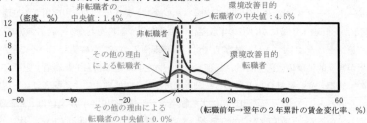

（2）非正規雇用労働者における転職に伴う賃金変動の分布

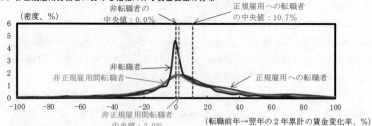

（3）傾向スコアマッチングを用いた環境改善目的転職の賃金押上げ効果　　（4）転職と仕事への姿勢の関係

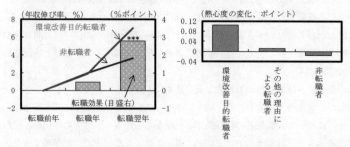

（備考）1．リクルートワークス研究所「全国就業実態パネル調査」により作成。2016〜22年に実施された調査の調査票を使用している。

　　　　2．直近一年以内に離職（出向等を除く）と就職を経験した者を転職者としている。「環境改善目的転職者」とは、転職理由を尋ねる設問に対して「賃金への不満」「労働条件や勤務地への不満」「会社の将来性や雇用安定への不安」と回答した転職者であり、それ以外の転職者を「その他の理由による転職者」としている。

　　　　3．（3）では傾向スコアマッチングによる推計を行っている。詳細は付注2－4参照。
　　　　　***は1％水準で有意であることを示す。

　　　　4．（4）は、仕事に熱心に取り組んでいるかを尋ねる設問への5段階自己評価を5（あてはまる）〜1（あてはまらない）で点数化し（熱心度）、各群の2年間の変化幅の平均を比較している。
　　　　　比較にあたっては、転職者の転職前年から転職翌年にかけての変化と、同期間に回答している非転職者を比較している。

　民間調査による国際比較では、我が国の労働者は、現在の就労先での勤続を希望する割合が低く、仕事への熱意も低いという調査結果がある（第2－2－23図）。我が国では中途労働市場の流動性が低く、雇用者が転職を通じて自らの能力を最大限発揮できる環境に移りにくいことが、現在の仕事に対するモチベーションの低下につながっている可能性が懸念される。労働移動の活性化を促すことにより、こうしたモチベーションの低下を防ぎ、社会全体の生産性を引き上げる効果も期待できる。

第2－2－23図　従業員のモチベーションに関する指標の国際比較

我が国の労働者は現職への士気やエンゲージメントが低い傾向

（1）現在の勤務先での勤続希望　　　　　　**（2）従業員エンゲージメント（士気・熱意）**

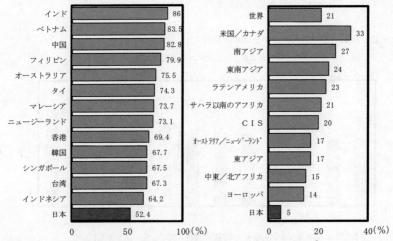

（備考）1．パーソル総合研究所「APAC就業実態・成長意識調査（2019年）」、GALLUP「State of the Global Workplace2022」により作成。
　　　　2．（1）は勤続希望者割合。対象地域は、中国、韓国、台湾、香港、日本、タイ、フィリピン、インドネシア、マレーシア、シンガポール、ベトナム、インド、オーストラリア、ニュージーランド（各国1,000サンプル）。調査対象は、20～69歳男女で、就業しており、対象国に3年以上在住している者。
　　　　3．（2）について、調査対象は、15歳以上の雇用者（通常、各国または各地域の1,000サンプル）。調査期間は、2021年から2022年3月までに取得されたデータ。仕事への士気・熱意に関する下記の12の質問から「熱意・士気の高い雇用者」をGALLUPが独自に定義し、その割合を比較。
　　　　　　Q01．仕事で何を求められているのかが分かる。Q02．自分の仕事に必要な材料や機材が揃っている。Q03．仕事では、毎日、自分の得意なことをする機会がある。Q04．最近7日間に、良い仕事をしたと認められたり、褒められたりしたことがある。Q05．私の上司や職場の人は、私を一人の人間として大切にしてくれているようだ。Q06．職場に、私の成長を促してくれる人がいる。Q07．職場では、自分の意見が通用しているようだ。Q08．会社の使命や目的が、自分の仕事を重要だと感じさせてくれる。Q09．私の同僚は、質の高い仕事をしようと努力している。Q10．職場に親友がいる。Q11．過去6カ月間に、職場の誰かが私の成長について話してくれた。Q12．この1年、私は職場で学び、成長する機会を得た。

（最低賃金の引上げは時給格差の縮小に効果）

　賃金は、使用者と被用者の二者間で決定されることが原則と考えられるが、賃金の低い労働者の生活の安定や労働力の質的向上、競争の確保等の観点から、我が国を始め多くの国で最低賃金制度が設けられている[56]。最低賃金制度は、国が賃金の最低限度額を定め、使用者に最低限度額以上の賃金の支払いを義務付ける制度であり、最低賃金近傍の賃金で働く労働者、例えばパートタイム労働者の賃金への影響が大きいと考えられる。

　まず、我が国における最低賃金とパートタイム労働者の平均時給の推移をみると、最低賃金が毎年引き上げられる中で、パートタイム労働者の平均時給も連動して上昇している（第２－２－24図）。パートタイム労働者の平均時給の上昇は、この間の景気回復や生産年齢人口の減少を背景とした人手不足によってもたらされている面もあるが、最低賃金制度も一定程度の底上げに寄与してきた可能性がある。

第２－２－24図　最低賃金とパート時給の動向

最低賃金の上昇とともにパート時給も上昇してきた

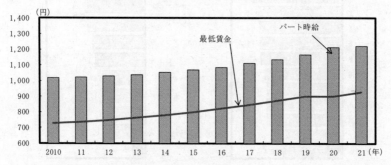

（備考）1．厚生労働省「毎月勤労統計調査」、「地域別最低賃金改定状況」により作成。
　　　　2．パート時給は、所定内給与と所定内労働時間より試算。

　これを確かめるために、リクルートワークス研究所「全国就業実態パネル調査」を用いて、非正規雇用者の時給の最低賃金からの乖離額の分布の変化を観察する。2015年以降、最低賃金を幾分上回るところの山が徐々に盛り上がっていることから、賃金分布の左端の裾野が圧縮され最低賃金近傍で働く労働者の割合が高まってきている（第２－２－25図（1））。すなわち、分布の形状から、最低賃金引上げによって直接的に最低賃金の影響を受ける雇用者は増えていることが推察される。最低賃金の改正後に、改正後の最低賃金を下回る労働者の割合である「影響率」の推移をみても、2019年にかけて年々上昇している（第

---

[56] 2015年時点で、ILOに加盟している186か国のうち、最低賃金制度を導入している国は171か国にのぼる。

2－2－25図（2））。

第2－2－25図　最低賃金との乖離でみた時給の分布

最低賃金の上昇の影響を受ける非正規雇用者は増加傾向

（1）非正規雇用者の賃金の最低賃金との乖離額分布

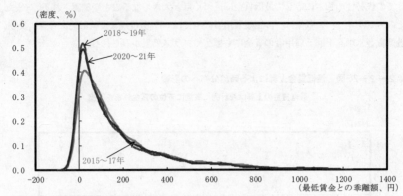

（2）影響率と最低賃金平均引上げ額の推移

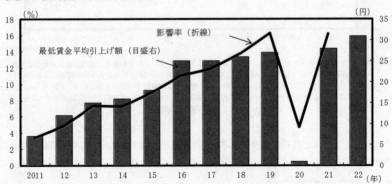

（備考）　1．リクルートワークス研究所「全国就業実態パネル調査」、厚生労働省資料により作成。
　　　　　2．時給を回答している非正規雇用労働者について、都道府県及び年度別に、最低賃金との乖離額
　　　　　　を計算した後、2.5％点を下回る値及び97.5％点を上回る値については外れ値として除外している。
　　　　　3．影響率は、当年の最低賃金の時給を下回る前年時点の非正規雇用者の割合。

　次に、視覚的に確認された最低賃金の引上げによる非正規雇用者の賃金分布の左裾近くの
圧縮について、どの範囲の賃金水準の雇用者にまで及ぶのか、統計的に確認する。ここでは
先行研究を参考に、70％分位点（下位から数えて70％に位置する雇用者の賃金）を基準

に、他の分位点の動きを検証する[57]。結果をみると、①基準点より低賃金の場合、広範にわたり統計的に有意に時給の上昇が起こること、②低分位点ほど基準点へ近づく効果が大きいことが確認できる[58]（第２－２－26図）。

　先行研究でも指摘されている通り、最低賃金の引上げは、介入の影響を直接受ける労働市場だけでなく、周辺の労働市場へのスピルオーバー効果を有しており、その効果は労働力としての代替性の強さに応じて最低賃金に近づくほど大きくなることが確認される[59]。また、そのスピルオーバー効果は、非正規雇用者の中では60％分位点まで統計的に有意に及び、最低賃金水準を上回る雇用者の賃金にも幅広くプラス効果がみられる。

第２－２－26図　最低賃金上昇による時給分布への影響

最低賃金の上昇は統計的に有意に下位の賃金分布を圧縮

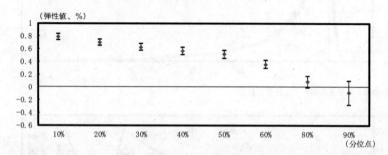

（備考）　1．リクルートワークス研究所「全国就業実態パネル調査」及び厚生労働省「地域別最低賃金改定状況」により作成。リクルートワークス研究所の調査は、2016年から2022年に実施された調査の調査票を使用している。
　　　　　2．アンケート調査において時給を回答している非正規雇用労働者のデータを用いて、最低賃金の引き上げが時給の各分位点に与える影響を、70％分位点を基準として分析した。詳細については付注２－５を参照。
　　　　　3．推定値の上下のバーで挟まれた区間は、95％信頼区間を表す。

　ただし、こうした時給の上昇が、非正規雇用者の所得の上昇につながっているかという観点からは留保を要する。過去の経済財政白書でも指摘した通り、社会保障制度や企業の福利

---

[57] 具体的には、賃金分布の分位点間距離の変化を、地域別最低賃金の相対水準に回帰した。詳細は付注２－５を参照。Lee（1999）は、アメリカにおいて、最低賃金引上げの効果を、賃金の中央値を基準に分布の圧縮効果として計測したが、中央値を超える水準の賃金に対する影響も指摘した。これを受けて、Bosch and Manacorda（2010）は、70％分位点を基準に計測する方法を提示した。日本では、Kambayashi et al.（2013）が厚生労働省「賃金構造基本統計調査」を用いて70％分位点を基準に時給の分布圧縮効果を計測している。

[58] 第２－２－26図は、結果のサマリーとして、10％分位点から90％分位点までの10％分位点ごとの弾性値（最低賃金と70％分位点の距離の変化に対する、各分位点と70％分位点の距離の変化）の点推定値とその90％信頼区間を示した。例えば、最低賃金と70％分位点の距離が１％縮まると、10％分位点と70％分位点の距離が0.8％縮まることを示している。

[59] 神林（2017）を参照。

厚生制度が、世帯の非主稼得者（主稼得者の配偶者等）の就業調整のインセンティブを高めており[60]、時給が上昇した場合に就労時間を調整する労働者が存在している可能性がある。実際、非主稼得者の週当たり労働時間の分布をみると、20時間前後と比較的労働時間の短い部分に分布の山が存在する（第2－2－27図）。さらに、2015年以降時系列で分布の変化をみると、上述した通り時給の上昇が実現する中で、20時間前後に存在する山の左側の裾野が年々厚くなっており、上述した「壁」を意識した労働時間の調整が生じている可能性が示唆される。

第2－2－27図　非主稼得者の週当たり労働時間の分布

非主稼得者では、週の労働時間を20時間未満に抑える層の割合が増加

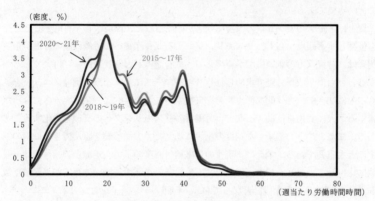

（備考）1．リクルートワークス研究所「全国就業実態パネル調査」により作成。
　　　　2．労働時間は12月の平均的な週当たり就業時間を聞いている。

（リスキリングと労働移動の円滑化を促す取組が重要）

本節で確認した事項を基に、構造的な賃上げに向けて必要な施策について整理したい。第一に、感染拡大以降に1年以上の長期失業者が増加するとともに、ハローワークでの求人充足率の低下傾向が続いている。また、この間のデジタル化の進展を含め、企業の労働需要に変化の兆しがうかがわれ、今後求人と求職のミスマッチが拡大する可能性も考えられる。こ

---

[60] 内閣府（2022）では、短時間労働者に対する被用者保険の適用が年収106万円以上の要件を満たすことや、健康保険及び国民年金の被扶養者認定基準が年収130万円未満であることによる「106万円・130万円の壁」を指摘している。内閣府（2021）では、これに加えて、税制における配偶者控除・配偶者特別控除の適用基準となる103万円、150万円を基準に、企業の福利厚生として配偶者手当を支給する事例が多い点も指摘している。

うした中で、「求職者支援訓練[61]」「公共職業訓練[62]」といった諸制度の量・質の強化を通じ、IT関連など人手が不足している専門分野での訓練受講機会を増やす工夫などを行うとともに、前職とは異なる分野の仕事にも関心を持てるような仕組みを設けるなどリスキリングの更なる充実[63]によって、失業者が可能な限り早期に希望する仕事に就けるようにし、その後の就業継続につなげることが重要である。

　第二に、テレワークの実施割合などの賃金以外の面での非正規雇用と正規雇用の働き方の差が広がっている可能性も指摘した。これらが両雇用形態間の不合理な処遇差の残存に起因するものなのか、タスク内容・スキルの差に起因するものなのか定かではないが、この結果を踏まえると、前者であれば同一労働同一処遇の推進の余地が、後者であればリスキリングによる非正規雇用の処遇改善の余地が残されていることを示唆しており、こうした取組を進めていくことが重要である。

　第三に、賃上げ・モチベーションの改善に効果が確認された、環境改善を目的とした自発的な転職を後押しする観点からも、リスキリングによる成長産業への労働移動の促進が重要である。例えば、官民双方の訓練機関が連携して、教育訓練がどう就業に結び付いているか明らかにするとともに、成長分野で求められるスキルニーズに合うように訓練メニューを見直していくことに加えて、主体的な能力開発を支援することを目的に、企業ニーズに合った訓練を受講する個人に費用を補助するなど、労働者のリスキリングへの支援を強化することが重要である。また、こうした新たな制度の創設に加えて、労働移動を阻んできた旧来の制度を見直すことも重要である。例えば、現行の退職給付制度の下で、退職金の給付額は一般に勤続年数に比例して上昇し、税制面においても受給時の退職所得控除の算定額が勤続年数20年を境に大幅に増えるような設計となっており、転職のディスインセンティブになっている[64]。加えて、労働移動の円滑化には官民双方の職業紹介機関の仲介機能を一層高めることが鍵となると考えられる。なお、こうした労働移動の円滑化や、労働市場での人材配置の最適化においては、労働市場に存在する、又は新たに生まれる様々な仕事や職業の内容について、求職者や仲介機関の担当者などに対して幅広い情報提供が行われることが望ましいことから、我が国でも2020年から厚生労働省が公開している職業情報提供サイト[65]の拡充も重要と考えられる。

　第四に、最低賃金の引上げ効果については、我が国ではこれまで継続的に最低賃金を引き

---

[61] 主に雇用保険を受給できない求職者に対するセーフティネットとして、訓練受講機会と受講期間中の生活支援給付を行い、再就職、転職、スキルアップを目指す制度。

[62] 主に雇用保険を受給している求職者を対象とした職業訓練制度。

[63] 厚生労働省（2022b）では、IT専門訓練を受けても情報技術者としての就職につながっていない場合も多いことから、企業実習を通じて情報技術者として働くことのイメージづくりを行うことや、訓練受講後の具体的な求人情報の提供などを提案している。また、福祉・介護分野については、前職が異なる場合でも仕事内容の共通点を紹介するなどの工夫の必要性を指摘している。

[64] 内閣府（2021）の第3章を参照。

[65] アメリカの職業情報提供サイトであるO*NET OnLineの日本版として開発・公表されている。

上げる中にあっても相対的に賃金の低い層の失業率の著しい変化は確認されておらず、賃金格差縮小に効果を発揮したと考えられる。また、最低賃金引上げを家計の所得増加につなげていく観点からも、就労を阻害する社会保障制度等の改善を早急に図る必要があろう。

第3節　まとめ

　本章では、物価上昇下で実質所得が減少していることを踏まえて、我が国の個人消費が今後も回復を続けていくための課題を整理した。まず、第1節の分析によれば、物価上昇に対する家計の生活防衛意識は所得階層間で差が出ており、特に低所得者層では、消費性向の改善ペースに鈍化がみられる。物価上昇による家計負担の増加に伴い、消費者マインドの悪化が続き、今後ラグを伴って消費の下押し圧力となる可能性がある。こうした影響を軽減する観点からは、感染拡大下の行動制限等により蓄積した超過貯蓄も、そのマクロ的な規模を踏まえれば一定の下支え効果が期待されるが、①過去の平均的な預貯金増加が消費支出を押し上げる効果は限定的であること、②超過貯蓄の水準は世帯の所得規模等に応じて異なっており下支え効果は一律には期待できないことなどを踏まえると、景気の腰折れを未然に防ぐには、短期的には家計負担の軽減策が有効と考えられる。政府は、累次の対策に加え、「物価高克服・経済再生実現のための総合経済対策[66]」を閣議決定し、エネルギー・食料品に重点を置いた物価高騰対策を実施している。こうした施策は、基礎的支出割合が高い低所得層ほど恩恵が相対的に大きいと考えられ、消費者マインドの悪化が特に顕著だった低所得者層に重点を置きながら[67]、国民生活を広く下支えする効果が期待される。他方、感染拡大前から消費性向が構造的に低下傾向にあるなど、我が国の個人消費はコロナ禍以前の景気拡大局面でも力強さを欠いてきた。そうした構造的な下押しの背景には、若年層を中心に、期待される生涯所得が伸び悩むなど雇用・所得環境の将来的な見通しが明るくない中で、老後への不安の高まりがあった。すなわち、コロナ禍以降の個人消費の回復をより息の長く力強いものへとしていくためには、構造的な賃上げ環境の構築を通じて、先行きに対する懸念を軽減していく取組が重要である。あわせて、将来不安の軽減に向けて、高齢者の就労促進やデジタル技術の活用を通じた医療費・介護費の抑制を含め、社会保障制度の持続可能性を高めていく取組も同様に進めていく必要がある。

　第2節では、こうした背景を踏まえて、労働市場の概観と、労働移動や最低賃金の役割に注目し、構造的な賃上げの実現に向けた施策の効果や課題について議論を行った。足下、我が国の労働市場はウィズコロナの新たな段階への移行が進められる中で総じて改善してきたが、感染拡大を経た変化の兆候も観察された。特に、①デジタル化を進める企業が求めるス

---

[66] 令和4年10月28日閣議決定。
[67] 物価上昇抑制策に加え、物価高から生活を守る支援策として、2022年春以降、住民税非課税世帯への給付金や低所得子育て家庭に対する給付金の支給等が行われている。

キルが変質する中で長期失業者が増加するなど、労働市場におけるミスマッチが発生し、②自発的な転職による賃金・モチベーションへのポジティブな効果は確認できる一方で、労働移動は足下で持ち直しの動きがあるものの、依然として感染拡大前と比較して活発な状況には至っていない。他方で、企業側ではコロナ禍以降、従業員のモチベーションやエンゲージメントの向上を狙いとして賃金制度を見直す動きもみられており、自社の人材を活かすための賃金のあり方に関する意識の高さがうかがえる[68]。こうしたことを背景に、リスキリングの強化を通じて、失業者の就業支援や成長産業への労働移動を活性化させる取組を強化する必要が高まっている。政府は、「物価高克服・経済再生実現のための総合経済対策」の柱として、上述の物価高対策に加えて、構造的な賃上げに向けた人への投資の強化を掲げた。具体的には、5年間で1兆円の支援パッケージを用意し、非正規雇用を正規雇用に転換する企業、転職・副業を受け入れる企業、労働者の訓練を支援する企業への支援を新設・拡充するほか、転職支援に向けてリスキリングから転職までを一気通貫で専門家に相談できる制度を新設する方針となっている。コストプッシュ型インフレが進み、交易条件の悪化が実質賃金の押下げにつながっている状況を踏まえれば、こうした施策を通じて労働移動の活性化を促し、一国全体の労働生産性をより高めていく必要がある。さらに、労働分配率を引き上げ、賃金格差を是正していく観点から最低賃金の引上げや、労働供給を阻害する社会保障制度の在り方の見直しも引き続き重要である。

---

[68] 日本生産性本部が2022年11月に行ったアンケート調査結果によれば、回答した155社のうち2020年度から2022年度に賃金制度を変えたか変える予定の企業の割合は4割を超え、その狙いとして6割近くが「社員のモチベーション・エンゲージメント向上」を挙げている。

第3章
企業部門の動向と海外で稼ぐ力

第3章　企業部門の動向と海外で稼ぐ力

　ウィズコロナの下での経済社会活動の正常化、ロシアによるウクライナ侵略を背景とした原材料価格の高騰、急速な円安の進展など、我が国企業部門を取り巻く環境は2022年に大きく変化した。本章では、こうした環境変化が企業部門に与える影響を分析するとともに、そうした環境の下で浮かび上がる今後の成長に向けた課題について議論していく。本章の構成は、以下のとおりである。

　まず、第1節では、コロナ禍と世界的な物価上昇、供給制約の影響に直面する中での我が国の企業部門の動向をみていく。感染拡大と経済活動の制限が繰り返されてきた状況から、ウィズコロナへの移行によって経済活動が正常化に向かう中、我が国企業のコロナ禍からの回復過程がいかなるものであったかを総括するとともに、2022年に生じたロシアによるウクライナ侵略に伴い拍車がかかった世界的な物価上昇や中国のロックダウン等による企業部門への影響を確認していく。

　第2節及び第3節では、原材料価格の高騰に伴う貿易収支の悪化と経常収支の赤字転化、円安の進展といった対外経済関係に大きな注目が集まる中、我が国の海外で稼ぐ力に着目した分析を行う。具体的には、第2節では、第1章で確認した経常収支の動向について長期的な観点から考察を行い、我が国の対外経済構造の長期的な変化及びその背景について確認する。第3節では、今後我が国企業が海外で稼ぐ力を高めていく上での手がかりの一つとして、現状では海外で稼ぐ力が限定的であり、したがって今後の成長余地が大きく残されている分野である中小企業と農林水産業の輸出、インバウンドの動向と課題を考察する。

　最後に、第4節で全体を総括する。

第1節　企業部門の概観

　本節では、我が国企業部門について、コロナ禍からの回復、世界的な物価上昇、供給制約の動向などを踏まえつつ、生産、収益、設備投資の動向を中心に確認していく。

1　鉱工業生産

（生産は供給制約の影響で一進一退の動き）

　2022年の製造業の生産は、2021年から継続していた部品等の供給制約の影響に加え、春の中国でのロックダウンの影響から、年前半に水準を切り下げたものの、年後半は、ロックダウンの影響が緩和される中で、世界的に堅調な投資財の需要なども背景に持ち直しの基調が続いてきた。こうした動きを確認するため、コロナ禍以降の我が国製造業の動きを振り返ってみよう（第3−1−1図）。

　鉱工業生産は、2020年4月から5月にかけて、我が国初の緊急事態宣言の発令の下で大幅に減少したが、その後は、2021年初頭まで堅調に回復した。2021年4月にはコロナ禍前である2019年12月の水準を上回るなど、経済回復が早かった中国やアメリカ等の海外需要を取り込みながら、輸出にけん引されていち早い回復が実現した。

　一方で、2021年春以降の生産は半導体等の供給制約の影響を受け、一進一退の動きを続けている。特に、2021年夏のデルタ株の流行に伴う東南アジアでの工場停止、2022年春の中国でのロックダウンの影響は顕著であり、その時期に大きく生産水準を切り下げるなど、我が国の生産活動がサプライチェーンを通じて、供給面から下押しされるリスクが顕在化したといえる。もっとも、感染拡大によって生じる供給制約の影響は一時的であり、感染状況が落ち着いた後には切り下がった生産水準が早期に持ち直している。他方で、こうした状況が繰り返し生じる中において、生産は2021年春以降を均してみればコロナ禍以前より低い水準で推移しており、いまだ本格的な回復が実現したとは言い難い。

第3-1-1図　生産・出荷・在庫・在庫率の動向

生産は供給制約の影響で一進一退の動き

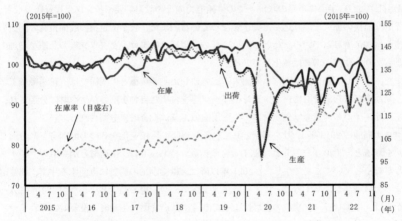

（備考）　1．経済産業省「鉱工業指数」により作成。
　　　　　2．季節調整値。

（2022年以降は、生産用機械等の投資財が生産の伸びをけん引）

　次に、こうした生産の動きを主要業種別に見てみよう（第3-1-2図（1））。

　自動車を中心とした輸送機械工業の生産は、2022年を通じて、コロナ禍以降の回復過程で生じた世界的な半導体供給不足の影響が続いており、徐々に緩和されてはいるものの、2022年末時点で解消の目途は立っていない。これまでの動向を振り返ると、輸送機械工業の生産

は、緊急事態宣言下においてコロナ禍以前の約半分程度の水準まで減少したが、その後 2020 年 10 月にはコロナ禍以前の水準まで回復するなど、鉱工業生産全体の回復をけん引した。2021 年以降は車載用半導体の供給制約によって需要に対応して生産量を増やすことができず、デルタ株及びオミクロン株の感染拡大、中国ロックダウンといったタイミングで度々減少しては反発する動きを繰り返している。こうした中、大手自動車メーカーの計画では生産の回復が見込まれている一方、中国の感染再拡大の状況等も含めて供給制約の影響が再び強まる可能性も残されており、先行きの動向を注視する必要がある。

　ＩＣ（集積回路）や液晶パネル等の生産を中心とする電子部品・デバイス工業は、2020 年春の落ち込みも相対的に小さく、その後はコロナ禍における巣ごもり需要の増加、ＰＣやスマートフォン関連の市場拡大などを背景に 2022 年初頭まで堅調に増加を続けた。しかし、2022 年に入ってからは、中国ロックダウンの影響を受けた後、夏頃から弱い動きへと転じている。半導体に対するニーズは底堅い一方で、ＰＣ・スマホ向けを中心としたコロナ禍での生産の拡大局面は一服したものと考えられる。

　生産用機械工業の生産は、2020 年 8 月以降堅調に増加を続けており、とりわけ、2022 年夏には伸び率をさらに加速させて増加した。特に、半導体製造装置や建設・鉱山機械の増加がけん引しており、半導体不足の状況下での供給能力向上の設備需要やインフラ投資需要など、世界的な需要の拡大を取り込んだ動きとなっている。また、我が国企業の設備投資の回復も生産の増加に寄与している。ただし、2022 年の秋以降、中国ロックダウン後の急速な増加の反動もあり、生産の増勢は鈍化している。

　また、こうした動きを財別にも確認する。先述した主要業種との関係では、輸送機械工業は、乗用車が専ら消費財に、エンジンやパーツ等を含めた自動車部品が生産財に分類され、電子部品・デバイス工業は生産財に、生産用機械工業は投資財に分類される。

　コロナ禍前の 2019 年 12 月を基準として、それ以降の累積変化を 3 つの財別寄与に分解した図をみると、2020 年にみられた鉱工業生産指数の持ち直しは、生産財と消費財のマイナス寄与が縮小していくことで生じた。2021 年以降は、供給制約の影響に直面する中で、消費財のマイナス寄与が増減することによって生産全体が一進一退の動きとなった。2022 年に入ってからは、中国ロックダウンの影響によって 5 月には消費財・生産財・投資財いずれもマイナスとなった。その後は、生産用機械に代表される投資財がプラスに転じたこと、また供給制約の影響が和らぐ中で輸送機械工業を中心に消費財・生産財のマイナス寄与が縮小されたこと等によって夏場まで増加がみられたが、秋以降は生産用機械の生産調整等の影響から投資財のプラス寄与が縮小している。（第３－１－２図（２））。

第3－1－2図　主要業種別にみた鉱工業生産の動向

2022年以降は、生産用機械等の投資財が生産の伸びをけん引

（1）主要業種別の動向

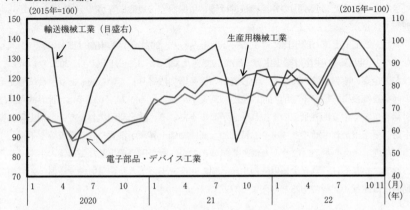

（2）財別累積寄与

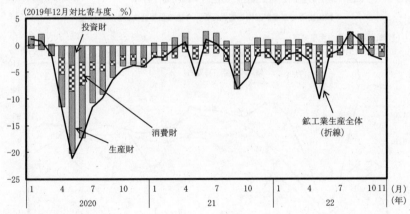

（備考）　1．経済産業省「鉱工業指数」により作成。
　　　　　2．季節調整値。

（輸出主導で生産が回復してきた中、今後の世界経済の動向に注視）

　こうした製造業の生産動向は、我が国の輸出動向と連動している。

　輸出数量指数をみると、自動車等の輸送用機器、半導体等電子部品や通信機等の電気機器
及びエポキシ樹脂など半導体に必須となるプラスチック、半導体製造装置や建設・鉱山機械

等の一般機械の動向は、鉱工業生産の主要業種別の動向と整合的であることが確認できる（第３－１－３図（１））。

　これは、コロナ禍での鉱工業生産が、いち早く立ち上がる海外需要を取り込む形で回復してきたこと、また、我が国の輸出の根幹は輸送用機器や一般機械等が支えていることからも理解できる。

　実際、鉱工業出荷の前年比に対する寄与度をみると、2021年は輸出向け出荷の寄与が高くなるなど、我が国の生産は輸出主導で回復してきた（第３－１－３図（２））。2022年以降は、我が国企業の設備投資の持ち直しが投資財の生産増加に寄与している面もあり、今後も企業の高い設備投資意欲の下で国内向け生産の回復が期待される一方、2023年は、世界的な金融引締めが続く中で海外景気の下振れ懸念が高まっている。欧米諸国において、金利上昇が資本財需要を下振れさせるリスクや、持続的な高い物価上昇率が消費や設備投資等を下押しする可能性も考えられる。こうした海外景気の動向が、我が国の輸出及び製造業の生産に与える影響、とりわけ、コロナ禍以降の生産活動の回復を支えてきた消費財や投資財への需要の動向には注意が必要であるといえよう。

第３－１－３図　輸出の動向と鉱工業出荷の国内・輸出向け寄与
輸出主導で生産が回復してきた中、今後の世界経済の動向に注視

（１）輸出数量指数（主要品目）

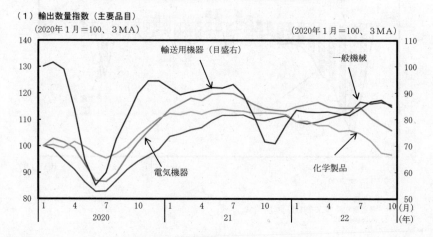

（2）鉱工業出荷への国内向け・輸出向け別寄与度分解

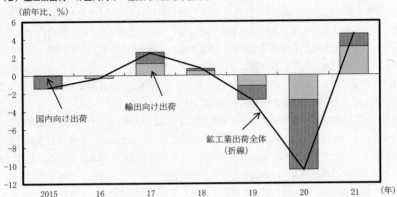

（前年比、%）

（備考）　1．財務省「貿易統計」、経済産業省「鉱工業出荷内訳表」により作成。
　　　　　2．（1）は内閣府による季節調整値。（2）は原数値。
　　　　　3．（1）は後方3か月移動平均。

2　企業収益

（コロナ禍での企業収益の回復は製造業がけん引）

　次に、企業収益の動向について、コロナ禍後の回復過程に注目しながら確認していく。

　企業の経常利益は、2020年4-6月期に、我が国初の緊急事態宣言の下で大幅に減少した。経常利益の水準は、コロナ禍直前の2019年10-12月期に18.7兆円であったのに対し、2020年4-6月期は9.0兆円と半分以下になり、改めて新型コロナウイルス感染症の経済活動への影響の大きさを示す結果となっている。

　しかしながら、前項でみた鉱工業生産と同様、その後の回復は早く、3四半期後の2021年1-3月期にはコロナ禍前の水準を上回るまで回復した。以降は、2021年半ばまでおおむね横ばい程度で推移したが、2021年末から再び増加基調となり、2022年4-6月期には過去最高水準となった[1]。2022年7-9月期は、前期比では僅かながらマイナスとなったものの、水準は高く推移しており、企業収益は総じてみて好調であるといえる（第3-1-4図（1））。

　次に、こうしたコロナ禍での経常利益の回復を業種別に見てみよう。コロナ禍前を基準として経常利益の伸び率と業種別の寄与内訳をみると、製造業と非製造業とでは経済活動の制約の状況等を反映して回復過程に違いがあったことがわかる（第3-1-4図（2））。

---

[1] 2022年4-6月期の経常利益は24.5兆円。それまでの過去最高水準は2018年4-6月期の23.7兆円。

　　まず、製造業では、2020年4－6月期に大きくマイナスとなった後、僅か2四半期後の2020年10－12月期にはコロナ禍前の水準を上回り、2021年前半までプラス寄与を拡大して推移した。これは、製造業の生産が海外経済を取り込んでいち早く回復したことと整合的であり、また、コロナ禍での巣ごもり需要もあり財消費が総じて堅調であったことも背景として考えられる。その後、2021年7－9月期には世界的なデルタ株の感染拡大による供給制約の影響からプラス幅を縮小したが、2021年10-12月期から2022年7－9月期までは、円安による利益の押上げもあり再びプラス幅を拡大しながら推移している。

　　一方、非製造業では、2021年7－9月期までコロナ禍前比でのマイナス寄与が継続している。2020年4－6月期と比べればマイナス幅を縮小させているものの、度重なる感染拡大と行動制限の下、飲食・旅行・娯楽などのサービスを中心に消費が抑制されてきたこと等により、コロナ禍前の水準回復には時間を要した。その後は、ワクチン接種の進展と感染拡大の落ち着きを背景にしたサービス消費の立ち上がりを受け、2021年10－12月期にコロナ禍前の水準を上回った。2022年以降は、ウィズコロナの下での経済社会活動の両立が進展したことに伴い、プラス寄与を維持して推移している。もっとも、年初と夏のオミクロン株の感染拡大時期にはプラス寄与の減少がみられており、感染状況によって経常利益に影響を受けるという構造自体は継続している。

　　このように、コロナ禍における企業収益の回復は製造業によってけん引されてきたといえる。

第3－1－4図　経常利益の動向

コロナ禍での企業収益の回復は製造業がけん引

（1）業種別の経常利益（全規模）

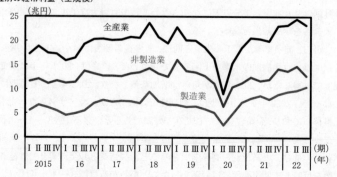

（2）経常利益伸び率と業種別の寄与内訳（コロナ禍前比）

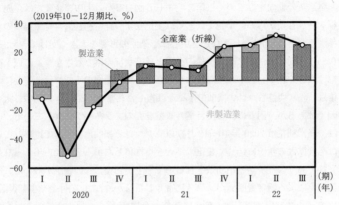

（備考）財務省「法人企業統計季報」により作成。季節調整値。

（中小企業では各種の支援策がコロナ禍での経常利益を下支え）

　こうした経常利益の回復がどのような要因によってもたらされてきたか、業種別・企業規模別に見てみよう。

　まず、製造業についてみていく（第3－1－5図（1））。大中堅企業では、コロナ禍前比でみた売上高要因のマイナス幅が徐々に縮小して 2021 年4－6月期にはプラスに転じ、その後もプラス幅を拡大して推移するなど、売上が早期に回復したことが大きな要因であったことがわかる。加えて、2022 年以降は為替が円安に進んだことを背景に営業外収益要因のプラス幅も大きくなっている。一方の中小企業では、売上高要因がプラスに転じたのは 2022 年7－9月期であり、売上の回復に時間を要した。他方で、営業活動に係る費用の削減等によって固定費要因がプラス寄与となっているほか、持続化給付金[2]や事業復活支援金[3]等の効果もあり営業外収益もプラス寄与で推移したことにより、経常利益は 2020 年 10－12 月期以降プラスで推移している。なお、2022 年度以降は、大中堅企業・中小企業ともに変動費要因が大幅なマイナス寄与となっており、原材料価格高騰に伴うコスト上昇が経常利益の圧迫要因

---

[2] 新型コロナウイルス感染症拡大により特に大きな影響を受ける事業者の事業の継続を下支えするため、ひと月の売上げが前年同月比で 50%以上減少している中堅・中小企業、小規模事業者、フリーランスを含む個人事業主等に対して、中小法人等は 200 万円、個人事業者等は 100 万円を上限に給付。支給実績は、約 424 万件、約 5.5 兆円。

[3] 2021 年 11 月から 2022 年 3 月のいずれかの月について、新型コロナウイルス感染症の影響により、売上が 50%以上、又は 30%以上 50%未満減少した中堅・中小企業、小規模事業者、フリーランスを含む個人事業主等に対して、法人は事業規模に合わせて最大 250 万円、個人事業者等は 50 万円を上限に給付。2022 年 11 月 14 日時点で、約 230 万件、約 1.7 兆円を支給。

となっている。

　次に、非製造業の動向をみていく（第3－1－5図（2））。大中堅企業では、売上高要因
は2020年7－9月期からの一年間で大きくは変化せず、経常利益もコロナ禍前の水準を下
回って推移するなど、対面サービスなどを中心に感染症の影響を大きく受けてきた。その後、
2021年10－12月期には、ワクチン接種の進展と感染状況の落ち着きを背景に売上高要因の
マイナス幅は大きく縮小し、2022年以降はウィズコロナの進展の下でプラス寄与に転じてお
り、その結果、経常利益もコロナ禍前の水準を回復した。また、2022年以降は、大手商社等
の個社要因ではあるが、円安によって営業外収益要因のプラス幅が拡大している。一方、中
小企業では、経常利益は2020年10－12月期以降、コロナ禍前比プラスで推移している。売
上高要因は感染拡大の状況に応じて変化幅が大きく推移しながらも2021年7－9月期まで
マイナス寄与であり、経済活動が制限される中で売上が回復しない状況が続いた。他方、時
短営業の実施等による固定費削減がプラスに寄与したほか、持続化給付金や事業復活支援金、
新型コロナウイルス感染症対応地方創生臨時交付金[4]を活用した協力金等の支援策もあって
営業外収益がプラス寄与となったことで、売上が低迷する中でも経常利益がプラスとなって
いた。

　このように、大中堅企業では、製造業が売上の回復を背景に経常利益を早期に回復させた
一方で、非製造業では回復に時間を要するなど、先述した全規模の業種別動向と同様の構図
となっている。中小企業では、製造業・非製造業ともに、売上高の回復には時間を要したも
のの、固定費の削減のほか各種の政策的な支援が相応の下支えとなって経常利益は早期にコ
ロナ禍前比でプラスとなっており、コロナ禍での回復過程は業種や企業規模に応じてそれぞ
れ特徴あるものであった。

---

[4] 新型コロナウイルス感染症の感染拡大防止とともに、感染拡大の影響を受けている地域経済や住民生活
を支援し地方創生を図るため、地方公共団体が地域の実情に応じて、きめ細やかに必要な事業を実施でき
るよう創設された地方公共団体向け交付金。感染拡大に対する都道府県による営業時間短縮要請やそれに
伴う協力金の支払い等の機動的な対応を支援するため、2020年11月に、「協力要請推進枠」が創設され
た。

第３－１－５図　経常利益の要因分解（業種別・規模別）

中小企業では各種の支援策がコロナ禍での経常利益を下支え

（１）製造業

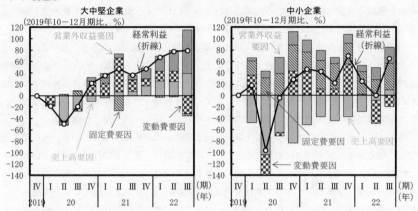

（２）非製造業

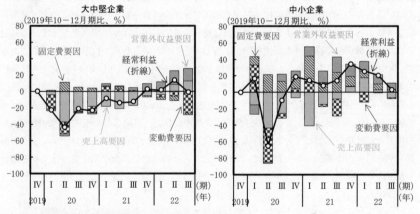

（備考）１．財務省「法人企業統計季報」により作成。季節調整値。
　　　　２．経常利益の要因分解は、次式により求めた。

$$\frac{\Delta経常利益}{経常利益_{19/10-12期}}=\underbrace{\frac{(1-変動費率)\times\Delta売上高}{経常利益_{19/10-12期}}}_{売上高要因}-\underbrace{\frac{売上高_{19/10-12期}\times\Delta変動費率}{経常利益_{19/10-12期}}}_{変動費要因}-\underbrace{\frac{\Delta固定費}{経常利益_{19/10-12期}}}_{固定費要因}+\underbrace{\frac{\Delta営業外収益}{経常利益_{19/10-12期}}}_{営業外収益要因}$$

　　　　ただし、変動費＝売上高－経常利益－固定費用＋営業外収益
　　　　　　　　変動費率＝変動費／売上高
　　　　　　　　固定費用＝人件費＋その他固定費用（減価償却費、支払利息等）
　　　　　　　　営業外収益＝受取利息等＋その他営業外収益
　　　　　　　　分子の変化幅（△）は2019年10－12月期との比較

（大中堅企業では円安による収益増加が原材料価格高騰の影響を相殺）

　最後に、原材料価格高騰に伴う企業収益への影響と、そうした影響への耐性を製造業で企業規模別に確認していく。具体的には、ロシアによるウクライナ侵略や円安の進行によって原材料価格の高騰に拍車がかかった後の状況をみていくため、2022年度上半期の売上総利益率（いわゆる粗利率）及び売上高経常利益率を確認する（第3−1−6図）。

　製造業の売上総利益率を前年同期（2021年度上半期）と比較してみると、大中堅企業、中小企業ともに売上原価の伸びが売上の伸びを上回っており、その結果、売上総利益率の前年差はマイナスとなっている。企業規模にかかわらず、原材料価格の高騰によるコストの増加が収益を圧迫していることが確認できる。特に、中小企業では売上総利益率の悪化度合いが大中堅企業に比べて大きく、価格転嫁の環境が相対的に厳しい様子がうかがえる。

　さらに、経常利益全体でみると、企業規模による差がより明確になっている。大中堅企業では、売上原価がマイナスに寄与する一方で、円安が進行したことに伴い、海外子会社からの配当金収入が円建てで増加したこと等により営業外収益等が大幅にプラス寄与となっており、その結果、全体としての売上高経常利益率の前年差はプラスとなっている。すなわち、原材料価格高騰の影響はみられるものの、それらのマイナスの影響は円安による収益増によって相殺されている。他方で、中小企業においては、販売管理費の抑制によって一部補塡してはいるものの、大中堅企業に比べて売上原価のマイナス寄与が大きいことに加え、営業外収益等によるプラス寄与も小さく、売上高経常利益率の前年差はマイナスとなっている。

　また、原材料価格高騰への耐性をいかに有しているかという観点では収益力が重要であるが、大中堅企業と中小企業との収益力の差は2000年代を通じて拡大している。売上高経常利益率の推移を企業規模別にみると、大中堅企業と中小企業との差は2000年初頭には僅か0.5%ポイント程度であったが、リーマンショック前には2.0%ポイント程度まで拡大し、その後、リーマンショックによる世界経済の需要減速に伴い一旦縮小したものの、2010年頃から両者の差は再び拡大している。特に2010年代後半以降は、2020年のコロナショックの影響を除き、中小企業がおおむね横ばいで推移しているのに対し、大中堅企業では上昇を続けており、その結果、2022年7〜9月期時点の差は4%ポイント弱まで拡大している（第3−1−7図）。

　このように、現下の物価上昇に伴う原材料コストの増加は企業の収益の圧迫要因となっているが、影響の度合い及びそうした状況への耐性という面では、大中堅企業と中小企業とで大きな差があり、したがって、現下の状況は中小企業においてより厳しい状況となっているものといえる。

第3－1－6図　製造業の売上総利益率、売上高経常利益率の変化（2022年度上半期）

大中堅企業では円安による収益増加が原材料価格高騰の影響を相殺

（1）大中堅企業

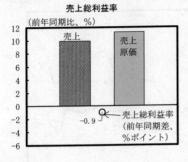

売上総利益率

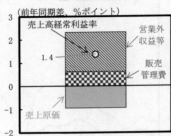

売上高経常利益率

（2）中小企業

売上総利益率

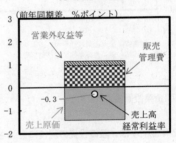

売上高経常利益率

（備考）財務省「法人企業統計季報」により作成。

第3－1－7図　売上高経常利益率の推移

大中堅企業と中小企業との収益力の差は拡大

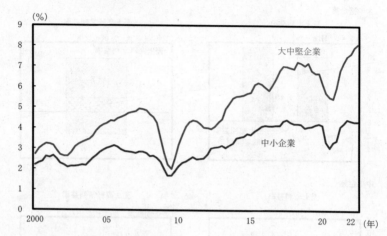

（備考）　1．財務省「法人企業統計季報」により作成。
　　　　　2．全産業の値。後方4四半期移動平均

3　民間企業設備投資

（2022年度前半は、設備投資の回復に力強さ）

　前項では、企業収益の回復状況をみてきたが、こうした収益の回復によって増加した現預金などの手元資金が、企業の成長につながる投資に向かっているかという観点で、民間企業設備投資の動きをコロナ禍以降の期間を通して振り返ってみよう（第3－1－8図（1））。設備投資は、2020年7－9月期に水準を切り下げ、年率換算の金額でコロナ禍以前の最高水準から9兆円以上のマイナスとなった[5]。その後は、2021年前半までは緩やかながら回復を続けたが、2021年7－9月期には世界的なデルタ株の感染拡大に伴う部材の供給制約に直面して再びマイナスとなり、その後も、特に実質ベースでは一進一退の動きとなるなど、回復が鈍い状況が続いた。しかし、2022年度（2022年4－6月期）に入って以降は、2四半期連続で高めの伸びでのプラス成長となった。その結果、2022年7－9月期[6]には、名目ベースでみればコロナ禍以前の最高水準（年率換算）を2兆円以上上回るなど、回復に力強さがうかが

---

[5] コロナ禍以前の過去最高水準は2019年7－9月期の名目94.2兆円、実質93.4兆円であったのに対し、2020年7－9月期の水準は名目で84.8兆円、実質で84.3兆円（いずれも2022年7－9月期GDP2次速報（季節調整値年率換算））。
[6] 名目で96.6兆円、実質で89.9兆円（2022年7－9月期GDP2次速報、季節調整値年率換算）。

える。

　続いて、こうした設備投資の動向を性質別に確認してみよう。我が国の設備投資の約半分[7]を占める機械投資は、2020年8月を底として2021年夏頃まで増加を続け、その後、2021年後半には増勢が鈍化したものの、2022年以降は再び増勢が増している（第3－1－8図（2））。

　設備投資の約4分の1を占める非住宅の建設投資について、先行指標である建築工事費予定額をみると、2022年の春頃を境に伸びを高めている（第3－1－8図（3））。用途別の動きもみると、工場等の製造業用や倉庫等の運輸業用のプラス寄与が高まっている。2021年には都市部の再開発等を含む不動産業用の寄与が高く、コロナ禍以降の回復をけん引してきたが、2022年の回復は、不動産業用の寄与が剥落する一方で、倉庫や工場の新設といった取組が出てきていることが特徴的である。

　ソフトウェア投資は、増加傾向が続いている（第3－1－8図（4））。コロナ禍でのテレワークの進展やデジタル化の加速化などにより、総じてみれば2020年春以降の回復基調が続いている。

第3－1－8図　民間企業設備投資の動向

2022年度前半は設備投資の回復に力強さ

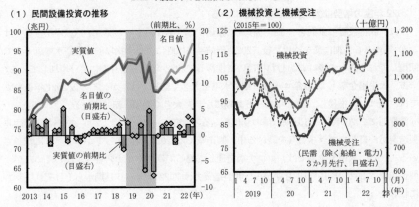

（1）民間設備投資の推移

（2）機械投資と機械受注

---

[7] 2020年の設備投資に占める割合は、機械投資が44%、住宅以外の建物・構築物が27%、ソフトウェア及びR＆D等から成る知的財産生産物が29%となっている。

（３）用途別建築工事費予定額

（後方6か月移動平均、2019年12月比、%）

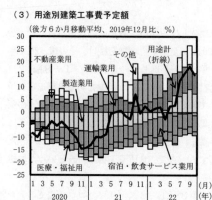

（４）受注ソフトウェア売上高

（十億円）

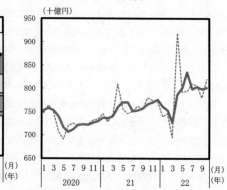

（備考）　1．経済産業省「鉱工業総供給表」「特定サービス産業動態統計」、国土交通省「建設着工統計」、内閣府
　　　　　　「機械受注統計」「国民経済計算」により作成。
　　　　　2．（1）のシャドーは景気後退期。
　　　　　3．（2）の機械投資は、資本財総供給（除く輸送用機械）。
　　　　　4．（2）及び（4）における実線は後方3か月移動平均、点線は単月の値。

（2022年度の増勢は大中堅企業の動きによる）

　次は、設備投資の動向を、企業規模別に確認する（第3－1－9図（1））。中小企業では2020年4－6月期に底をつけた後、2021年前半には既にコロナ禍以前の最高水準近くまで回復しており、その後はおおむね横ばいで推移し、2022年7－9月期に再び増加している。一方、大中堅企業も2020年4－6月期に水準を大きく切り下げたが、その後2021年後半までは、横ばいで推移し、2022年4－6月期になり、大きく増加に転じている。

　業種別に2020年4－6月期以降の変化をみると（第3－1－9図（2））、中小企業では非製造業が一貫してプラス寄与を続ける中、製造業では2021年に入ってからプラスに転じている。一方、大中堅企業では、コロナ禍を通じて総じてみてマイナス寄与が続いていたが、製造業では2021年10－12月期から、非製造業では2022年4－6月期からそれぞれプラスに転じた。

　このように、コロナ禍における設備投資は、中小企業においては早期に回復したのに対し、大中堅企業においては2022年度に入ってから本格的な回復が始まった。大中堅企業は2年にわたって設備投資を控えてきた中で、中小企業が支えてきたという構図の背景には、中小企業の設備不足がコロナ禍以前から大中堅企業に比べて大きかったことや、それまで遅れていたデジタル化への対応がコロナを契機に進展したこと[8]等が考えられる（第3－1－9図

---

[8] 中小企業庁（2022）では、それまで取組が進んでいなかった若しくは全く取り組んでいなかった企業が、感染症流行下でデジタル化の取組を進展させてきたことを指摘している。

（3））。いずれにせよ、設備投資全体に占めるシェアは大中堅企業が高く、先述の 2022 年度に入ってからの設備投資の力強さは、中小企業のみならず、大中堅企業の設備投資の回復が始まったことによってもたらされていることが確認できる。

第３－１－９図　企業規模・業種別の設備投資の動向

コロナ禍の回復は中小企業がけん引し、2022 年度以降は大中堅企業の回復が始まる

（1）企業規模・業種別の設備投資　　　　（2）設備投資への企業規模・業種別寄与

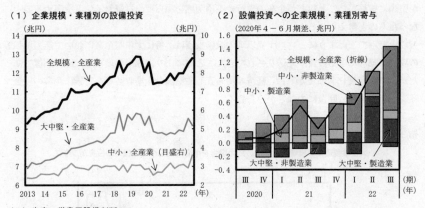

（3）生産・営業用設備判断ＤＩ

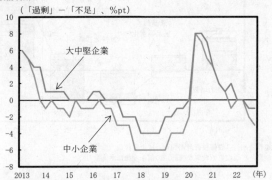

（備考）　1．財務省「法人企業統計」、日本銀行「全国企業短期経済観測調査」により作成。
　　　　　2．大中堅企業は資本金１億円以上、中小企業は資本金１億円未満を指す。

（大企業製造業の投資計画では、能力増強を中心にあらゆる動機での投資がプラス）

次に、日本政策投資銀行による大企業の調査から、設備投資の動機を目的別にみよう（第３－１－10 図）。2020 年度及び 2021 年度には、感染拡大の影響を受け投資が減少したが、中でも新商品・製品高度化や能力増強といった将来を見据えた攻めの動機による投資が大きく

マイナスに寄与している。戦後最大ともいえるＧＤＰの落ち込み、度重なる感染拡大によって先行きが見通せない中、企業が投資を手控えた様子がうかがえる。

　一方で、2022年度の投資計画では、あらゆる動機での投資がプラスに転じており、中でも能力増強はコロナ禍での大幅なマイナスを取り戻すレベルとなっている。ワクチン接種の進展と医療提供体制の強化等を前提に、ウィズコロナの下、経済社会活動と感染拡大防止との両立が進んで経済が持ち直しに向かったこと、また、そうした中で、前項で述べた企業収益が堅調に推移したことなどが企業の先行き不透明感を和らげ、投資マインドを高める要因になったものと考えられる。

　以上でみてきたように、コロナ禍以降の設備投資は、特に大中堅企業において能力増強等の攻めの動機による投資が先送りされてきたこと等により、2021年度までは鈍い回復であったが、2022年度に入ってからは、経済の持ち直しや堅調な企業収益等を背景に企業の投資マインドが高まり、回復に力強さがみられる。

第3－1－10図　設備投資の動機別推移

大企業製造業の投資計画では、能力増強を中心にあらゆる動機での投資がプラス

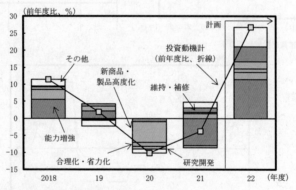

（備考）　1．政策投資銀行「設備投資計画調査」により作成。
　　　　　2．全産業。設備投資（投資動機計）の前年度比は共通会社ベース。

4　民間投資の拡大に向けた課題

（物価上昇の中、実質ベースの投資の回復ペースは名目ベースに比べ鈍い）

　設備投資に本格的な回復がみえるまでには、初の緊急事態宣言によるショックから2年近い月日を要したが、この回復ペースを過去の景気局面（山⇒谷⇒山）と比較する。まず、名目ベースでの設備投資をみると、1997年第2四半期から2000年第4四半期までの景気局面と

同様、比較的落ち込みが浅い段階で底を打ち、その後の回復は同期間に比べても早いペースで進んだことがわかる（第3－1－11図（1））。

　一方で、実質ベースでみると、今回の回復過程は、2000年第4四半期から2008年第1四半期までの景気局面と同程度の回復ペースにとどまるなど、名目ベースとは異なる（第3－1－11図（2））。これは、過去の景気局面において設備投資が落ち込んだ期間は、総じて需給も緩和すると同時に為替増価の影響もあり、民間設備投資デフレーターの伸びがマイナスであった一方、今回は設備投資デフレーターの伸びがプラスになっていることによる（第3－1－11図（3））。このことは、今回の局面における大きな特徴であるといえよう。なお、設備投資デフレーターを形態別にみると、2021年以降はあらゆる分野で上昇しているが、中でも、木材や鋼材など世界的な資材価格の上昇を背景に、住宅以外の建物・構築物のデフレーターの伸びが高い（第3－1－11図（4））。

　このように、コロナ禍における設備投資の回復過程は、企業が実際に投資を行う金額ベース（名目）でみると、過去の景気局面に比して早い回復が実現しており、水準でみても既に直近の景気の山の水準を回復している。一方で、その間に世界的な資材価格の上昇が進んだがゆえに、物価上昇の影響を除いたベース（実質）でみると過去に比べて回復が早いとはいえず、かついまだ直近の景気の山の水準を下回る状態にあるなど、回復は道半ばであるといえよう。

第3－1－11図　過去の景気局面と比較した設備投資の回復過程

名目では過去に比べて早い回復を実現するも、物価上昇により実質では回復ペースが鈍い

（1）景気局面別にみた名目民間設備投資

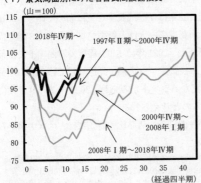

（2）景気局面別にみた実質民間設備投資

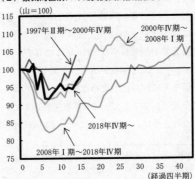

（3）景気局面別にみた民間設備投資デフレーター

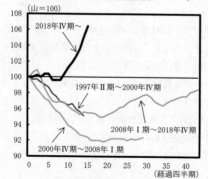

（4）形態別の総固定資本形成デフレーター

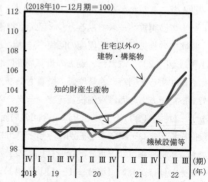

（備考）1．内閣府「国民経済計算」により作成。
　　　　2．（1）～（3）における1997年Ⅱ期～2000年Ⅳ期は第12循環の山から第13循環の山、2000年Ⅳ期～
　　　　　　2008年Ⅰ期は第13循環の山から第14循環の山、2008年Ⅰ期～2018年Ⅳ期は第14循環の山から第16循環
　　　　　　の山、2018年Ⅳ期～は第16循環の山以降の期間を指す。

（コロナ禍からの回復過程で企業の予想成長率は上昇）

　続いて、設備投資の時系列を踏まえた水準感を、資本ストック循環図[9]を用いて確認してみよう（第3－1－12図）。

　資本ストック循環図に沿って企業の予想成長率の推移をみると、リーマンショックの後は2年近くマイナス1.0％の予想成長率に沿って推移していたが、その後景気回復が継続する中で、2011年10－12月期に0.0％の予想成長率まで回復した後、1年強その双曲線上で推移した。2013年以降は景気回復が継続する中で、企業は予想成長率を更に高めていき、2018年には1.5～2.0％の間で推移した。その後は、消費税率引上げと新型コロナウイルス感染症の影響で予想成長率は2020年には0.5％まで低下し、2021年は1.0％程度の双曲線上で推移していた。2022年度に入り、企業もソフトウェア投資やコロナ禍で先送りしていた能力増強投資などに積極的となった結果、右上方向への更なるシフトがみられ、2022年7－9月期には予想成長率として1.5％程度を見込んでいるものと考えられる。

　このように、2022年度に入って以降の企業の設備投資の活発化の背景には、コロナ禍から

---

[9] 資本ストック循環図とは、前年同期の設備投資と資本ストックの比率を横軸に、設備投資の前年同期比を縦軸にとってプロットしたものである。一般に景気回復局面の初期には設備投資の前年同期比が上昇することで上方に移動する。設備投資が進み、設備投資・資本ストック比率が一定程度上昇すると設備投資の伸びが低下し、右下方向へ移動していく傾向にある。その際、各時点において設備投資を通じて追加される資本ストックの伸びから示唆される生産額（GDP）の増加率を機械的に計算することができるため、企業がどの程度の成長率を念頭に置いて設備投資を行っているかの目安を知ることができる。これらの特性を踏まえると、成長予想に大きな変化が生じない場合には、短期的な景気変動に対応する形で、一定の双曲線の周りを循環する姿となる。他方、成長予想などに変化が生じた場合には、右上又は右下にシフトし、新たな双曲線の上を移動することとなる。

の回復過程で企業が予想成長率を高めたことも挙げられるであろう。

第3－1－12図　資本ストック循環図

コロナ禍からの回復過程で企業の予想成長率は高まりがみられる

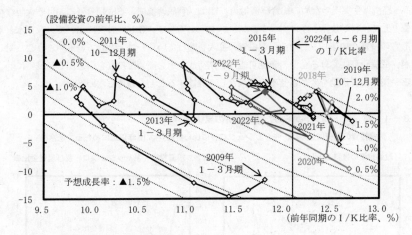

（備考）　1．内閣府「国民経済計算」により作成。
　　　　　2．資本ストック係数の変化率と除却率は1995年1－3月期～2022年4－6月期の平均値。

（成長に向けた投資喚起により、長年にわたる企業の投資姿勢の変革を）

　実質ベースでみた設備投資の回復が道半ばであることは、直近の景気の山のレベルを回復するに至っていないという点のみならず、過去のトレンドで延伸した水準との比較をみれば一層明らかである。仮に、2015年以降の平均伸び率で設備投資が増加した場合と比較すると、直近の 2022 年7－9月期の設備投資はトレンドを年率換算で7兆円程度下回る水準にある（第3－1－13図（1））。

　さらに、より長期的な視点から、企業の投資姿勢を検証するため、設備投資・キャッシュフロー比率を見てみよう。設備投資・キャッシュフロー比率は、1990 年代半ばに100％を割って以降低下傾向にある。2010 年以降は、新型コロナウイルス感染症による一時的な影響が生じた時期を除けば、総じて60％台で推移している（第3－1－13図（2））。

　このように設備投資・キャッシュフロー比率が低く抑えられてきた状況は、我が国企業の投資姿勢が慎重であり続けてきたことを示唆している。企業が慎重な投資姿勢を続け、その裏で現預金を蓄積してきた背景には、長引くデフレの下で実質金利が高止まり、十分に収益性の見込める投資機会を見出すことができなかったことや、経済ショックへの備えなど様々であると考えられる。今後、我が国経済を持続可能で一段高い成長経路に乗せていくために

は、こうした長期にわたる企業の投資行動を変えることができるかが重要であるといえよう。この点において、企業の期待成長率と設備投資見通しとの間には有意な相関関係がみられるところであり（第3－1－14図）、企業の期待成長率を高め、設備投資を引き出していくような政策的な後押しは意義のあるものとなろう[10]。令和4年10月28日に閣議決定された「物価高・経済再生実現のための総合経済対策」では、「官民連携による成長分野における大胆な投資として、科学技術・イノベーション、スタートアップ、ＧＸ、ＤＸにおいて、呼び水となる官の投資を加速し、更なる民間投資の拡大を図っていく」こととしている。こうした対策が、成長分野における企業の予見可能性と期待成長率を高めて投資を引き出し、長年にわたる企業の投資行動を変革させる起爆剤として機能することを期待したい[11]。

第3－1－13図　トレンドからみた設備投資の現状

設備投資の回復は道半ば。キャッシュフローに比した投資は10年以上にわたって低水準

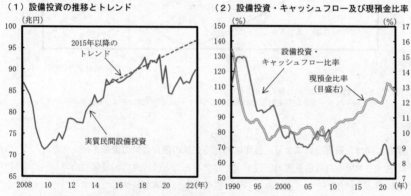

（1）設備投資の推移とトレンド

（2）設備投資・キャッシュフロー及び現預金比率

（備考）　1．財務省「法人企業統計」、内閣府「国民経済計算」により作成。
　　　　　2．（1）の2015年以降のトレンドは、2015年第1四半期から2019年第2四半期までの平均伸び率ライン。
　　　　　3．（2）の設備投資・キャッシュフロー比率は設備投資÷（減価償却費＋経常利益÷2））。現預金比率は現金・預金÷資産合計。後方4四半期移動平均。

---

[10] 内閣府政策統括官（2018）では、2002～16年度を対象に上場企業の財務データを用いて国内設備投資関数の推計を行い、資本収益率やキャッシュフロー比率について有意に正の係数を得ているが、いずれについても世界金融危機を境にパラメータが小さくなっていることを指摘している。
[11] 社会的外部性を伴い、革新的かつ高リスク分野での公的部門による先行投資が民間部門の投資を押し上げたことを実証的に示した例として、Deleidi et al.(2020)では、2004年から2014年の各国のデータを用い、再生可能エネルギー発電に係る政府部門の先行的な投資が、民間にとっての参考例となるとともに、当該部門での新たな市場形成に貢献したことにより、民間企業投資の押上げに効果的であったことを指摘している。

第3－1－14図　期待成長率と設備投資

設備投資の増加に向けては、企業の期待成長率を高めていく必要

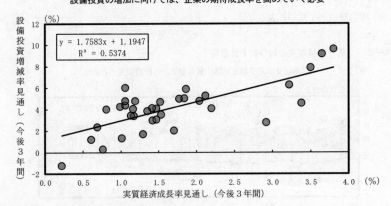

（備考）内閣府「企業行動に関するアンケート調査」より作成。

第2節　我が国経済の対外経済構造

　前節では、コロナ禍における企業部門の回復過程をみてきたが、コロナ禍において製造業の生産・企業収益が海外需要の取り込みを背景にいち早く回復したことや、2021年夏のデルタ株の流行等、海外の感染拡大による生産活動の停滞が我が国の生産活動に大きく影響を及ぼしたこと等からも明らかなように、我が国企業部門、特に製造業の活動はグローバルバリューチェーンを通じて、世界の様々な地域の経済と密接に結びついている。本節では、こうした我が国経済と海外経済との結びつき、すなわち対外経済構造について、中長期的な経常収支の動向に着目してその変化をみていくこととする。

1　貿易収支の動向

（経常収支の黒字の主因は、貿易収支から所得収支へと変化）

　一定期間における海外との財・サービスの受払（貿易・サービス収支）や海外への投資に伴う受払（第一次所得収支）等で構成される経常収支は、我が国では長きにわたって黒字で推移しているが、その内訳は大きく変化してきた（第3－2－1図）。経常収支の黒字を長らくけん引してきた貿易収支は、2000年代後半、リーマンショック頃を境に構造が変化し、2012年から2015年、2022年には赤字となるなど、常態的な黒字ではなくなっている。一方で、第一次所得収支の黒字幅は徐々に拡大を続けており、リーマンショック以後は経常収支黒字の主たる要因となっている。すなわち、我が国の対外収支の黒字要因は、貿易中心から投資

中心へと変化してきた。なお、この間、サービス収支は徐々に赤字幅を縮小し、特に2010年
代後半からコロナ禍前まではおおむね均衡する程度までになっていたが、第１章でみたよう
に2020年以降は赤字幅が拡大した。

第３－２－１図　経常収支の対ＧＤＰ比推移

経常収支の黒字の主因は、貿易収支から所得収支へと変化

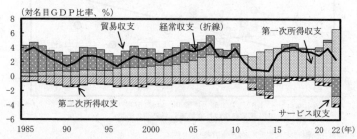

（備考）　1．内閣府「国民経済計算」、財務省・日本銀行「国際収支統計」により作成。
　　　　　2．経常収支とその内訳について、1985年～95年はＩＭＦ国際収支マニュアル第５版に準拠した計数、
　　　　　　　1996年～2021年は同マニュアル第６版（現行基準）に準拠して作成された計数。また、項目の名称は、
　　　　　　　第一次所得収支は、旧基準の所得収支に、第二次所得収支は旧基準の経常移転収支に相当。
　　　　　3．名目ＧＤＰについて、1985年～93年は「平成27年基準支出側ＧＤＰ系列簡易遡及」、
　　　　　　　1994年～2021年は08SNAに基づく計数。
　　　　　4．2022年は、上記1のいずれの統計も2022年7～9月期2次速報により、1月～9月までの期間分にて作成。

（貿易収支は、リーマンショック以降を均してみるとおおむね均衡）

　こうした経常収支の構造変化がどのように生じてきたのかを確認するため、貿易収支、所
得収支それぞれの動向を確認していく。

　まずは、貿易収支の構造についてみていく。海外への支払いである輸入は、1990年代は名
目ＧＤＰ比でみて６％程度で推移していたが、2000年代は９％程度、2010年以降は13％程
度と拡大し、貿易収支へのマイナス寄与を拡大してきた。一方で、海外からの受取である輸
出は、名目ＧＤＰ比で1990年代は８％程度、2000年代は11％程度、2010年以降は13％程度
と、貿易収支へのプラス幅を拡大してきたが、増加ペースは輸入のそれを下回る動きであっ
た。その結果、2000年代まで黒字で推移してきた貿易収支は、2010年以降を均してみるとお
おむね均衡している（第３－２－２図）。

第3－2－2図　貿易収支の対GDP比推移

貿易収支は、リーマンショック以降を均してみるとおおむね均衡

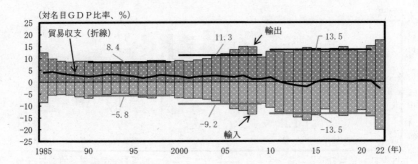

(備考) 1. 内閣府「国民経済計算」、財務省・日本銀行「国際収支統計」により作成。
2. 貿易収支とその内訳について、1985年～95年はIMF国際収支マニュアル第5版に準拠した計数、
1996年～2021年は同マニュアル第6版（現行基準）に準拠して作成された計数を使用。名目GDPの値は、
1985年～93年は「平成27年基準支出側GDP系列簡易遡及」、1994年～2021年は08SNAに基づく計数を
使用。2022年は、上記1のいずれの統計も2022年7－9月期2次速報により、1月～9月までの期間分
にて作成。

（品目別にみた輸出入バランスの構造は、長期にわたって不変）

　こうした貿易収支の変化がいかなる要因によってもたらされているかを確認するため、品目別の輸出入バランスの動向を見てみよう。輸送機器や一般機械では一貫して輸出超過となっている一方で、資源をもたない我が国にとって必須輸入品である鉱物性燃料、食料品、原料品については、一貫して輸入超過となっており、特に鉱物性燃料については輸入金額が大きく、ゆえに貿易収支に与える影響も大きい。そのほかの品目については、化学製品や原料別製品等では輸出と輸入がバランスしており、電気機器については、2000年代は輸出超過であったが、アジアを中心とした新興国への生産拠点の移転が進展したこと等に伴い、徐々に輸入金額が多くなり、おおむねバランスするようになった。このように、我が国貿易においては、必須輸入品の輸入超過を、製造業部門の輸出超過で賄う構造が定着しており、この構造は過去20年程度不変である（第3－2－3図）。

　また、食料品や鉱物性燃料といった必須輸入品以外の品目については、素材から機械機器類に至るまで、輸出と輸入の双方で金額が増加していることも確認できる。この背景には、アジアを中心としたグローバルバリューチェーンの構築、すなわち、各国・地域が各々の特性を活かした生産工程に特化し、生産物を中間財として輸出入することにより、国際的な付加価値のネットワークが形成されてきたことが挙げられる[12]。

---

[12] 内閣府政策統括官（2019）では、第二次産業を中心とした2005～15年の間のアジア地域での国際分業

第3－2－3図　主要品目別の輸出入バランス
　　　　　食料品、鉱物性燃料などの必須輸入品の輸入超過を、製造業部門の輸出超過で補う構造

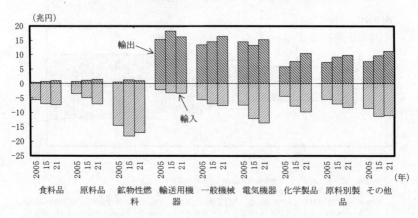

(備考) 財務省「貿易統計」により作成。

（輸出金額の増加の主因は、数量要因から価格要因へと変化）

　次に、輸出入金額の変動の要因を数量と価格に分解して見てみよう。

　輸出金額については、2005 年以降リーマンショック前までは、円安による価格競争力の改善もあり、数量要因と価格要因の双方によって増加していたが、リーマンショックに伴い数量が大幅に減少することで 2008 年末から 2009 年にかけて大きく減少した。リーマンショック後については、数量要因は 2010 年を除き総じてマイナス寄与となっている一方、価格要因がとりわけ 2013 年以降に大きくプラス寄与となることで輸出金額の増加が形作られていることがわかる（第3－2－4図（1））。言い換えれば、我が国の輸出は、リーマンショック以降、数量で稼ぐビジネスモデルから、価格で稼ぐモデルへと変化を遂げている。

　なお、為替レートの変動が輸出金額に与える影響という観点からこの間の動きをみると、リーマンショック以前にみられたような円安による輸出数量の増加は、2010 年以降の円安局面ではみられない[13]。これは、為替変動に応じた輸出企業の価格設定行動が、現地通貨建ての価格を下げて数量で稼ぐ戦略から、現地通貨建ての価格を維持したまま円安分だけ利幅を上乗せする戦略へと変化してきたことを示唆している。このように企業が為替レートの変動を契約通貨建ての輸出価格で調整しなくなった背景の一つには、輸出財の高付加価値化、すな

の進展を指摘している。具体的には、東アジア地域内で国間での中間財の相互調達が広く行われており、日本では他のアジア地域からの中間財の調達が増えているとしている。
[13] 2005 年以降の円安局面は、①2005 年から 2007 年、②2013 年から 2015 年半ば、③2016 年後半から 2017 年、④2020 年前半以降、に大別される。

わち製品の差別化によって市場支配力を高めてきたことが挙げられるであろう。実際、輸出財の高付加価値化指数[14]の動向をみると、2000年以降すう勢的に上昇しており、日本の輸出財は高付加価値化によって輸出価格を高めていることがうかがえる（第3－2－5図）。

第3－2－4図　輸出入金額の変化要因

輸出金額の増加の主因は、数量要因から価格要因へと変化

（1）輸出金額

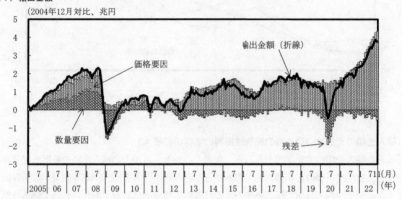

（2）輸入金額

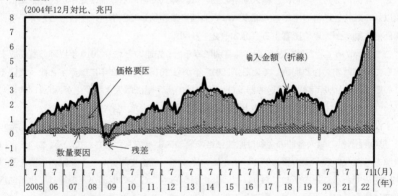

（備考）　1. 財務省「貿易統計」により作成。
　　　　　2. 輸出入金額は、財務省による季節調整値（公表値）。内訳の価格要因及び数量要因は内閣府による季節調整値。
　　　　　3. 数量指数の変化率に金額を乗じたものを数量要因、価格指数の変化率に金額を乗じたものを価格要因として算出。

[14] 輸出価格指数（財務省）を輸出物価指数（日本銀行）で除したもの。前者は製品の単位価格の変動を示す指標であって財の品質向上による価格上昇が調整されていない一方、後者は品質調整が行われているため、両者の比率が品質向上による価格上昇分であるとみなすことができる。

第3-2-5図 輸出財の高付加価値化

我が国の輸出財は、高付加価値化によって輸出価格を高めている

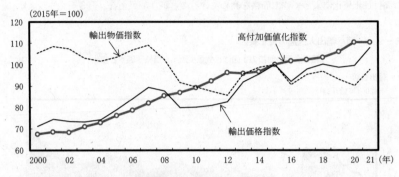

(備考) 財務省「貿易統計」、日本銀行「企業物価指数」により作成。

（輸入金額の変動は、原油等の鉱物性燃料の価格の影響大）

　一方の輸入金額の変化要因をみると、先述のとおり、我が国の輸入超過の最たる部分が食料品や鉱物性燃料等の必須輸入品であることからもうかがえるが、2005年以降、数量要因には大きな変化がみられず、輸入金額の変動は専ら価格要因によってもたらされている（第3-2-4図（2））。さらに、輸入価格の動きは、輸入に占める原油の比率が高く、また、原油以外の鉱物性燃料の中でも天然ガスは原油価格に連動して価格付けされること等から、原油価格の動きが大きく影響する（第3-2-6図）。

　ここで、改めて我が国貿易収支を品目別にみると、先述のとおり2010年以降の貿易収支は均してみればおおむね均衡しているが、2012年から2015年、2022年には赤字となっている。この間、食料品の赤字幅と輸送機器及び一般機械の黒字幅には大きな変化がみられない一方、鉱物性燃料の赤字幅は原油価格の上昇によって拡大していた（第3-2-7図）。

　すなわち、我が国貿易収支の変動は、主に鉱物性燃料の輸入金額の変動によってもたらされ、鉱物性燃料の輸入金額の変動は原油価格の変動によってもたらされている。このことは、資源をもたない我が国の貿易が、いまだにエネルギー価格や為替レート変動の影響を受けやすい構造であることを示しており、こうした面からも、ＧＸの促進などを通じて化石燃料に過度に依存しないエネルギー構造への転換を進めていくことが重要である。

第3−2−6図　原油価格と輸入物価

輸入価格の動きには、原油価格の動きが大きく影響

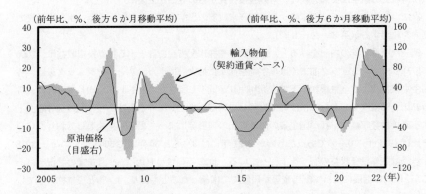

（備考）1．日本銀行「企業物価指数」、Bloombergにより作成。
　　　　2．原油価格は、WTI原油先物（USドル/バレル）の日次価格の月中平均。

第3−2−7図　貿易収支の品目別内訳

貿易収支の悪化局面では鉱物性燃料の赤字幅が拡大

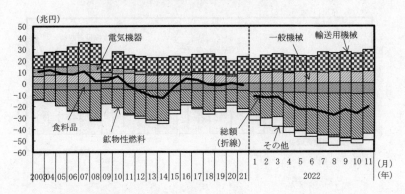

（備考）1．財務省「貿易統計」により作成。
　　　　2．2022年の月次は、年率換算。内閣府による季節調整値。

2　所得収支の動向

（所得収支の黒字は拡大を続け、対外直接投資からの収益が主因に）

　次に、リーマンショック以降、我が国経常収支の黒字をけん引している第一次所得収支の動向を確認する（第3－2－8図）。

　第一次所得収支の内訳をみると、債券利子や株式配当金を計上する証券投資収益は、2000年以降リーマンショック前までは黒字幅を徐々に拡大してきた。リーマンショック後は、各国中央銀行による金融緩和の下で債券利回りが低下してきたこともあり、均してみれば、GDP比2％程度でおおむね横ばいで推移している。また、海外子会社からの配当金等を計上する直接投資収益は、我が国企業の海外進出の進展等によって黒字幅を拡大しており、GDP比は1991年に0.1％であったものが2021年には3.1％と30年間で30倍以上になり、2018年以降は証券投資収益の寄与を上回っている。2022年のGDP比は、9月までの状況ではあるが、円安の進展によって配当金等が円建てで増価したこともあり、4.4％と更に拡大している。

第3－2－8図　第一次所得収支の対GDP比推移

　　　　　　　　所得収支の黒字は拡大を続け、対外直接投資からの収益が主因に

（1）第一次所得収支の推移

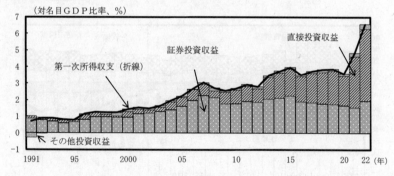

（2）主要国債利回り

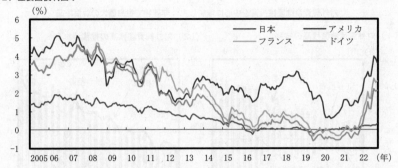

（備考）1. 内閣府「国民経済計算」、財務省・日本銀行「国際収支統計」、Bloombergにより作成。
　　　　2. 第一次所得収支とその内訳について、1991年〜95年はIMF国際収支マニュアル第5版に準拠した計数、
　　　　　　1996年〜2021年は同マニュアル第6版（現行基準）に準拠して作成された計数。また、項目の名称は、
　　　　　　第一次所得収支は、旧基準の所得収支に相当。
　　　　3. 名目GDPについて、1991年〜93年は「平成27年基準支出側GDP系列簡易遡及」、1994年〜2021年は
　　　　　　08SNAに基づく計数。
　　　　4. 2022年は、上記1のいずれの統計も2022年7〜9月期2次速報により、1月〜9月までの期間分にて作成。

（対外純資産は直接投資を中心に増加し、31年連続で世界最大の純債権国）

　続いて、所得収支の黒字拡大の背景を、ストック面から確認してみよう。

　我が国の対外資産負債残高の推移をみると、資産面では証券投資と直接投資を中心に増加し、負債面では証券投資を中心に増加している（第3−2−9図（1））。このように資産負債が共に増加する中、非居住者が保有する日本の資産（対外負債）を除いた純資産ベースでみると、特に2012年以降の10年間では直接投資残高の増加が著しく、2014年には証券投資残高を、2017年には外貨準備高を上回り、2019年以降は対外純資産に占める割合は5割弱となっている（第3−2−9図（2））。

　対外純資産は、2000年対比で約3倍に増加しており、内訳別には、証券投資残高が約2倍、外貨準備高が約4倍とそれぞれ相応のペースで増加しているが、直接投資残高は約7倍と証券投資や外貨準備を大きく上回るスピードで増加している。とりわけ2012年以降は、アジア等の新興国の成長とそれらの需要を獲得するための企業の海外展開の進展等を背景に、それ以前と比べて増加ペースが著しい（第3−2−9図（3））。こうした結果、我が国は31年連続で世界最大の純債権国となっている（第3−2−9図（4））。こうした対外純資産に対する収益が、上述のとおり、第一次所得収支の黒字として経常収支を支えている。今後、少子高齢化などを背景に我が国の貯蓄投資バランスが赤字化（輸入超過）していく可能性もあることを踏まえれば、資源輸入国である我が国が経済的豊かさを維持していくためには、対外純資産の収益性を一層向上させることにより、中期的に予想される経常収支黒字の縮小や対外純資産の減少を補っていくことが重要と考えられる。

第3−2−9図　我が国の対外資産負債の動向

・　対外純資産は直接投資を中心に増加し、31年連続で世界最大の純債権国

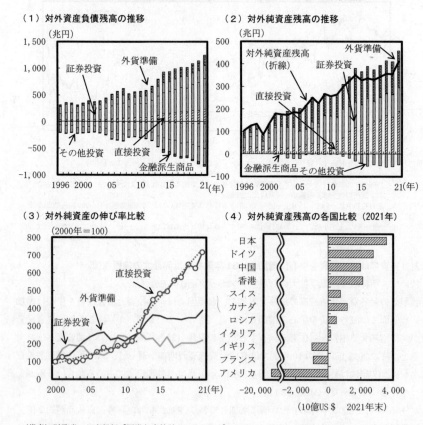

（1）対外資産負債残高の推移

（2）対外純資産残高の推移

（3）対外純資産の伸び率比較

（4）対外純資産残高の各国比較（2021年）

（備考）財務省・日本銀行「国際収支統計」、IMF「International Investment Position」により作成。

（対外資産の収益率は高水準）

　そこで、ここ10年間で急速に増加している対外資産について、その収益率を確認しよう。証券投資の利回りは、先述のとおり、世界的に緩和的な金融環境の影響もあり、徐々に低下している一方で、直接投資の利回りは、振れを伴いながらも高水準かつ上昇基調で推移している。結果として、対外資産全体の利回りは、高い利回りである直接投資残高が増加することによって証券投資の利回り低下がカバーされる形となり、長期にわたっておおむね3％程度で安定的に推移している。この結果、国全体の純資産収益率は対名目GDP比で6％程度

と、2000年代以降でみても高い収益性を有している（第3－2－10図）。

第3－2－10図　対外資産の収益率

対外資産の収益率は高水準

（1）投資種類別の利回り

（2）対名目ＧＤＰ比でみた収益と収益率

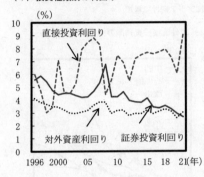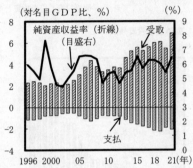

（備考）1．内閣府「国民経済計算」、財務省・日本銀行「国際収支統計」により作成。
　　　　2．（1）図において、各利回り＝収益受取額/年末資産残高として算出。
　　　　3．（2）図において、純資産収益率＝投資収益額（ネット）/年末対外資産残高として算出。

（直接投資、証券投資ともにアジア向けで増加）

　こうした高い純資産利益率の背景を考える手がかりとして、我が国の対外投資を、投資先の国・地域別に見てみよう。

　対外直接投資について 2021 年時点の残高を確認すると、最大の投資先はアメリカ及び欧州であり、両地域で全体の残高の約6割を占める（第3－2－11図（1））。一方で、2000年と比較した伸び率をみると、残高は小さいものの中国向けの伸び率が最も高く、次いでその他アジア、欧州となっている（第3－2－11図（2））。中国を含めたアジアへの直接投資は、生産拠点の移転を含めアジア域内でのサプライチェーンの構築が加速化したことが背景にあると考えられるが、こうした投資は、投資先国の高い経済成長率を背景に収益率が高く[15]、これが高水準の直接投資利回りを支える一因となっているものと考えらえる。

　対外証券投資においても、直接投資と同様、アメリカ及び欧州が最大の投資先であり、両地域で全体の残高の7割を占める（第3－2－11図（3））。一方で、2000年と比較した伸び率では、中国、その他アジア、中南米において高くなっている（第3－2－11図（4））。リ

---

[15] 内閣府政策統括官（2020）では、アジアを中心とした新興国は、工業化や人口増加を背景に高い成長を実現しており、その分、他の国・地域に比べて直接投資収益率も高くなっていることを指摘している。

ーマンショック後、欧米の中央銀行による金融緩和の下で先進国の債券利回りが低下してきたこと等を背景に、相対的に利回りの高い新興国向けの投資が加速化してきた様子がうかがえる。

第3-2-11図　我が国の投資先国・地域

直接投資、証券投資ともにアジア向けで増加

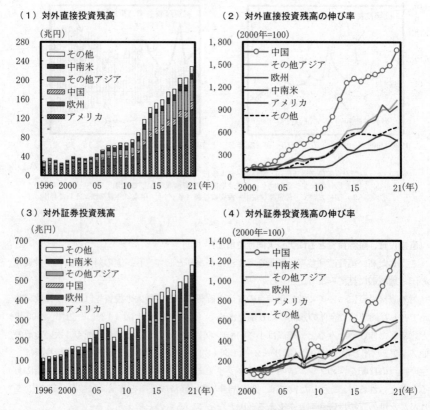

（1）対外直接投資残高

（2）対外直接投資残高の伸び率

（3）対外証券投資残高

（4）対外証券投資残高の伸び率

（備考）1．財務省、日本銀行「国際収支統計」「対外資産負債残高」により作成。
　　　　2．2013年末までの計数は、国際収支マニュアル第5版基準統計を用いて接続。
　　　　3．その他アジアは中国を除いた値。欧州は、東欧・ロシア等を含めた値。

3　海外で所得を稼ぐ力

（我が国企業の海外進出が進展）

　対外投資残高を保有主体別にみると、直接投資は非金融法人企業の残高が、証券投資は金融機関や一般政府の残高が大幅に増加している（第3－2－12図）。中でも、非金融法人企業の直接投資残高を業種別にみると、製造業では、投資先国や近隣地域の需要獲得を目的とした海外進出により輸送機械や電気機械、一般機械といった機械関連業種が増加しているほか、M&Aによる世界展開の進展などを背景に化学・医薬品の増加が著しい。非製造業では、商社による探鉱権益の獲得等を背景に卸売・小売が増加しているほか、個別企業による大型M&Aなどを背景として通信の増加も顕著である（第3－2－13図）。

第3－2－12図　保有主体別の対外投資残高

非金融法人企業の対外直接投資が大幅に増加

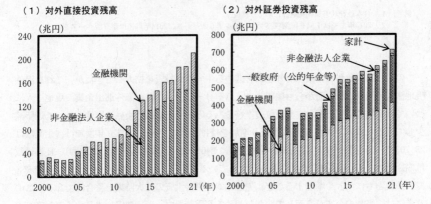

（1）対外直接投資残高　　　　　　（2）対外証券投資残高

（備考）日本銀行「資金循環統計」により作成。

第３－２－13図　民間非金融企業法人の業種別対外直接投資残高

製造業は機械関連や化学・医薬品、非製造業は卸売・小売や通信などで増加

（１）製造業（上位５業種）

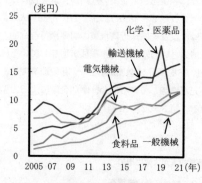

（２）非製造業（上位５業種）

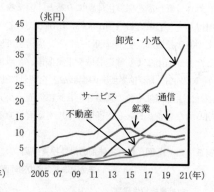

（備考）　１．日本銀行「国際収支統計」により作成。
　　　　　２．2013年までは IMF 国際収支マニュアル第５版ベース、2014年以後は第６版ベースを使用。
　　　　　３．年末の残高。

　このように、我が国企業は海外進出を進める中で対外投資を拡大してきたが、これを海外
現地法人の活動状況の面からも確認しよう（第３－２－14 図）。海外進出企業の現地法人に
ついて、企業数や売上高、従業員数の推移をみると、売上高は感染症の影響もあって近年減
少しているものの、過去 30 年にわたり増加を続けてきた。直近の 2020 年度では、企業数は
25,703 社（うち製造業が４割程度）、売上高は 240.9 兆円（うち製造業が５割弱）、従業員数
は 563 万人[16]（うち製造業が７割強）となっている。特に、法人企業数は 2012 年に製造業・
非製造業ともに大きく増加するなど、先述の対外直接投資の拡大時期と整合的である。この
背景には、当時の企業が直面していたいわゆる６重苦をプッシュ要因、成長するアジア等の
新興市場の需要取り込みや相対的に安い生産コストを求めることをプル要因として、海外進
出を加速化させたことが挙げられる。

　なお、現地法人企業数は、非製造業では増加傾向が続いている一方で、製造業では、2010
年代前半までは右肩上がりに増加してきたが、2010 年代後半はおおむね横ばいで推移してい
る。これは、アジアを中心とした生産工程の分業化、グローバルバリューチェーンの構築が
ある程度確立されてきたことの裏返しでもあろう。製造業の海外生産比率をみても、こうし
た動きと整合的に、2000 年度には 15%弱だったものが、2010 年代半ばには 25%程度まで上

---

[16] 業種別の内訳をみると、企業数では製造業 11,070 社、非製造業 14,633 社、売上高は製造業が 112.8 兆
円、非製造業 128.1 兆円、従業員数では製造業が 419 万人、非製造業 143 万人。

昇し、その後はおおむね横ばいで推移している（第3-2-15図）。

第3-2-14図　日本企業の海外現地法人の活動状況

我が国企業の海外進出が進展

（1）現地法人企業数　　（2）売上高　　（3）従業員数

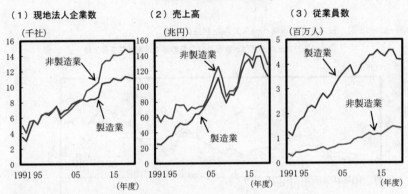

（備考）経済産業省「海外事業活動基本調査」により作成。

第3-2-15図　製造業の海外生産比率

企業の海外進出に伴い、現地生産比率も増加

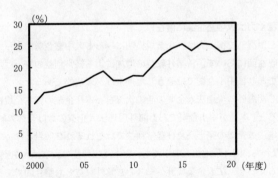

（備考）経済産業省「海外事業活動基本調査」により作成。

（企業の海外進出の進展は、営業外収益増の形で経常利益を押上げ）

　以上でみてきた一国全体での対外資産からの収益増を企業レベルで示すものが、第1節において確認した法人企業の経常利益と営業利益との差である。営業利益は本業で生じた利益である一方、経常利益は海外子会社からの受取配当金も含むものであるが、2000年代半ば以

降は、経常利益が営業利益を恒常的に上回っており、その差である営業外損益の黒字額は徐々に拡大している（第3－2－16 図）。これは、企業が海外で所得を稼ぐ力を高めてきたことの成果であり、国内の需要や景気動向だけに左右されるのではなく、海外から持続的に収益を得る構造に転換していることの証左である。

第3－2－16図　日本企業の単体ベースでみた利益の推移

企業の海外進出の進展は、営業外収益増の形で経常利益を押上げ

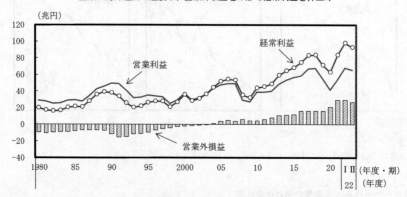

（備考）1．財務省「法人企業統計調査」により作成。全規模（金融業・保険業以外の業種）の値。
　　　　2．2022年の値は、年率換算。季節調整値。

（海外で所得を稼ぐ力は大中堅企業に偏在）

　一方で、こうした海外で稼ぐ力は、企業規模別にみると大中堅企業に偏っている。第1節でみたとおり、収益面において、営業外収益の増加による経常利益の押上げがみられるのは主に大中堅企業であり、中小企業ではそうした押上げが限定的であった。

　さらに、先述した海外の現地法人企業の活動状況を、本社企業の資本金規模・業種別に集計した結果をみると、本社が中小企業である海外現地法人企業の数は全体の約25％を占めるものの、当該現地法人企業の売上高及び経常利益ではそれぞれ2％台となっている（第3－2－17図）。すなわち、海外現地法人の中でも、売上及び利益の大宗は大中堅企業の子会社・孫会社が生み出しており、法人企業統計ベースの営業外収益とも整合的であるが、我が国中小企業が海外において所得を稼ぐ力は限定的であるといえよう。

第3－2－17図　本社規模等別にみた海外現地法人の状況

海外で所得を稼ぐ力は大中堅企業に偏在

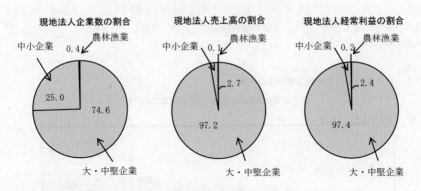

現地法人企業数の割合　　　　現地法人売上高の割合　　　　現地法人経常利益の割合

(備考)　1．経済産業省「海外事業基本活動調査」により作成。
　　　　2．中小企業は、中小企業基本法上の定義を踏まえ、製造業は資本金3億円以下、非製造業は
　　　　　　卸売業では資本金1億円以下、その他の非製造業では資本金5千万円以下として定義して
　　　　　　集計。

（海外での収益を国内の成長力強化につなげることが必要）

　また、対外直接投資の収益は、現地法人からの配当受取という形で我が国に還流されることによって、国内経済にもプラスの効果をもたらすが、一方で、収益のすべてが国内に所得として還流されるわけではない。対外直接投資収益の内訳をみると、配当金等として我が国に還流される分は約半分であり、残りの約半分は再投資収益として海外拠点の内部留保として蓄積される（第3－2－18図）。

　さらに、そうして得た海外からの配当金等が、我が国において人への投資としての賃金上昇や成長力を高めるための設備投資に活用されてきたとは言い難い。賃金については、2000年以降、長引くデフレの中で、労働分配率は低下し、実質賃金の伸びが労働生産性の伸びを総じて下回って推移するなど、企業が賃金上昇を抑制してきたことは、これまでも指摘[17]してきたとおりである。設備投資については、対外直接投資が拡大するのと対照的に、低調に推移してきた。対外直接投資と国内投資をストックベースの残高で比較すると、2000年を基準として、対外直接投資の残高は20年間で6.4倍に増加したのに対し、国内固定資産の残高は1.15倍の増加にとどまっている（第3－2－19図）。対外直接投資の水準が僅かなところからのスタートであるため、伸び率に大きな差がつくのは当然な面はあるが、そうした面を考慮してもなお、長引くデフレと低成長の中で、我が国企業が国内での投資機会を見いだせ

---

[17] 内閣府（2022）

ずにきたことを改めて認識させる結果である。

　こうした過去 20 年間にわたる状況を踏まえると、海外で稼いだ成果をいかにして国内経済の成長力強化につなげていくかということが課題である。前節でも述べたとおり、新しい資本主義を加速化させる中で、企業の期待成長率を高め、好調な企業収益が人への投資を含めた成長分野での投資拡大につなげていくことが重要である。

第3－2－18図　対外直接投資収益の内訳

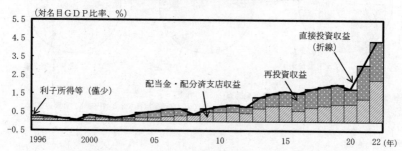

対外直接投資収益の国内への所得還流は約半分

（備考）1．内閣府「国民経済計算」、財務省・日本銀行「国際収支統計」により作成。
　　　　2．2022年の値は、上記1のいずれの統計も2022年7－9月期2次速報により、1～9月までの
　　　　　　期間分にて作成。

第3－2－19図　民間非金融機関の対外直接投資と国内固定資産の伸び率

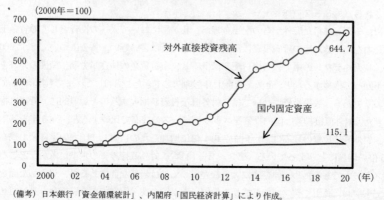

対外直接投資が大幅に増加する中、国内投資の伸びはごく僅か

（備考）日本銀行「資金循環統計」、内閣府「国民経済計算」により作成。

第3節　輸出を通じた海外で稼ぐ力の強化

　前節では、我が国の対外経済構造についてみてきたが、国内では少子高齢化と人口減少が進展する中、成長する海外市場の需要を取り込んでいくことは、我が国経済にとって今後も重要な取組であろう。その際、我が国が長年にわたり比較優位を持つ機械類等の競争力の維持、対外資産の収益性確保、海外から我が国への直接投資の呼び込みなど、様々な面での取組が考えられるが、以下では、現状において海外需要の取り込みが十分ではなく、今後の成長余地が大きいと考えられる分野の可能性を検討しよう。具体的には、中小企業及び農林水産物の輸出拡大、さらにはコロナ禍で失われたインバウンドの回復について考えていく。

1　中小企業の輸出動向

（中小企業の輸出は伸びておらず、大企業に比べ海外で稼ぐ力は限定的）

　まず、中小企業[18]の我が国経済における立ち位置について確認する。我が国の中小企業の数は357.8万者、大企業を含めた全企業等に占める割合は99.7%であり、従業員数は同68.8%、付加価値額は同52.9%と、我が国経済にとって重要な役割を担う主体である（第3－3－1図）。

　一方で、中小企業の海外で稼ぐ力は非常に限定的である。海外からの所得受取については、前節でみたとおり、本社が中小企業である海外現地法人が生み出す売上高と経常利益は、それぞれ全体の2.7%と2.4%に過ぎず、したがって、現地法人から得られる所得の還流も大中堅企業に比べてごく僅かと考えられる。では、日本から海外への財・サービスの直接的な販売、すなわち輸出の動向はどうであろうか。以下では、経済産業省「企業活動基本調査」の調査票情報を独自に集計した結果を基に、中小企業の輸出の実態を確認していく[19]。

　過去10年間における中小企業に占める輸出企業割合をみると、2011年度には19.7%だったものが2017年度には21.7%へと上昇したが、2020年度には21.2%と僅かながら低下し、過去10年間を通じた上昇は1.5%ポイントとなっている。一方、この間、大企業の輸出企業割合は、2011年度には25.1%だったものが2020年度には28.3%へと、10年間で3.2%ポイントの上昇となっている（第3－3－2図（1））。

---

[18] 中小企業・小規模企業者のことを指す。中小企業者は、製造業・建設業・運輸業その他については資本金3億円以下・従業員数300人以下、卸売業については資本金1億円以下・従業員数100人以下、サービス業については資本金5千万円以下・従業員数100人以下、小売業については資本金5千万円以下・従業員数50人以下のことを指す。小規模企業者は、製造業・建設業・運輸業その他については従業員20人以下、卸売業・サービス業・小売業については従業員5人以下。ただし、これは中小企業基本法上の定義であって、中小企業政策における基本的な政策対象の範囲を定めた「原則」であるため、法律や制度によって「中小企業」として扱われている範囲が異なることがある点に留意されたい。

[19] 「企業活動基本調査」は、従業者50人以上かつ資本金又は出資金3,000万円以上の会社を対象としており、中小企業基本法上の中小企業のうち相対的に規模の大きい会社の実態を捉えたものとなっている。このため、輸出企業の割合は、小規模企業を含めて考えた場合と比較して、上振れている可能性がある。

　また、大企業と中小企業との比較という観点から、我が国輸出に占める中小企業のシェアを確認すると、輸出企業数では中小企業が約7割、大企業が約3割であるのに対し、輸出額では中小企業の占めるシェアは約7％に過ぎない（第3－3－2図（2））。海外からの所得受取と同様、輸出面でみても、海外で稼ぐ力は大企業に偏在している。

　では、こうした状況が現在の立ち位置でありながらも、過去10年間で中小企業は輸出を増加させてきただろうか。中小企業の輸出額は、2012年度以降2016年度までは拡大を続け、その後は減少[20]しているものの、過去10年間を通じておおむね5兆円程度で推移しており、大きな変化はみられない。売上高に対する輸出額の比率もおおむね同じ動きとなっており、2011年度には3.1％だったものが2020年度には3.3％とおおむね横ばいの動きとなっている（第3－3－2図（3））。これに対し、大企業では、世界経済の減速と新型コロナの影響を受けて2019年度と2020年度に大きく減少しているが、その期間を除けば、2011年度から2018年度にかけて輸出額を13兆円増加させており、売上高輸出比率も2011年度の12.2％から2018年度の13.3％へと1％ポイント程度上昇している（第3－3－2図（4））。このように、大企業と比べ、中小企業は輸出企業割合・輸出額共に過去10年間で増加させることができていない。

第3－3－1図　規模別の企業数、従業者数、付加価値額の内訳（非1次産業）

中小企業は我が国企業の99.7％、従業員の7割、付加価値の5割を占める経済主体

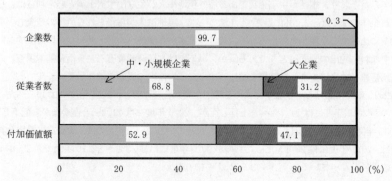

（備考）1．総務省・経済産業省「平成28年経済センサス-活動調査」により作成。
　　　　2．中規模企業とは、中小企業基本法上の中小企業のうち、同法上の小規模企業にあてはまらない企業をいう。
　　　　3．企業数＝会社数＋個人事業者数

---

[20] 2014年度から2016年度については、その前後で大企業に分類されている個社が一時的に中小企業に分類されるなど分類上の振れの影響がみられ、こうした個社要因の影響は少なく見ても0.7兆円程度と考えられる。

第3−3−2図　企業規模別の輸出動向

中小企業の輸出は伸びておらず、輸出面でも大企業に比べ海外で稼ぐ力は限定的

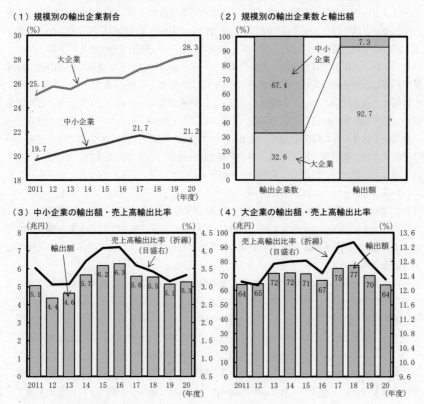

（1）規模別の輸出企業割合

（2）規模別の輸出企業数と輸出額

（3）中小企業の輸出額・売上高輸出比率

（4）大企業の輸出額・売上高輸出比率

（備考）1．経済産業省「企業活動基本調査」の調査票情報を独自集計したもの。
　　　　2．中小企業の定義は中小企業基本法に従う。また、中小企業以外をまとめて大企業と呼ぶこととする。
　　　　3．（2）は2016〜20年度平均。

（輸出企業の稼ぐ力は、輸出を行っていない企業に比べて強い）

　次に、輸出を行っている企業と行っていない企業との間に、売上や利益、生産性などの面でどのような差があるのかを、先と同じく企業活動基本調査の調査票情報を独自に集計した結果を基に確認しよう。

　輸出を行っている企業の過去5年間平均の1社当たり売上額は、輸出を行っていない企業に比べて、大企業では全産業ベースで約2.6倍、製造業では約1.6倍、中小企業では全産業・製造業ともに約1.4倍と、いずれも非輸出企業よりも大きくなっている。内訳をみると、輸

出を除いた分の売上高で、大企業では全産業ベースで約2倍、製造業で約1.1倍、中小企業では全産業・製造業ともに約1.2倍であり、国内売上高でも輸出を行っている企業の方が輸出を行っていない企業を上回っている。これに海外需要を取り込んだ結果である輸出分の売上が上乗せされており、その規模は、大企業では全産業ベースで輸出を行っていない企業の売上高の約7割、製造業では約5割、中小企業では全産業・製造業いずれも約2割となっている。なお、大企業で非製造業を含む全産業ベースの値が特に大きくなっているのは、海外展開が著しい大手総合商社の影響が強く出ているものと考えられる（第3−3−3図(1)）。

　同様に、経常利益についても確認してみよう。経常利益は、企業が通常行っている事業全体から経常的に得た利益のことであり、企業の稼ぐ力を端的に示している。輸出を行っている企業の1社当たりの経常利益は、輸出を行っていない企業対比で、大企業では全産業ベースで約3.5倍、製造業で約2.2倍、中小企業では全産業ベースで約1.9倍、製造業で約2.1倍となっており、売上高以上に輸出企業と輸出を行っていない企業の稼ぐ力に差があることがわかる（第3−3−3図(2)）。

　また、輸出企業の付加価値生産性についても確認すると、輸出を行っていない企業に比べ、大企業では全産業ベースで約1.4倍、製造業で約1.1倍、中小企業では全産業・製造業共に約1.2倍と、いずれも輸出企業の方が高い生産性を有しており、売上と経常利益と同様の結果である（第3−3−3図(3)）。

　高い生産性を有するなど稼ぐ力のある企業が輸出を行っており、また輸出を通じて更に稼ぐ力を高めているといった面もあるものと考えられる[21]が、輸出企業と非輸出企業との間で研究開発実施率に差がみられることは、両者の稼ぐ力の差の背景の一つであろう。全産業ベースでは、輸出を行っていない企業のうち研究開発投資を行っている企業は約2割に過ぎないのに対し、輸出企業では大企業で約7割、中小企業で約6割と大きな差が生まれている。製造業でも同様に、輸出を行っていない企業の研究開発実施企業の割合は大企業で約7割、中小企業で約3割であるのに対し、輸出企業では大企業で96％とほぼすべて、中小企業で約7割となっている。輸出企業においては、海外企業との競争環境の中で自社の製品に競争力をもたせるための研究開発が積極的に行われており、こうした取組の結果が、売上高や経常利益、付加価値生産性の高さにもつながっている可能性がうかがえる（第3−3−3図(4)）。

---

[21] こうした輸出企業の非輸出企業に対する生産性プレミアムは、都市部よりも地方において顕著である点、すなわち、市場が大きい都市部では敢えてリスクを負って輸出をしようとしない生産性の高い企業も多く、また、物流が整備され情報も多いため生産性の低い中小企業でも輸出が容易である一方、地方では十分に生産性が高い企業でなければ輸出できないといった点も指摘されているも指摘されている（大久保・冨浦（2013））。

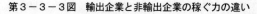

第3－3－3図　輸出企業と非輸出企業の稼ぐ力の違い

輸出を行う企業は、輸出を行わない企業に比べて稼ぐ力が強い

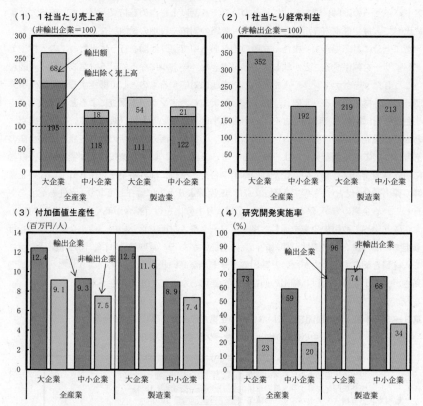

（備考）1．経済産業省「企業活動基本調査」の調査票情報を独自集計したもの。
　　　　2．中小企業の定義は中小企業基本法に従う。また、中小企業以外をまとめて大企業と呼ぶこととする。
　　　　3．いずれも2016～20年度平均。

（中小企業の輸出にはマーケティングや人材面での課題）

　このように、輸出企業の稼ぐ力は輸出を行っていない企業に比べて企業規模を問わず強い
ことから、輸出は中小企業にとっても稼ぐ力を高める有力な方法の一つであると考えられる。
一方で、大企業と対照的に、中小企業では輸出企業の割合が高まらず、輸出額も増加してい
ない。ここで生まれる素朴な疑問は、なぜ中小企業は輸出を伸ばすことができていないのか、
ということであろう。

　民間調査会社によるアンケート調査によると、海外展開をしていない中小企業が最も強く

感じている課題として挙げている項目（単一回答）は、「販売先の確保」が最も多く、次いで「現地の市場動向やニーズの調査」、「海外展開を主導する人材の確保」、「信頼できる提携先・アドバイザーの確保」であり、これらの項目で6割以上を占める結果となっている。大企業に比べて人員や資本力等が限られる中で、販路の開拓や現地の動向調査といったマーケティングに十分に対応できず、また、言語の差もある中で海外展開を行うに当たっての人材やアドバイザーを確保することが難しいことが大きなハードルになっている（第3-3-4図）。

　こうしたマーケティングや人材といった課題に対応するものとして機能するのが海外事業所等の海外拠点である。実際、ＪＥＴＲＯが実施したアンケート調査によると、大企業・中小企業ともに海外拠点の機能として最も多く挙げられているのは「販売拠点」、「生産拠点」としての機能である（第3-3-5図（1））。ここで、海外事業所の保有有無と輸出企業の割合についての相関を見てみよう。第3-3-5図（2）は、企業規模及び業種別に、縦軸に海外事業所を保有している企業群の輸出割合を、横軸に海外事業所を保有していない企業群の輸出割合をとったものである。交点は45度線より上方に偏在しており、海外事業所を保有している企業の方が、保有していない企業よりも輸出を行う割合が高くなっている。特に、大企業と比べて取引先企業を通じたネットワークや人材面で乏しい中、中小企業は輸出を行う上での海外拠点の必要性が相対的に高い可能性がある。言い換えれば、海外事業所を設けて人材等を配置する余力がないと輸出のハードルが高い状況ともいえ、こうしたハードルの高さが、中小企業における輸出の伸び悩みの要因となっている可能性がある。

第3-3-4図　海外展開をしていない中小企業が最も強く感じている課題

中小企業の輸出には、マーケティングや人材面で課題

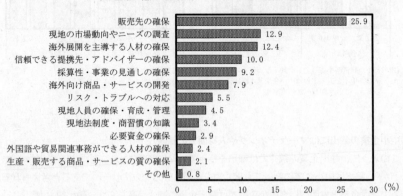

（備考）1．東京商工リサーチ「中小企業の経営理念・経営戦略に関するアンケート」により作成。
　　　　2．調査期間は、2021年11月24日〜12月13日
　　　　3．「海外展開」とは、直接輸出、間接輸出、直接投資（生産機能）、直接投資（販売機能）、業務提携などを指す。

第3－3－5図　海外拠点の有無と輸出の関係

海外拠点を有する企業ほど輸出割合が高く、その傾向は中小企業で顕著

（1）海外拠点の機能（規模別）

（2）海外事業所の有無と輸出企業割合
（規模・業種別分布）

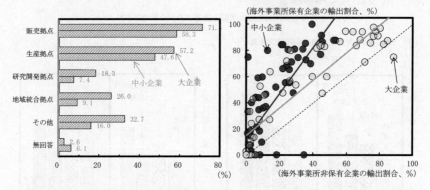

（備考）1．（1）は独立行政法人日本貿易振興機構「2019年度日本企業の海外事業展開に関するアンケート調査」
により作成。
　　　　2．（2）は経済産業省「企業活動基本調査」の調査票情報を独自集計したもの。中小企業の定義は中小企
業基本法に従う。また、中小企業以外をまとめて大企業と呼ぶこととする。
　　　　3．（2）は2016～20年度平均。サンプル数が100以上となる業種のみをプロット。

（ECを利用した海外展開の機運は中小企業で高まり）

　こうした中において、海外に事業所を設けずとも輸出を行う手段の一つとして、近年はE
C（電子商取引）の活用機運が高まっている。JETROが実施したアンケート調査による
と、ECを利用したことがあると回答した企業は、大企業では2021年度に増加したものの、
2016年度から2020年度まではおおむね横ばいであったのに対し、中小企業では一貫して増
加を続けている。また、ECを利用したことがある又は利用を検討している企業のうち、今
後ECの利用を拡大すると回答した企業も特に中小企業において増加している（第3－3－
6図（1））。

　また、同調査では、海外販売へのECの利用状況についても調査している。海外への販売
を行っていると回答した企業の割合は、大企業・中小企業ともに増加を続けているが、その
手段として越境ECを挙げている企業は中小企業において高い割合となっている。大企業に
おいても越境ECの利用は拡大しているが、割合としては海外拠点での販売が依然として大
きい。逆に、中小企業では、資金や人材面でのハードルにより、海外拠点での販売割合は低
水準でおおむね横ばいとなっている（第3－3－6図（2））。

　このように、ICT化の進展に伴い、海外拠点に拠らずとも輸出を行うことができる環境
は整備されてきており、それを利用して海外展開を行う機運が特に中小企業において高まっ

ている。また、ＳＮＳの発展等も、自社製品の海外向けプロモーションの費用を著しく低下させているものと考えられ、こうした手段を最大限活用した輸出促進が求められるだろう。

第3－3－6図　ＥＣ利用の状況

ＥＣを利用した海外展開の機運は中小企業で高まり

（1）ＥＣ利用の有無と今後の利用拡大意向

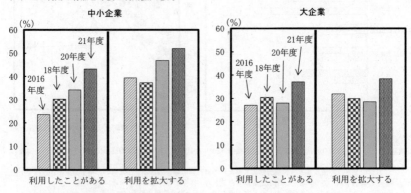

（2）海外販売へのＥＣ利用状況

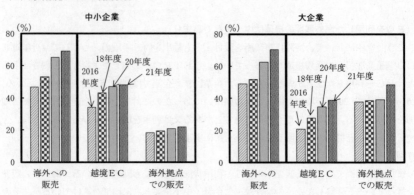

（備考）1．日本貿易振興機構「日本企業の海外事業展開に関するアンケート調査」の各年度の数値を用い作成。
　　　　2．（2）は、ＥＣを利用したことがある、または利用を検討していると回答した企業の中における割合。

（多様な主体のネットワークによる伴走支援で中小企業の輸出を促進）

　以上でみてきたように、中小企業が輸出を行う際に直面する課題は、マーケティングや人材面などの体制面に関するものが主であり、資金や人材などで制約が大きい中小企業が自社

のみで乗り越えることは困難な課題であるといえる。近年ではＥＣの利用等によってそうした参入障壁ともいえるハードルが低下しているとはいえ、輸出をする意向はあるものの、具体的に何をどのように取り組めばいいのかといった面で行き詰る企業も少なくないであろう。こうした中で中小企業の輸出を促進するためには、認定支援機関等を含めた中小企業を取り巻く多様な主体が支援ネットワークを形成して、中小企業が抱える課題を乗り越えるためのバックアップをしていくことが必要である。

　この点、総合経済対策[22]に盛り込まれた「新規輸出１万者支援プログラム」は中小企業の輸出を促進する上で期待感をもたせるものである。具体的には、多様な主体が連携し①新たに輸出に挑戦する事業者の掘り起こし、②専門家による事前の輸出相談、③輸出用の商品開発や売込みにかかる費用の補助、④輸出商社とのマッチングやＥＣサイト出展支援、などを一気通貫で実施することとしている[23]。

　輸出相談では、輸出意向はあるものの何に取り組めばいいかわからない企業に対し専門家が個別相談を行い、輸出に向けた経営計画の立案から具体的な準備まで伴走支援を行うなど、きめ細かな支援が期待される。また、輸出に際して必要な費用については、輸出向け商品の生産に必要な設備導入のみならず、ブランディングやプロモーション等に要する費用も含め、輸出促進を資金面でも後押し[24]する。販売先の確保に向けては、ＪＥＴＲＯによる海外ＥＣサイトを活用した販路開拓支援や輸出商社とのマッチング支援のほか、各国・地域に精通した専門家による商談同席や海外への同行、現地に精通したコーディネーターによる市場調査・相談や商談アポイントメントの取得支援、海外見本市・展示会や商談会への出展支援等を行うこととしている。

　このように、各種の支援策は、先述した中小企業が輸出に際して直面する自社のみでは解決することが難しい課題に対して包括的かつきめ細かく支援するものであり、中小企業の輸出促進につながることが期待される[25]。

---

[22] 「物価高克服・経済再生実現のための総合経済対策」（令和4年10月28日閣議決定）
[23] 実施主体としては、経済産業省、中小企業庁、ＪＥＴＲＯ及び中小企業基盤整備機構が一体となり、全国の商工会・商工会議所や中小企業団体中央会、金融機関等と協力をしながら取り組むこととされている。
[24] ものづくり・商業・サービス補助金及び小規模事業者持続化補助金による支援が予定されている。
[25] また、こうした取組と併せて、我が国の中小企業が輸出を伸ばしていくには、グローバルな競争環境の下、我が国の中小企業が海外でも売れるような高付加価値製品を生産していくための競争力や経営力の強化が必要と考えられる。2010年代以降、中小企業の海外展開に対する政策支援が継続的に行われてきたが、本稿でみたように中小企業の輸出額が増加してこなかった背景には、我が国の中小企業が系列関係にある大企業からの受注に依存する生産体制を維持していることで、付加価値競争力を高める機会が限られてきたことなどが指摘されている。これに対し、ドイツの中小企業（Mittlestand）は海外志向が高く、高いＲＯＡと付加価値成長率で特徴づけられることが指摘されている（柿沼・東田（2016）、岩本（2016））。

2　農林水産物・食品の輸出動向

（農林水産物・食品の輸出額は 2013 年以降堅調に増加）

次に、中小企業と並んで、海外需要の取り込みによって輸出額を大きく拡大させる可能性がある農林水産物・食品の輸出動向をみていく。

農林水産物・食品の輸出額は、2000 年代はおおむね横ばいで推移していたが、その後、2013 年からは増加を続けている。輸出額は 2012 年には 4,497 億円であったが、2021 年には 1 兆 1,626 億円と 9 年間で約 2.6 倍に拡大した。内訳をみると、2012 年から 2021 年にかけて、農産物は約 3 倍、林産物は約 4.8 倍、水産物は約 1.8 倍へと、いずれの分野でも増加している [26]（第 3 － 3 － 7 図（1））。さらに、2022 年に入っても輸出の増加は続いており、1 月から 10 月までの累計で 1 兆 857 億円、前年比で 15.3％増となっている。2021 年は初めて 1 兆円を超え、前年比で 25.6％増となるなど、近年でも輸出額が著しく増加した年であったが、2022 年はそれを更に上回る見込みである（第 3 － 3 － 7 図（2））。

第 3 － 3 － 7 図　農林水産物・食品の輸出額

農林水産物・食品の輸出額は、2013 年以降堅調に増加

（1）暦年ベース

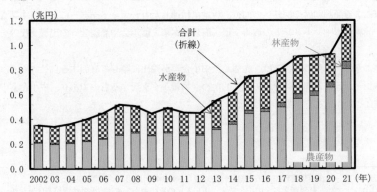

---

[26] 農産物は 2012 年：2,680 億円、2021 年：8,041 億円、林産物は 2012 年：118 億円、2021 年：570 億円、水産物は 2012 年：1,698 億円、2021 年：3,015 億円。

（2）月次ベース（2021年、2022年）

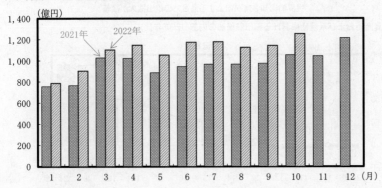

（備考）農林水産省「農林水産物輸出累年実績」、「令和３年農林水産物輸出入概況」、「農林水産物・
　　　食品の輸出額（令和４年10月）」により作成。

（世界的に知名度が向上する品目での輸出拡大が顕著）

　品目別の動向をみると、農産物では、特にアルコール飲料や調味料等の加工食品、肉類等
の畜産品の寄与度が高く、水産物では、冷凍技術が向上したこと等も背景として、調整品を
除く水産物の寄与度が高い（第３－３－８図（１））。個別品目でみると、特に、ウイスキー、
日本酒、牛肉の輸出額は、それまでも堅調な増加を続けてきたが、2021年は更に大幅に増加
している（第３－３－８図（２））。背景としては、我が国の農林水産物や食品の知名度が世
界的に向上する中で、ブランド力を高めて単価を上げることができている[27]ほか、小売店向け
やＥＣ販売が好調であったこと、また、アメリカや中国等の外食需要が回復したこと等が挙
げられる。

---

[27] 2021年の輸出数量及び輸出金額の対前年比伸び率をみると、ウイスキーは数量：36.0％・金額：
70.2％、日本酒（清酒）は数量：47.3％・金額66.4％、牛肉は数量62.6％・金額85.9％となっており、
いずれも数量の伸びを金額の伸びが上回っている。

第3－3－8図　品目別農林水産物の輸出状況

世界的に知名度が向上する品目での輸出拡大が顕著

（1）農産物および水産物における輸出額増加の内訳（2008年比）

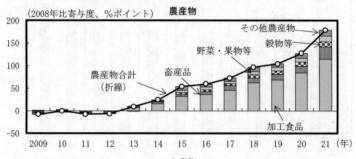

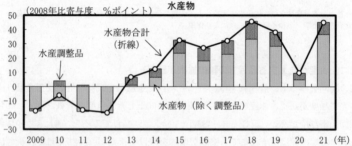

（2）2021年に輸出額が増加した主な品目

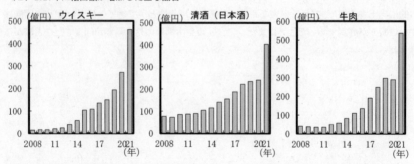

（備考）農林水産省「農林水産物・食品の輸出実績（品目別）」、「統計品別推移表」、「概況品別推移表」、
　　　　「品目別輸出実績」により作成。

　このように、農林水産物・食品の分野では、輸出額が近年大きく増加しており、海外需要の取り込みの好事例となっている。こうした輸出拡大の背景としては、アジアを中心に海外の消費者の所得が向上して潜在的な購買層が顕在化したことや、訪日外国人の増加等を通じて日本産の農林水産物・食品の魅力が海外に広まったこと等の環境変化が挙げられる。特に、世界的に新型コロナの影響が生じた 2020 年以降、商談の機会が減少するなど厳しい環境の中においても輸出額が増加していることは、日本産の農林水産物・食品に対するニーズが強いことを示唆している。もちろん、こうした環境変化は、国内の農林水産事業者を中心とする関係者が様々な形で輸出事業に取り組んできた成果の表れともいえよう。
　政府は、農林水産物・食品の輸出額を 2025 年に 2 兆円、2030 年に 5 兆円とする目標を定め[28]、その実現に向けて取組を進めているが、総合経済対策においては、2025 年に 2 兆円の目標を前倒しで達成すべく様々な支援措置を盛り込んでおり[29]、こうした取組の下、海外需要の取り込みが今後一層進むことが期待される。

3　インバウンド需要の動向

（堅調に拡大してきたインバウンド需要はコロナ禍で消失）

　最後に、インバウンド需要（訪日外客による消費）の動向をみていこう。まず過去の状況を振り返ると、訪日外客数は 2012 年には 836 万人、その消費額は 1.1 兆円に過ぎなかったが、2013 年以降は徐々に増加し、過去最高水準である 2019 年にはそれぞれ 3,188 万人、4.8 兆円となった（第 3 - 3 - 9 図（1））。7 年間で訪日外客数は約 3.8 倍、その消費額は約 4.4 倍と大幅に拡大しており、海外需要の取り込みの代表であったといえる。訪日外客数の国・地域別の内訳をみると、中国、韓国、台湾、香港の順に多く、これらの地域で全体の 7 割を占め、アメリカと欧州は併せて約 1 割、その他の国・地域で約 2 割となっており、近隣諸国・地域が中心となっている（第 3 - 3 - 9 図（2））。
　しかしながら、こうしたインバウンド需要は世界的な新型コロナの感染拡大が生じた 2020 年に急減した。日本を含む各国の水際対策の下で国際的な人の往来には大きな制限が課され、2021 年の訪日外客数は 25 万人、その消費額は 0.1 兆円となるなど、7 年間で徐々に取り込んできた海外需要は新型コロナの影響によって消失した。

---

[28]「食料・農業・農村基本計画」（令和 2 年 3 月 31 日閣議決定）、「経済財政運営と改革の基本方針 2020」及び「成長戦略フォローアップ」（令和 2 年 7 月 17 日閣議決定）
[29] 例えば、専門人材による産地の伴走支援、牛肉をはじめ輸出のための高度な衛生管理施設整備への支援等を通じた輸出産地の形成、品目団体による輸出力強化、現地の小売・飲食店や流通業者のネットワーク構築等輸出支援体制の確立、農林水産・食品関連スタートアップの支援、海外への品種流出防止等。

第３－３－９図　コロナ禍前のインバウンドの状況

2019 年まで拡大してきたインバウンド需要は、コロナ禍で消失

（１）訪日外客数の推移

（２）訪日外客数の国，地域別構成比（2019年）

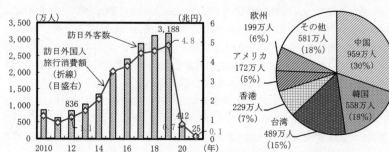

（備考）1．日本政府観光局（ＪＮＴＯ）「訪日外客数」、観光庁「訪日外国人消費動向調査」により作成。
　　　　2．（１）における2020年、2021年の訪日外国人旅行消費額は観光庁の試算値。

（2022 年 10 月以降、水際対策の緩和によって訪日外客数が急回復）

　2022 年後半に入り、こうした状況がようやく変化しだしている。具体的には、同年 10 月
11 日から我が国の水際対策が緩和された[30]ことに伴い、訪日外客数は 10 月に 50 万人、11 月
に 93 万人と大幅に増加した（第３－３－10 図（１））。観光を目的とした訪日外客の割合は、
2022 年 1 月から 6 月まではゼロ、パッケージツアーの受入れを再開し入国者上限も引き上げ
ていた 7 月から 9 月でも 1 割未満であったのに対し、10 月は約 6 割、11 月は約 8 割と大きく
上昇しており、水際対策の緩和によって観光客が大幅に増加したことがわかる（第３－３－
10 図（２））。

　11 月の訪日外客数を国・地域別にみると、過去最高水準である 2019 年の月平均と比べ、
世界全体ではいまだ 35％程度の水準であるが、韓国では約 7 割、香港では約 4 割、アメリカ
では約 6 割、アジア・アメリカ・欧州を除くその他地域では約 6 割と、水際対策の緩和から
わずかな期間で大幅に回復している。一方、2019 年に我が国訪日外客数全体の 3 割を占めて
いた中国については、中国政府による規制と感染再拡大の下で訪日外客数は 2019 年比で
2.6％といまだ回復していない（第３－３－10 図（３））。中国政府は、2023 年 1 月 8 日から
自国の水際対策を緩和し、中国入国時の隔離も不要とすることを発表[31]し、また「国際的な感
染情勢を踏まえつつ、中国人の海外旅行を秩序立てて回復させる」との方針を示した。しか

[30] 感染が疑われる症状がある帰国者・入国者を除き、全ての帰国者・入国者について、原則として入国時
検査を実施せず、入国後の自宅又は宿泊施設での待機、待機期間中のフォローアップ、公共交通機関不使
用等を求めないこととされた。
[31] 国家衛生健康委員会公告（2022 年 12 月 26 日発表）

し、中国における感染動向は情報に乏しく、我が国[32]だけでなく他の先進諸国においても水際対策の緩和に必要な条件はいまだ整っていない。今後、中国において適切な感染対策と情報開示が行われるなど必要な条件が整備されていけば、訪日外客数も増加していくことが期待される[33]。

第3−3−10図　2022年以降の訪日外客数の動向

水際対策の緩和により、訪日外客数は急速に増加

（1）訪日外客数の推移　　　　　　　　　　　　　　（2）訪日外客数の観光客割合

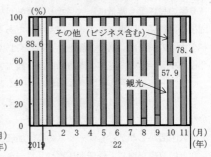

（3）国・地域別訪日外客数（2022年11月）

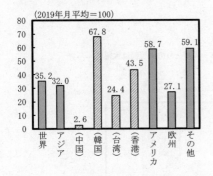

（備考）1. 日本政府観光局（JNTO）「訪日外客数」、出入国在留管理庁「外国人入国者数及び日本人帰国者数の推移」により作成。
　　　　2. 訪日外客数の2022年1月〜9月は暫定値、10月〜11月は推計値。アジア、欧州の10月〜11月は、訪日外客数が公表されている国のみの合計値。

---

[32] 我が国では、中国の感染拡大を背景として、中国本土から直行便で日本に入国した人や、中国本土に7日以内に渡航歴があり日本に入国した人に対し、入国時に抗原検査を義務づける臨時の水際対策を2022年12月30日より講じている。

（円安の進行もあり、訪日外客一人当たりの消費額は大幅増）

　このように、訪日外客数が 2022 年 10 月以降大幅に回復する中、訪日外客一人当たりの消費額を見てみると、2019 年には一人当たり平均が 15.7 万円であったのに対し、2022 年 10 月には 21.4 万円と約４割上昇している（第３－３－11 図（1））。この間、為替レートを円ドル相場でみると、2019 年は年間平均が１ドル 109 円であったのに対し、2022 年 10 月は１ドル 147 円へと約35%円安になっている。仮に訪日外客一人当たりの旅行時の予算が各国通貨建てで大きく変化しないとすれば、円安は円換算の消費額を押し上げることとなる。

　特に、欧州、アメリカ、オーストラリア等からの訪日外客は、2019 年の実績をみると、滞在日数の長さ等も背景に一人当たり消費額が相対的に大きく、これらの国・地域からの人流回復は消費額の回復にも大きく寄与するであろう。アジアの中では、中国、シンガポール、ベトナムの消費額が高く、韓国や台湾などは相対的に低くなっている（第３－３－11 図（2））。今後の中国からの観光客の回復動向は、観光客数・消費額いずれの面で見ても、我が国のインバウンド需要の回復に大きな影響を与えると考えられる。

　こうした中、政府は総合経済対策において「訪日外国人旅行消費額の年間５兆円超の速やかな達成を目指し、集中的な政策パッケージを推進する」こととしている。円安のメリットを最大限活かしながらもサービスの高付加価値化を推進し、世界に対する訪日プロモーションなどの取組を通じて長期滞在者やリピーターを呼び込み、インバウンド需要を有効に取り込んでいくことが重要である。

第３－３－11 図　訪日外客一人当たりの消費額

円安の進行もあり、訪日外客一人当たりの消費額は大幅増

（1）直近の訪日外国人の一人当たり消費額

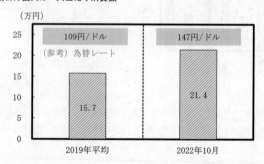

（2）2019年の訪日外国人の一人当たり消費額（国・地域別）

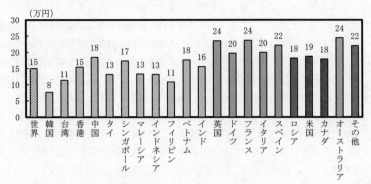

（備考）1．観光庁「訪日外国人消費動向調査」、日本政府観光局（ＪＮＴＯ）「訪日外客数」、財務省・日本銀行
　　　　　「国際収支統計」により作成。
　　　　2．（1）は、国際収支統計上の旅行受取額を、訪日外客数で除して算出。
　　　　3．（2）は、訪日外国人旅行消費額を、訪日外客数で除して算出。クルーズ客を含む。

第4節　まとめ

　本章では、ウィズコロナへの移行と経済活動の正常化、原材料コストの上昇と円安の進展
など、様々な環境が変化する下での企業動向と、そうした中で浮かび上がる今後の成長に向
けた課題についてみてきた。

　第1節では、我が国企業の動向として、コロナ禍と世界的な物価上昇、供給制約等の影響
を受けながらも、海外需要の取り込みや国内経済の回復等を背景に、企業収益は過去最高と
なり、設備投資も名目ベースでは過去最高となるなど力強さがみられ始めたことを確認した。
企業の投資マインドの高まりとともに、コロナ禍で長らく抑えられてきた民間投資が力強さ
をみせ始めている現状は、10年以上にわたり慎重な姿勢が続いてきた企業の投資姿勢を変え
る好機でもある。原材料コストの上昇が企業収益の押下げ要因となり、また、世界経済の減
速懸念が高まっているなど、企業を取り巻く環境は楽観視できるものではないが、官の投資
を呼び水として成長分野における企業の予見可能性と期待成長率を高めること等により、更
なる投資を引き出していくことが重要である。

　第2節では、我が国対外経済構造をみる中で、リーマンショック頃を境に経常収支の黒字
の主因が貿易収支から所得収支へと変化したことを確認した。過去20年において我が国の
貿易は輸出輸入両建てで増加し、2010年以降は収支がおおむね均衡する状況となっているが、
必須輸入品である鉱物性燃料等の輸入超過を製造業部門の輸出超過で賄う構造は変わってい
ない。こうした中で、輸出面では高付加価値化の進展により、輸入面では資源輸入国である
ことにより、輸出入金額はともに専ら価格要因によって変動している。すなわち、貿易収支

は鉱物性燃料の価格変化によって大きな影響を受ける構造となっており、安定化には化石燃料に過度に依存しないエネルギー構造への転換が重要であるといえよう。

　経常収支黒字の主因となっている第一次所得収支は、企業の海外進出の進展に伴う直接投資収益の拡大によって黒字幅を拡大させており、直接投資の収益率は投資先国の経済成長等を背景に高く、対外純資産の収益率を支えている。今後、少子高齢化等を背景に我が国の貯蓄投資バランスが赤字化していく可能性があることも踏まえれば、我が国が経済的な豊かさを維持するためには、対外純資産の収益性の一層の向上が重要である。また、企業は対外直接投資を増加させる中で、国内のみならず海外から持続的に収益を得る構造へと転換しており、海外で稼ぐ力は10年間で着実に高まってきた。一方で、こうした海外で収益を得る力は大中堅企業に偏在していることや、これまで海外投資に比して国内投資が低く抑えられてきたこと等を踏まえれば、海外の収益をいかに国内の成長力強化につなげていくかという点が課題であるといえよう。

　第3節では、円安の進展もあって輸出拡大の機運が高まる中、今後の伸びしろが大きい分野の現状と課題についてみた。中でも、中小企業の輸出で稼ぐ力は、直接投資による海外での売上や収益と同様、大中堅企業に比べて限定的であり、過去10年間で輸出額及び輸出割合も増加していないなど、現状では課題が大きい。輸出企業は非輸出企業に比べて売上高や経常利益、付加価値生産性、研究開発実施率が高く、輸出を通じた海外企業との厳しい競争の下で自社の稼ぐ力を高めている様子がうかがえる。優れた製品を作り出しながらも生産性や収益力に劣る中小企業にとって、輸出は稼ぐ力を高めるための有力な方法の一つであると考えられる。一方で、中小企業は輸出に際してマーケティングや人材面で課題を抱えており、また、大中堅企業に比べて取引先の繋がり等のネットワーク等が乏しいことから海外事業所の重要性が相対的に高いなど、輸出へのハードルが高い状況にある。中小企業の輸出拡大に向けては、金融機関を含めた認定支援機関等の多様な主体による伴走支援や、近年中小企業で利用の機運が高まっている越境ＥＣの活用拡大等が重要である。

　コロナ禍を乗り越え、我が国経済を民需主導の持続的な成長軌道に乗せていくためには、長年にわたり低く抑えられてきた国内投資の拡大、所得・輸出両面からの海外で稼ぐ力の強化など、本章でみてきた課題に取り組むことを通じて、我が国企業の成長力を引き上げていくことが重要である。

むすび

（2022-2023 年の日本経済）

　2022 年の日本経済は、春にまん延防止等重点措置が解除されて以降、ウイズコロナの下で個人消費や民間企業設備投資を始めとして多くの需要項目でコロナ禍前水準を回復した。年後半には、感染拡大がサービス消費を下押しする傾向は弱まっており、財消費に比べ回復が遅れていたサービス消費も持ち直してきている。

　他方、コロナ禍からの世界的な需要回復が続く中、2022 年春のロシアによるウクライナ侵略を契機として原材料等の需給が逼迫し、国際商品市場で価格が上昇したことなどを背景として、世界的に物価上昇がみられている。我が国でも輸入物価や企業物価の上昇率は 2022 年を通じて高い水準で推移し、消費者物価では多くの品目の価格にコスト増の転嫁を通じた波及が徐々に進み、2000 年代後半の原油価格上昇局面よりも、価格上昇に拡がりが見られ始めている。こうした転嫁の動きを確実なものとし、適切な価格設定が進むことで企業が付加価値を維持・増加、投資や賃上げを継続できる環境を整えていくことが必要である。

　今後は、2022 年中続いてきた景気の持ち直しの動きを確かなものとし、構造的な賃上げや国内需要の回復による内生的な物価上昇を実現していくことで、我が国経済を、安定的な物価上昇を伴う持続的な回復軌道に乗せていくことが鍵となる。2023 年には、欧米主要国などで景気の減速が予想されていることを踏まえれば、国内の成長分野への重点的な投資など、民間需要を喚起していくことが重要と考えられる。

　また、中長期的には、成長分野を中心とした企業設備投資の誘発による需給両面の活性化に加え、構造的な課題である少子化への取組みなどを通じた潜在成長率の上昇が課題であり、コロナ禍からの回復過程での投資の持ち直しを持続的なものとしていくことが必要と考えられる。

　本報告書の分析を踏まえると、持続的な回復を実現していくための主な課題は以下の三つにまとめられる。

（価格転嫁促進と適切な価格の設定）

　第一に、輸入物価の上昇などによるコスト増の価格転嫁を促し、適切な価格設定が行える環境を整えることである。

　これまでデフレが長期間続いてきた日本では、競争的な市場環境での販売価格や、下請取引の価格設定が上方に硬直的となり、企業はコストの上昇に直面しても価格を上げにくくなっていた可能性が考えられる。今後、企業が付加価値を維持・増加させていくには、まず、価格転嫁対策の取組の着実な実施などを通じて、こうした環境を変えていくことが不可欠である。

2022年の物価上昇をみると、輸入物価上昇を背景とするコストプッシュ型であり、経済全体では、国内需給の引締まりや賃金上昇による内生的な物価上昇の動きは限定的である。他方、品目別には、消費者物価の上昇が続く中で、価格上昇の裾野の広がりもみられている。

　今後は、企業が適切な価格設定を進めやすい環境を整備した上で、賃上げ原資を確保して賃金の更なる上昇を図ることが鍵となる。デフレ以前の90年代には、例えばサービス産業では、需給の引締まりに対応して価格が上昇する傾向がみられており、賃金上昇が定着していく下で、消費などの需要増加を通じた内生的な物価上昇につながることが期待される。

　あわせて、購入財を同一機能の品目内の低価格品へ代替する消費者の動きもみられるが、コストプッシュによる価格転嫁がひと段落するまでの間、2023年1月からの電気・ガス激変緩和対策事業をはじめ、国民生活・事業活動を守るために、総合経済対策を通じた支援を確実に届けていくことが重要である。

（賃上げ環境の醸成と個人消費の力強い回復）

　第二に、個人消費の持続的な回復に向けて、低下傾向にある消費性向の回復と、構造的な賃上げ環境の構築による所得の増加が不可欠である。

　コロナ禍で大きく低下した消費性向は、回復傾向が続いているが、2022年も依然としてコロナ禍前の水準を回復していない。特に、物価上昇の影響が相対的に大きい低所得層では実質消費が減少傾向にある。コロナ禍での消費性向の抑制により積みあがっている超過貯蓄も、低所得層では相対的に少なく、低所得層の消費の下支え効果は限られている可能性がある。

　また、消費性向は、過去10年間程度を振り返っても低下傾向にある。年齢階層別には、若年層と高齢層で低下が顕著であり、特に若年層ではコロナ禍以降さらに低下している。こうした低下の背景として、若年層では期待生涯所得の伸び悩みや老後の生活不安の高まりがうかがえる。若年世代の生涯所得に対する見通しの改善に向けては、賃金が構造的に上昇する社会を実現するとともに、多様な働き方による労働参加を促す中で、高齢者も働き続けられる環境の整備が重要である。本報告書での実証分析の結果、消費性向は、家計の預貯金の増加や世帯主収入に占める定期収入比率の上昇に伴い高まるが、前者の影響は限定的であり、後者の影響、すなわちベースアップ実現や賃金上昇を伴う労働移動の促進などを通じて、定期収入比率を引き上げることが、経済全体の消費性向を高めていくための鍵であることが示唆された。

　コロナ禍以降、労働市場は改善傾向が続いているが、1年を超える長期失業者数は増加する一方で求人充足率の低下がみられ、労働市場のミスマッチが拡大している可能性も示唆された。適材適所での人材活用や労働移動を後押しすることは、経済全体の労働生産性の伸びを高め、実質賃金上昇に寄与する。労働者のリスキリングへの支援に加え、労働市場の仲介機能を強化し、成長産業への労働移動を推進する取組を進めていくことが重要である。

（企業の成長力強化）

　第三に、企業部門の収益の回復を今後の成長力強化につなげていくための設備投資や、企業が海外で稼ぐ力を高めていくための取組が重要である。

　2022 年は、製造業のけん引により収益の回復が続き、円安による営業外収益の増加もあり、コロナ禍以降抑制されていた大中堅企業の設備投資に回復がみられた。コロナ禍からの回復過程で企業の予想成長率に高まりがみられる中で、今後は官の投資も呼び水として成長分野での企業の設備投資を引き出していくことが課題である。

　対外経済構造に目を転じると、経常収支の黒字要因が貿易中心から投資中心に変化するなかで、投資収益の黒字拡大の主因は収益率が高い直接投資収益へと変化している。直接投資の収益率は投資先国の経済成長等を背景に高く、対外純資産の収益率を支えているが、こうした海外から得られた収益を国内の成長力強化につなげていくことが、今後の課題と考えられる。また、円安の影響もあって、企業の経常利益は営業外収益の増加などを通じて 2022 年には最高水準となった。

　海外進出を通じて所得を稼ぐ力は大中堅企業に偏在し、輸出面でも稼ぐ力は大企業中心となっている。一方、企業規模に関わらず、輸出を行う企業は行わない企業と比べ、国際的な競争環境の下高い生産性を実現しており、研究開発実施率も高い。中小企業の輸出には伸びしろが大きいと考えられ、中小企業が課題を感じているマーケティングや人材面を中心とした支援の拡大が重要である。

付図・付表・付注

付図1-1　規模別・業種別の疑似交易条件

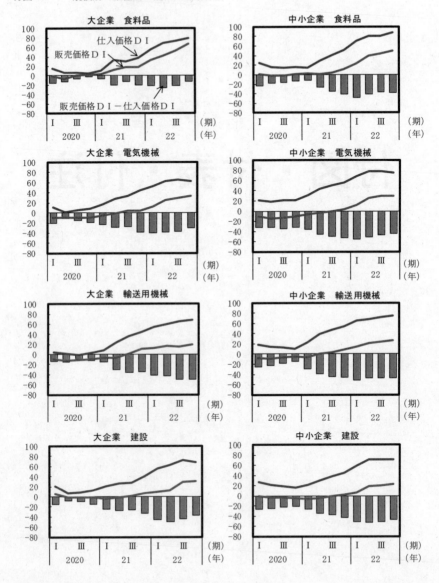

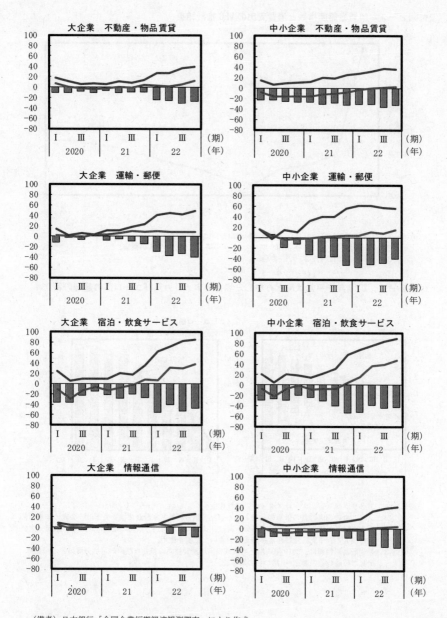

(備考) 日本銀行「全国企業短期経済観測調査」により作成。

付図２－１　消費者態度指数と消費支出の VEC 推計結果

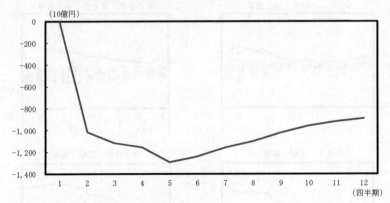

（備考）　1．内閣府「国民経済計算」、「消費動向調査」により作成。
　　　　　2．推計期間は、2001 年第 1 四半期から 2019 年第 4 四半期。季節調整値。
　　　　　3．分析の詳細は付注 2 - 2 を参照。

付図２－２　2019 年を平常状態とみなした場合のアメリカ及びユーロ圏の超過貯蓄

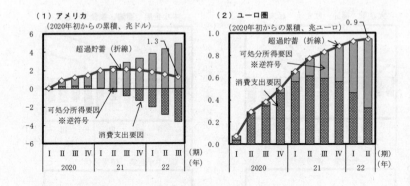

（備考）　1．アメリカ商務省、ユーロスタットにより作成。
　　　　　2．アメリカの超過貯蓄の計算の前提となる家計可処分所得と家計最終消費支出は、公表の年換算額
　　　　　　を 4 で除した値。また、家計可処分所得は、日本の家計可処分所得の定義に合わせ、当局公表値
　　　　　　から個人の利子支払及び経常移転支出を除いた数値を使用。
　　　　　3．超過貯蓄累積額は、2019 年同期と当該期の平均消費性向の差と当該期の可処分所得との積で算
　　　　　　出した超過貯蓄の 2020 年初からの累積額。

付図2－3　共働き・片働き別にみた消費性向の推移

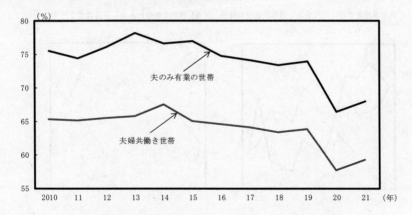

（備考）1．総務省「家計調査」により作成。二人以上の世帯のうち勤労者世帯。
　　　　2．2018年以前の数字は家計簿（調査票）変更による断層を補正。なお、世帯類型別の変動調整値は公表されていないため、世帯平均の調整係数を各世帯類型に準用している。

付図2−4　後期高齢者一人当たりの医療費、消費支出、可処分所得の推移

（1）後期高齢者世帯の消費支出、可処分所得の推移

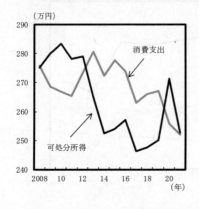

（2）後期高齢者一人当たり医療費の推移

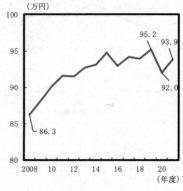

（3）後期高齢者一人当たり介護費用の推移

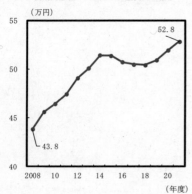

（備考）1. 総務省「家計調査」、厚生労働省「医療費の動
　　　　　向調査」、「介護給付費等実態統計」、「人口
　　　　　動態統計」により作成。
　　　　2. （1）は、世帯主が75歳以上の二人以上の世帯
　　　　　のうち無職世帯。2018年以前の数字は家計簿
　　　　　（調査票）変更による断層を補正。なお、年齢
　　　　　階層別の変動調整値は公表されていないため、
　　　　　世帯平均の調整係数を準用している。
　　　　3. （2）は、後期高齢者医療の対象となる者に係
　　　　　るデータ。医療保険適用の医療費の総額を、加
　　　　　入者数で除して得た値。医療費は概算医療費で
　　　　　あり、審査支払機関（社会保険診療報酬支払基
　　　　　金及び国民健康保険団体連合会）で審査される
　　　　　診療報酬明細書のデータを集計したもの。医療
　　　　　保険及び公費負担医療で支給の対象となる患者
　　　　　負担分を含めた医療費についての集計であり、
　　　　　現物給付でない分（はり・きゅう、全額自費に
　　　　　よる支払い分等）等は含まれていない。
　　　　4. （3）は、75歳以上のデータ。各年の5月〜4
　　　　　月審査分の介護費用を、人口で除して得た値。
　　　　　介護費用は、審査月に原審査で決定された額で
　　　　　あり、保険給付額、公費負担額及び利用者負担
　　　　　額（公費の本人負担額を含む）の合計額であ
　　　　　る。市区町村が直接支払う費用（償還払い）は
　　　　　含まない。

付図2−5　住宅ローンの返済を消費支出に含めた場合の若年層の消費性向

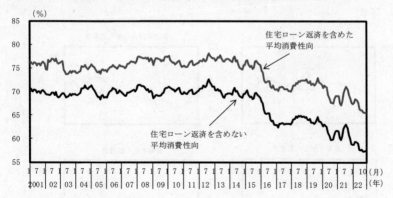

（備考）
1．総務省「家計調査」により作成。
2．二人以上の世帯のうち勤労者世帯で、世帯主の年齢が34歳以下の世帯。後方12か月移動平均。
3．住宅ローン返済を含めた平均消費性向は、以下の式により算出。
　　（消費支出＋土地家屋借金返済）／可処分所得×100
4．消費支出及び可処分所得の2018年以前の値は、家計簿（調査票）変更による断層を補正。年齢階層別の変動調整
　　値は公表されていないため、世帯平均の調整係数を準用している。なお、土地家屋借金返済の値は変動調整値が
　　公表されていないため、補正をしていない。
5．2014年以前は34歳以下の年齢階層が公表系列にないため、公表されている年齢階層の世帯数分布（抽出率調整）
　　を用いて加重平均することで算出した。

付図2－6　年齢階層別にみた労働状態のフロー（遷移確率）

① 15－34歳

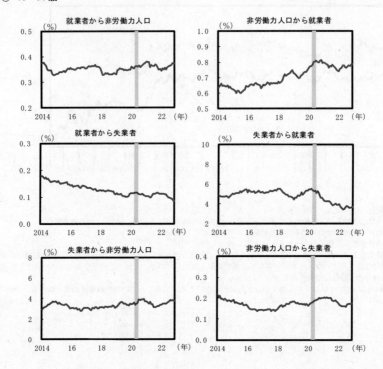

② 35−54歳

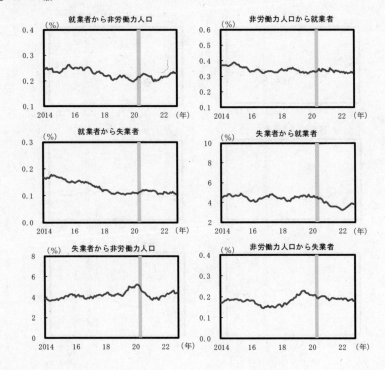

③ 55歳以上

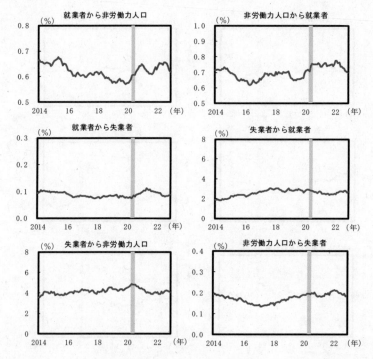

（備考） 1．総務省「労働力調査」により作成。
2．推移確率 ＝ （ t 月のフローデータ） ÷ （ t-1 月のストックデータ）
3．フローデータ、ストックデータは 12 か月累計値。男女計の値。
4．シャドーは新型コロナウイルスの感染拡大初期（2020 年 4 － 6 月）を示している。

付注1-1 為替レート関数の推計について

1．考え方

　為替レートの変動要因を捕捉するため、平成24年度年次経済財政報告と同様、一物一価の法則に基づく購買力平価説、資産市場の需給に基づくアセット・アプローチ、貨幣需給に基づくマネタリーアプローチを取り入れるため、相対価格比、実質金利差、マネタリーベース比を用いて推計を行った。相対価格はGrossmann and Simpson(2010)に倣い、輸出財価格と輸入財価格を合成して作成した貿易財の卸売物価に近い概念である貿易財価格を使用している。マネタリーベース比については、量的緩和が弾性値に影響を与えている可能性があることから、量的緩和を実施している期間（2001年1-3月期～2006年1-3月期及び2013年1-3月期以降）と実施していない期間を分けて推計している。

また、1-1-6図（3）や1-1-7図（1）より、コロナ禍以降、金利差や貿易財価格比と為替レートとの関係性が変化しており、それにより推計結果が不安定になっている可能性があることから、今回はコロナ前までの為替レートと各変数間の関係性により推計を行い、本編図表では、当該推計によって得られたパラメーターに基づいてコロナ禍以降の推計値は作成している。

2．推計の概要
（1）推計式

$$lnExrate_t = c + \alpha TGP_t + \beta PR_t + \gamma MB_t + D \times \delta MB_t + \zeta lnExrate_{t-1}$$

Exrate：名目為替レート（円/米ドル）

ＴＧＰ：貿易財価格比（日本貿易財価格/アメリカ貿易財価格）×100

ＰＲ　：実質金利差（アメリカ実質金利－日本実質金利）
　　　　　　　　　　　　アメリカ実質金利：アメリカＦＦレート－アメリカ貿易財価格前年比
　　　　　日本実質金利：日本コールレート－日本貿易財価格前年比

MB　：マネタリーベース比（日本マネタリーベース/アメリカマネタリーベース）

D　　：量的緩和実施時（2001年1－3月期から06年1－3月期及び2013年1－3

　　　月期以降）を1とするダミー変数

貿易財価格：〔（自国輸出物価×自国輸出金額）＋（自国輸入物価×自国輸入金額）〕/

　　　　　　〔自国輸出金額　＋　自国輸入金額〕

（2）推計結果（調整済み決定係数 0.87）

係数	推計値（t 値）	標準誤差
c	1.2321(4.49)***	0.2742
α	0.0016(2.39)***	0.0007
β	0.0018(3.40)***	0.0005
γ	0.0005(1.77)*	0.003
δ	0.0001(0.55)	0.0001
ζ	0.6814(9.11)***	0.0748

（備考）***、**、*は、それぞれ1％、5％、10％水準で有意であることを表す。

（3）推計期間

　　　1986年第1四半期～2020年第1四半期

付注1－2　為替レートに対する弾性値の推計について

1．概要

　為替レートの変化が経常収支に与える短期的な影響を試算するため、輸出金額・輸入金額・所得収支・サービス受取・サービス支払の、為替レートに対する弾性値を推計した。輸出金額・輸入金額については、数量要因・価格要因に分解したうえで分析を行った。

2．データ

　財務省「貿易統計」、日本銀行「実効為替レート（名目・実質）」、「企業物価指数」、財務省・日本銀行「国際収支統計」、内閣府「景気動向指数」、CPB "Netherlands Bureau for Economic Policy and Analysis"

3．推計方法

　輸出数量、輸出価格、輸入数量（鉱物性燃料）、輸入価格（鉱物性燃料）、輸入数量（鉱物性燃料除く）、輸入価格（鉱物性燃料除く）、所得収支、サービス受取、サービス支払それぞれについて、以下の推計式を用いて回帰分析を行った。推計に用いる変数は、ダミー変数を除き全て 2015 年を 100 とした指数の後方３か月移動平均とし、輸出入の数量指数・価格指数はいずれも内閣府による季節調整値を採用している。なお、輸出数量と輸入数量のコロナダミーの設定期間が異なるが、輸出数量は世界的な需要の減少と我が国の緊急事態宣言の影響を受ける一方、輸入数量については中国において 2020 年２月から世界に先行して実施されたロックダウンの影響が強く出ていることを反映したものである。

　また、今回の推計の目的は為替レートの変動に対する各被説明変数の短期的（１四半期以内）な弾性値を試算することであり、例えば輸出数量の変化に与え得る我が国の輸出財の競争力の変化や、時間経過を伴って生じる数量の反応（いわゆるＪカーブ効果）は推計式では考慮されていない。推計期間の設定に当たっては、リーマンショック後の貿易収支がおおむね均衡するようになった期間のみを対象としており、コロナ禍も含まれている。そのため、円安によって契約通貨ベースでみれば、相対的に低価格で輸出できることで生じる輸出数量増加に関する弾性値は、コロナ禍における部品供給制約によって低く出ている可能性がある点には留意が必要である。

（1）輸出数量

$$\Delta \ln (EQI) = \alpha \times \Delta \ln (WIQ) + \beta \times \Delta \ln (REER) + \gamma \times dummy (lehman)$$
$$+ \varepsilon \times dummy (sinsai) + \mu \times dummy (corona)$$

　　EQI：輸出数量指数、WIQ：世界の輸入数量、REER：実質実効為替レート、dummy（lehman）：リーマンダミー（2009 年１～３月＝１、その他＝０）、dummy（sinsai）：震災ダミー（2011 年３～５月＝１、その他＝０）、dummy（corona）：コロナダミー（2020 年４～

6月＝1、その他＝0）

（2）輸出価格
$\Delta \ln (\text{EUV}) = \alpha \times \Delta \ln (\text{EPIC}) + \beta \times \Delta \ln (\text{NEER})$

EUV：輸出価格指数、EPIC：輸出物価指数（契約通貨ベース）、NEER：名目実効為替
レート

（3）輸入数量（鉱物性燃料）
$\Delta \ln (\text{IQIF}) = \alpha \times \Delta \ln (\text{CI}) + \beta \times \Delta \ln (\text{IUVF})$

IQIF：輸入数量指数（鉱物性燃料）、CI：景気動向指数（一致指数）、IUVF：輸入価
格指数（鉱物性燃料）

（4）輸入数量（鉱物性燃料除く）
$\Delta \ln (\text{IQINF}) = \alpha \times \Delta \ln (\text{CI}) + \beta \times \Delta \ln (\text{IUVNF}) + \gamma \times \text{dummy (corona)}$

IQINF：輸入数量指数（鉱物性燃料除く）、CI：景気動向指数（一致指数）、IUVNF：
輸入価格指数（鉱物性燃料除く）、dummy（conora）：コロナダミー（2020年2～3
月＝－1、2020年4～5月＝1、その他＝0）

（5）輸入価格（鉱物性燃料除く）
$\Delta \ln (\text{IUVNF}) = \alpha \times \Delta \ln (\text{IPIC}) + \beta \times \Delta \ln (\text{NEER})$

IUVNF：輸入価格指数（鉱物性燃料除く）、IPIC：輸入物価指数（契約通貨ベー
ス）、NEER：名目実効為替レート

（6）所得収支
$\ln (\text{IB}) = c + \alpha \times \ln (\text{NEER}) + \beta \times \text{time}$

IB：所得収支、NEER：名目実効為替レート、time：時間トレンド

（7）サービス受取
$\Delta \ln (\text{SG}) = \alpha \times \Delta \ln (\text{WIQ}) + \beta \times \Delta \ln (\text{NEER}) + \gamma \times \text{dummy (corona)}$

SG：サービス受取、WIQ：世界の輸入数量、NEER：名目実効為替レート、dummy
（corona）：コロナダミー（2020年2～4月＝1、その他＝0）

（8）サービス支払

$$\Delta \ln (SP) = \alpha \times \Delta \ln (CI) + \beta \times \Delta \ln (NEER)$$

SP：サービス支払、CI：景気動向指数（一致指数）、NEER：名目実効為替レート

4．推計期間

2009 年 1 月〜2022 年 9 月

5．推計結果
（1）輸出数量

変数	係数	標準誤差	t 値	Prob.
Δln（WIQ）	1.185	0.119	9.948	0.000
Δln（REER）	-0.147	0.070	-2.104	0.037
dummy（lehman）	-0.059	0.009	-6.763	0.000
dummy（sinsai）	-0.043	0.007	-5.755	0.000
dummy（corona）	-0.029	0.009	-3.319	0.001
R^2adj	0.729	S.E. of regression		0.013

（2）輸出価格

変数	係数	標準誤差	t 値	Prob.
Δln（EPIC）	0.551	0.132	4.176	0.000
Δln（NEER）	-0.390	0.040	-9.648	0.000
R^2adj	0.481	S.E. of regression		0.007

（3）輸入数量（鉱物性燃料）

変数	係数	標準誤差	t 値	Prob.
Δln（CI）	0.297	0.106	2.808	0.006
Δln（IUVF）	0.050	0.033	1.494	0.137
R^2adj	0.112	S.E. of regression		0.017

（4）輸入数量（鉱物性燃料除く）

変数	係数	標準誤差	t 値	Prob.
Δln（CI）	0.508	0.083	6.143	0.000
Δln（IUVNF）	-0.217	0.064	-3.412	0.001
dummy（corona）	0.049	0.008	6.288	0.000
R^2adj	0.276	S.E. of regression		0.015

（5）輸入価格（鉱物性燃料除く）

変数	係数	標準誤差	t 値	Prob.
Δln（IPIC）	0.321	0.163	1.969	0.051
Δln（NEER）	-0.817	0.087	-9.352	0.000

R²adj		0.347	S.E. of regression		0.016

(6) 所得収支

変数	係数	標準誤差	t 値	Prob.
c	8.976	0.465	19.290	0.000
ln (NEER)	-1.002	0.095	-10.493	0.000
time	0.003	0.000	15.759	0.000
R²adj	0.835	S.E. of regression		0.103

(7) サービス受取

変数	係数	標準誤差	t 値	Prob.
Δln (WIQ)	0.551	0.157	3.499	0.001
Δln (NEER)	-0.589	0.120	-4.926	0.000
dummy (corona)	-0.066	0.013	-5.077	0.000
R²adj	0.343	S.E. of regression		0.022

(8) サービス支払

変数	係数	標準誤差	t 値	Prob.
Δln (CI)	0.516	0.092	5.640	0.000
Δln (NEER)	-0.384	0.100	-3.824	0.000
R²adj	0.258	S.E. of regression		0.018

(備考) R²adj:自由度修正済決定係数、S.E. of regression:標準誤差

6. 為替レートに対する弾性値

			弾性値	有意性
輸出		数量	-0.147	5％以内で有意
		価格	-0.390	1％以内で有意
輸入	鉱物性燃料	数量	−	有意でない
		価格	-1	(※1)
	鉱物性燃料除く	数量	0.177	1％以内で有意(※2)
		価格	-0.817	1％以内で有意
所得		収支	-1.002	1％以内で有意
サービス		受取	-0.589	1％以内で有意
		支払	-0.384	1％以内で有意

(※1) 鉱物性燃料の輸入は全て外貨建てであると仮定し、輸入価格の弾性値は -1 とした。

(※2) 輸入数量（鉱物性燃料除く）の弾性値は、（4）における $\Delta \ln$ (IUVNF) の係数と（5）における $\Delta \ln$ (NEER) の係数を乗じたもの。

付注1－3　消費者物価上昇の要因分解について

1．概要
　消費者物価指数における生鮮食品及びエネルギーを除く総合（コアコア）について、賃金上昇や需給状況、輸入財のコスト上昇による影響をみるため、寄与度分解を行う。

2．データ
　総務省「消費者物価指数」、内閣府「国民経済計算」、日本銀行「企業物価指数」により作成。ＧＤＰギャップは内閣府試算値。

3．推計方法・結果
　消費税の影響を除くコアコアを被説明変数とし、その変動のうち賃金要因を単位労働コスト（ＵＬＣ）、需給要因をＧＤＰギャップ、輸入財のコスト要因を輸入物価により説明するモデル式により重回帰分析を行った。
　ただし、輸入物価の上昇局面では、投入価格上昇が産出価格に一定程度転嫁されることで消費者物価の上昇につながるもののコスト増を企業が吸収する部分もあり、下落局面では投入価格下落がそれまでの損失等の補填に回され消費者物価の下落が起こりにくい可能性が考えられる。このため、輸入物価については、上昇局面と下落局面を分けて分析を行っている。
　この分析により、ＵＬＣ、ＧＤＰギャップ、上昇時の輸入物価のパラメーターは有意である一方、下落時の輸入物価のパラメーターは有意でないとの結果が得られた。つまり、賃金や需給の変動、輸入財のコスト上昇は消費者物価に影響を及ぼす一方、輸入財のコスト下落は影響を及ぼさない可能性が示唆された。
　具体的なモデル式及び推計結果は以下のとおり。

（1）モデル式
$$CPI_t = \alpha\,ULC_t + \beta\,GAP_{t-4} + \gamma\,IPI(+)_{t-4} + \delta\,IPI(-)_{t-4} + \varepsilon$$

CPI_t：コアコア前年比（消費税の影響を除く値、当期）、ULC_t：ＵＬＣの前年比（当期）、GAP_{t-4}：ＧＤＰギャップ（4期前）、$IPI(+)_{t-4}$：輸入物価の前年比（輸入物価上昇時、4期前）、$IPI(-)_{t-4}$：輸入物価の前年比（輸入物価下落時、4期前）

（2）推計結果

説明変数	係数	t 値	標準誤差
ULC_t（α）***	0.131	2.84	0.046
GAP_{t-4}（β）***	0.224	3.90	0.057
$IPI(+)_{t-4}$（γ）***	0.036	4.59	0.008
$IPI(-)_{t-4}$（δ）	-0.009	-1.01	0.009
調整済み決定係数 R^2	0.450		

（備考）***は1％水準で有意であることを示す。

付注1－4　輸出による設備投資への影響に関する推計について

1．概要
　輸出動向の設備投資への影響をみるにあたり、全産業、製造業、非製造業の3分類に分け、それぞれの影響度合いを比較した。

2．データ
　設備投資（ソフトウェア除く）と経常利益は財務省「法人企業統計季報」で公表されている季節調整値を使用。輸出は日本銀行「実質輸出指数」、人手不足感を表す指標には日本銀行「全国企業短期経済観測調査」を使用。

3．推計方法
（1）推計式
　通常、企業は、輸出や企業収益の動向を踏まえて設備投資を実行すると考えられる。また近年では人手不足による省力化投資も積極的に行われている。そこで、設備投資を被説明変数に、輸出の他、経常利益や人手不足感を表す指標を説明変数に加えて重回帰分析を行った。

$$Invest_t = \alpha + \beta_1 Ex_{t-2} + \beta_2 Profit_{t-1} + \beta_3 Em_t + Dummy_1 + Dummy_2$$

　設備投資、輸出、経常利益は前期比の数値、雇用人員判断DIは当期の値を使用した。また、リーマンショック、新型コロナウイルス感染症の影響を考慮し、ダミー変数を入れている。設備投資と経常利益は、全産業、製造業、非製造業それぞれの数値を使用している。
　また、通常景気が回復し、企業収益が改善した後に設備投資を実行する傾向がみられることから、全産業、製造業、非製造業それぞれにおいて、輸出は2期ラグ、経常利益は1期ラグを取っている。

（2）変数の定義と使用データ等

変数名	定義	使用データ等
$Invest_t$	設備投資（除くソフトウェア）	財務省「法人企業統計」季節調整値、前期比
Ex_t	輸出	日本銀行「実質輸出指数」季節調整値、前期比
$Profit_t$	経常利益	財務省「法人企業統計」季節調整値、前期比
Em_t	雇用人員判断 DI	日本銀行「全国企業短期経済観測調査」
$Dummy_1$	リーマンダミー	2008 年第 4 四半期と 2009 年第 1 四半期を 1 とするダミー変数
$Dummy_2$	コロナダミー	2020 年第 2 四半期を 1 とするダミー変数

（3）推計対象

　期間：1990 年第 1 四半期～2022 年第 3 四半期

（4）推計結果

説明変数	全産業 係数	製造業 係数	非製造業 係数
輸出（2 期ラグ）	0.200***	0.312***	0.116
	(2.869)	(2.700)	(1.298)
経常利益（1 期ラグ）	0.019	0.001	0.025
	(0.852)	(0.488)	(0.760)
雇用判断 DI	-0.449**	-0.067***	-0.035
	(-2.569)	(-2.907)	(-1.558)
定数項	-0.306	0.089	-0.335
	(-0.908)	(0.191)	(-0.706)
リーマンダミー	-6.578**	-9.526***	-5.000
	(-2.423)	(-2.680)	(-1.487)
コロナダミー	-8.295**	-6.021	-9.567**
	(-2.300)	(-1.211)	(-2.071)
調整済み決定係数	0.184	0.206	0.057

（備考）***、**は、それぞれ 1 ％、5 ％水準で有意であることを表す。括弧内の数値は t 値。

付注2－1　住宅取得能力指数の試算について

1．概要
　住宅取得能力指数は新築土地付き注文住宅の取得環境の月次動向を指数化したものであり、高いほどその時点での住宅取得が容易であることを表す。住宅取得環境の決定要因として資金調達環境（家計の所得・貯蓄及び住宅ローン金利）と住宅価格（土地取得費、建設費、消費税及び住宅取得支援策）の動向を考慮した。

2．算出方法

$$住宅取得能力指数 = \frac{調達可能金額}{住宅価格}$$

　ここで、

$$調達可能金額 = 貯蓄額 + 借入可能額$$

$$借入可能額 = 毎月返済額 \times \sum_{k=1}^{420}\left(1 + 住宅ローン金利\right)^{-k}$$

$$住宅価格 = 土地取得費 + 建設費 \times \left(1 + 消費税率\right) - 住宅ローン控除総額$$

3．各数値の詳細

名称	算出方法詳細、使用データ等
貯蓄額	総務省「家計調査」による貯蓄から生命保険など及び住宅・土地のための負債を控除。二人以上の世帯のうち勤労者世帯。各月時点で最新の四半期調査結果をその月の値とした。
借入可能額	35年固定金利、元利均等返済。
毎月返済額	総務省「家計調査」による可処分所得の4分の1と仮定した。二人以上の世帯のうち勤労者世帯。季節調整値、変動調整値。後方3か月移動平均値。
住宅ローン金利	フラット35（借入期間21年以上融資率9割以下、新機構団信付き）における最低金利。月利。
土地取得費	独立行政法人住宅金融支援機構「2017年度フラット35利用者調査」を基準に、不動産価格指数の比を適用。不動産価格指数は国土交通省「不動産価格指数」による。住宅地、全国。
建設費	独立行政法人住宅金融支援機構「2017年度フラット35利用者調査」を基準に、建築費指数の比を適用。建築費指数は一般財団法人建設物価調査会「建築費指数」による。東京、木造住宅、純工事費。

名称	算出方法、使用データ等
消費税率	2019年3月以前で8％、2019年4月以降10％（契約の半年後に引き渡しと仮定した場合の契約時点の適用税率）。
住宅ローン控除総額	上記借入可能額を計画通りに返済（35年固定金利元利均等返済）した場合の年末時点残高に基づく控除額（一般住宅）の計。 上記消費税率と時期を揃えて、2019年3月以前で限度額4,000万円控除率1％、10年間。2019年4月以降ではこれに加えてさらに3年間控除率1％（ただし限度額の2/3％を上限とする）。2021年10月以降は限度額3,000万円控除率0.7％、13年間（契約の半年後に引き渡しと仮定した場合の契約時点の適用控除額）。

※住宅取得支援策には住宅ローン控除のほかに、その効果が十分に及ばない収入層の負担軽減のための「すまい給付金」や、住宅の省エネ性能や世帯構成を主な要件とする「グリーン住宅ポイント制度」「こどもみらい住宅支援事業」等があるが、当試算ではいずれも算入しないこととした。

付注2-2　消費マインドが消費支出に与える影響について

1．概要
　消費マインドが消費支出に与える影響について検証する。具体的には、小川（2020）を参考にしてVARモデルを構築し、消費マインド指数の外生的な変化に対する消費支出の反応を確認した。

2．データ
　内閣府「国民経済計算」、「消費動向調査」

3．推計方法
（1）推計式
　四半期データを用いて、実質可処分所得、実質家計最終消費支出、消費者態度指数の3変数から成るVARモデルを構築した。また、構造ショックの識別に当たっては、実質可処分所得、実質家計最終消費支出、消費者態度指数の順に外生的であると仮定して、コレスキー分解を行った。ラグ次数はAICにより選択された2を採用した。

（2）変数の定義と使用データ等
・実質可処分所得
　「国民経済計算」における「家計可処分所得・家計貯蓄率四半期別速報」より可処分所得（実質季節調整系列）を取得。
・実質家計最終消費支出
　「国民経済計算」における「四半期別GDP速報」の家計最終消費支出（実質季節調整系列）を取得。
・消費者態度指数
　「消費動向調査」における消費者態度指数（季節調整値）を取得。

（3）推計期間
　2000年第1四半期〜2019年第4四半期

4．補足
　VARモデル構築に先立ち、可処分所得、家計最終消費支出、消費者態度指数の3変数間の共和分関係をJohansenテストで確認したところ、共和分関係が1つ以上存在することが示唆された。一般に、単位根や共和分関係がある場合、レベル変数のままVARモデルを推計しても推定量が一致性を持つことが知られており、本編でもVARモデルにおけるインパルス応答関数を採用した。なお、VECモデルを構築した上で、インパルス応答を確認してもVARモデルとほとんど同じ形状のインパルス応答関数が得られる（付

図2-1)。

　また、消費者態度指数と消費支出の関係の頑健性をみるために、ＶＡＲモデルの変数の外生性の順番について、消費者態度指数、実質可処分所得、実質家計最終消費支出の順に外生的であるとしたモデルにおいてもインパルス応答を確認した。結果として、反応が有意となるタイミングや反応の大きさは、実質可処分所得、実質家計最終消費支出、消費者態度指数の順に外生的であると仮定した元のモデルのものと大きな差異はみられなかった。

付注２－３　消費関数の推計について

１．概要
　家計レベルの消費支出の決定要因について、総務省「家計調査」の調査票情報を用いて分析した。

２．データ
　総務省「家計調査」

３．推計方法
（１）推計対象・データセット
　世帯主年齢65歳未満の２人以上勤労世帯で、2012年から2021年の間に調査開始したサンプルを対象とした。家計調査は６か月間調査が行われるが、すべての月について結果が取得できないサンプルや貯蓄・負債についての結果が取得できないサンプル、実収入から非消費支出を差し引いて算出する可処分所得が０以下となるサンプルは除いた。
　なお、消費支出、収入に関する変数はすべて調査期間中の累計額を用いている。そのため、ここで構築するデータセットには、各世帯の動向が継続して記録されているわけではなく、各世帯のサンプルが１度限り記録されている。

（２）推計式

$$C_{i,t} = \alpha + \beta DY_{i,t} + X_{i,t}\gamma + T_i\delta + \varepsilon_{i,t}$$

　ここで、$C_{i,t}$は世帯i、調査時点tの消費支出。$DY_{i,t}$は世帯i、調査時点tの可処分所得。$X_{i,t}$は世帯i、調査時点tの属性を示すベクトルで、定期給与比率（定期給与対世帯主収入比）、預貯金額及び預貯金額と可処分所得の交差項、負債額及び負債額と可処分所得の交差項、持家ダミー、年齢階級（～34歳、35～49歳、50～64歳の３区分）、世帯人員（２人、３人、４人、５人、６人以上の５区分）、18歳未満の子の有無、配偶者の有無・就業形態（雇用、雇用以外の就業、非就業の３区分）、2018年の調査票様式変更に係る変数（新様式の調査票による調査回数ダミー）、都道府県ダミーを含む。T_iは世帯iの調査時点を示すベクトルで、調査開始年ダミー、調査開始月ダミーを含む。また、年齢階級と調査開始年ダミーの交差項、配偶者の就業形態と調査開始年ダミーの交差項をそれぞれ追加したモデルについても推計した。配偶者の就業形態と調査開始年ダミーの交差項を追加するモデルについては、配偶者のいる世帯のみに限って推計している。
　なお、家計調査の調査票に付されている集計用乗率で重みづけして推計した。

4．推計結果

		(1)・(2)	(3)	(4)
可処分所得		0.40 (0.01)	0.40*** (0.01)	0.41*** (0.01)
定期収入割合	70%未満	(基準)	(基準)	(基準)
	70〜80%	31678.92 (21112.63)	31117.05 (21124.44)	39169.84* (21561.14)
	80〜90%	28062.91 (22875.15)	27301.83 (22888.29)	36940.83 (23547.31)
	90〜100%	67861.36*** (25070.72)	66911.53*** (25082.76)	74085.46*** (25927.15)
	100%	18318.79 (24203.18)	17531.10 (24210.68)	27654.28 (25100.67)
預貯金額		150.90*** (20.14)	150.54*** (20.03)	157.15*** (22.01)
預貯金額×可処分所得		-2.39.E-05*** (6.04E-06)	-2.38.E-05*** (6.00E-06)	-2.50.E-05*** (6.43E-06)
負債額		-57.34*** (13.88)	-56.92*** (13.87)	-49.90*** (14.62)
負債額×可処分所得		6.02.E-06 (4.09E-06)	5.85.E-06 (4.09E-06)	4.45.E-06 (4.24E-06)
持家ダミー		-142955.00*** (14108.87)	-143660.10*** (14087.43)	-146095.00*** (15490.80)
年齢階級	〜34歳	(基準)	(基準)	(基準)
	35〜49歳	151552.10*** (14189.98)	116067.20*** (37289.38)	145189.90*** (14992.85)
	50〜64歳	413639.10*** (19319.08)	376943.20*** (43218.27)	429478.70*** (21250.17)
世帯人員	2人	(基準)	(基準)	(基準)
	3人	67885.16*** (17021.83)	67511.39*** (17007.15)	59353.65*** (19702.62)
	4人	159938.70*** (18720.62)	159631.80*** (18736.22)	158911.50*** (21094.27)
	5人	257561.10*** (22496.04)	257240.20*** (22502.96)	258167.90*** (24660.97)
	6人以上	394916.40*** (41627.03)	392928.50*** (41558.45)	389014.10*** (43616.10)
18歳未満の子の有無		65142.04*** (17591.38)	66269.06*** (17579.87)	57235.22*** (19953.51)
配偶者の有無・就業形態	配偶者なし	(基準)	(基準)	－
	雇用	88448.64*** (18739.73)	86894.89*** (18734.80)	(基準)
	雇用以外の就業	149566.40*** (38223.56)	148226.40*** (38258.81)	48387.18 (96954.68)
	無業	129907.80*** (17882.16)	128419.40*** (17878.68)	7150.42 (31908.14)
ダミー		都道府県 調査開始年・月	都道府県 調査開始年・月× 年齢階級	都道府県 調査開始年・月× 配偶者就業形態
R^2		0.305	0.306	0.299
観測数		51,843	51,843	46,953

※ ***、**、*は、それぞれ1％、5％、10％水準で有意であることを示す。

括弧内はrobust standard error。

付注２－４　傾向スコアマッチングによる転職効果の分析について

１．概要

　転職が賃金の伸びに与える影響を評価するために、ある年ｔに転職した者について、転職前の職場からの賃金のみから成るｔ－１年の賃金と、転職後の職場からの賃金のみから成るｔ＋１年の賃金を比較する。また、その際定期昇給等のトレンドを除いて評価するために、傾向スコアを用いてマッチングを行った同期間について転職を行っていない者の賃金の変動と比較して分析した。

２．データ

　2015年から2021年までの状況について毎年調査を実施している、リクルートワークス研究所「全国就業実態パネル調査」の調査票データを用いて検証した。

３．推計方法

　本分析では、環境改善を目的とした自発的な転職（例えば賃金や労働条件等に関する不満・不安に起因する転職）を実施した者[1]における、転職に伴う賃金の変動について、傾向スコアマッチングを用い、非転職者からサンプリングした群との比較を通じて、ＡＴＴ（Average Treatment effect for the Treated。処置群における、処置の因果効果の平均値）を求めた[2]。

（１）マッチングの方法

　マッチングについては、性別、年齢、年齢の二乗項、居住地、企業規模、従事している職の産業を説明変数として、転職の有無に関してロジスティック回帰することで個人の傾向スコアを求め、そのスコアに基づきマッチングされた全てのペアに関して平均絶対距離が最も小さくなるよう「最適ペアマッチング」を行った。なお、企業規模及び産業については、転職者は前職に準ずる。

（２）ＡＴＴの推計方法

　雇用者ｉのｔ年の賃金を$w_{i,t}$としたとき、転職年がｔ年であったときの転職に伴う賃金の変動を、転職前年から翌年にかけての２年間累計の賃金変化率として、以下のように定義する[3]。

---

[1] 本分析では、調査において、調査実施年の前年に仕事を辞めた・退職しており、かつ、新たに仕事に就いた、前職も現職も正規雇用である者のうち、主な離職理由が①賃金への不満、②労働条件や勤務地への不満、③会社の将来性や雇用安定性への不安のいずれかである者を環境改善を目的とした転職者とした。
[2] 賃金の変動（推計に用いる２年累計変化）について、上下2.5％分位点で超える変動を示す期間を異常値として除いている。
[3] 転職年の賃金には、前職の職場の賃金と、現職の職場の賃金が共に含まれていると考えられる

$$\Delta w_{i,t} = \log(w_{i,t+1}) - \log(w_{i,t-1})$$

このアウトカム$\Delta w_{i,t}$について、転職者とマッチングされた非転職者からなるデータセットを用いて、以下の式により、ＡＴＴ（ここではβ_1）を推計した。

$$\Delta w_{i,t} = \beta_0 + \beta_1 * 転職ダミー + \beta_2 * 年ダミー + \epsilon_{i,t}$$

ほか、入社初年度はボーナスが支給されていない事例があることなども踏まえ、ここでは転職前年と転職翌年の賃金水準を比較している。そのため、前年・翌年の賃金データが利用可能な2016年から2020年の転職者が分析対象である。

4．記述統計

変数	総数	非転職者	環境改善目的転職者
カテゴリカル変数			
性別（人）[1]	68,584		
女性		18,996 (28%)	507 (30%)
男性		47,914 (72%)	1,167 (70%)
転職前企業規模（人）[1,3]	65,330		
30人未満		11,109 (17%)	292 (18%)
30〜99人		11,053 (17%)	302 (19%)
100〜499人		13,544 (21%)	363 (23%)
500〜999人		4,708 (7.4%)	115 (7.3%)
1000人以上		16,614 (26%)	370 (23%)
公務		6,718 (11%)	142 (9%)
転職前企業業種（人）[1,3]	68,067		
サービス		6,296 (9.4%)	116 (10%)
その他		5,998 (9%)	228 (20%)
医療福祉		7,160 (11%)	151 (13%)
運輸		4,931 (7.4%)	73 (6.3%)
卸小売		5,572 (8.3%)	97 (8.4%)
教育		2,884 (4.3%)	33 (2.9%)
金融保険		2,703 (4%)	52 (4.5%)
建設		4,195 (6.3%)	64 (5.5%)
公務		6,093 (9.1%)	37 (3.2%)
宿泊飲食		1,238 (1.9%)	38 (3.3%)
情報通信		4,832 (7.2%)	78 (6.7%)
製造		15,008 (22%)	190 (16%)
婚姻状態（人）[1]	68,584		
既婚		39,549 (59%)	945 (56%)
未婚		27,361 (41%)	729 (44%)

子供の数（人）[1]	68,584		
0人		31,939 (48%)	840 (50%)
1人		10,869 (16%)	286 (17%)
2人		17,806 (27%)	403 (24%)
3人		5,424 (8.1%)	126 (7.5%)
4人		758 (1.1%)	16 (1%)
5人		89 (0.1%)	2 (0.1%)
6人以上		25 (<0.1%)	1 (<0.1%)
居住区分（人）[1]	68,584		
持ち家		43,343 (65%)	1,029 (61%)
賃貸等		23,567 (35%)	645 (39%)
連続変数			
年齢（歳）[2]	68,584	43 (10.76)	42 (11.29)
転職前年所得（万円）[2,4]	68,584	469.47 (252.6)	448.07 (276.71)
転職年所得（万円）[2,4]	68,584	481.57 (244.44)	446.35 (241.25)
転職翌年所得（万円）[2,4]	68,584	486.33 (243.89)	453.49 (228.14)
転職前年所得比転職翌年所得伸び率（%）[2,4]	68,584	0.06 (0.57)	0.05 (0.64)

[1] （）の中は属性ごとの構成比。
[2] （）の中は標準誤差。
[3] 非転職者については、現在の企業における分類。
[4] 非転職者については、現職における賃金の状況。

5．マッチングしたサンプルを用いた転職効果の推計結果

5－1．転職前年と比較した転職年の伸び

変数	推定量	標準誤差	p 値
転職の有無	0.00	0.02	0.77
年ダミー （ref. 2016年）			
2017年	0.06	0.04	0.14
2018年	0.08	0.04	0.03
2019年	0.09	0.04	0.01
2020年	0.06	0.04	0.12
切片	-0.07	0.03	0.04

5－2．転職前年と比較した転職翌年の伸び

変数	推定量	標準誤差	p 値
転職の有無	0.03	0.01	0.00
年ダミー （ref. 2016年）			
2017年	0.01	0.02	0.57
2018年	0.01	0.02	0.35
2019年	0.02	0.01	0.29
2020年	-0.01	0.02	0.49
切片	0.04	0.01	0.00

付注2-5　最低賃金の引上げによる分布圧縮効果の推計について

1．概要
　最低賃金を引き上げることで、最低賃金を上回る時給を得ている層についても波及効果がある可能性がある。この効果は時給の水準が低くなるにつれて強くなる、つまり、最低賃金に近い時給で働いている労働者ほど、より賃金が大きく増加することが想定される。この効果を最低賃金の増加に伴う時給分布の圧縮効果とよび、これを検証する。

2．データ
　2016年から2022年までのリクルートワークス研究所「全国就業実態パネル調査」の調査票データ及び厚生労働省「地域別最低賃金改定状況」を用いて検証した。都道府県パネルの作成には、全国就業実態パネル調査の調査票から、給与計算が時給に基づき行われている非正規雇用労働者を抽出し、居住している各都道府県別にグループを作成した。

3．推計方法
　最低賃金の上昇に伴う時給分布の圧縮効果は、最低賃金の水準だけでなく、各都道府県の賃金分布の形状にも影響され得る。このため本稿では、Lee(1999)により提案された手法に従い、最低賃金の上昇に伴う時給分布の圧縮を、最低賃金の水準と、基準となる賃金分位点の差（$\Delta mw_{i,t} = \log(mw_{i,t}) - \log(pw_{i,t}^x)$と表す。ただし、iは都道府県、tは年、xは基準となる賃金の分位点である70%分位点をそれぞれ表す。）が、各分位点と基準となる賃金分位点の差に対して与える影響を、以下の定式化により推計する。

$$\Delta y_{i,t} = \beta_y \Delta mw_{i,t} + \mu_i + \gamma_t + \epsilon_{i,t}$$

　ただし、$\Delta y_{i,t}$は基準となる70%分位点とy％分位点の差（$\log(pw_{i,t}^y) - \log(pw_{i,t}^x)$）、$\mu_i$は都道府県の固定効果、$\gamma_t$は年の固定効果、$\epsilon_{i,t}$は誤差項をそれぞれ表す。

4. 推定結果

変数	推定量	標準誤差	p 値
分位点			
10%	0.79	0.03	0.00
20%	0.70	0.02	0.00
30%	0.62	0.03	0.00
40%	0.56	0.03	0.00
50%	0.51	0.03	0.00
60%	0.36	0.03	0.00
80%	0.08	0.05	0.12
90%	−0.09	0.10	0.33

参考文献

第1章

第1節について

総務省（2021）『令和3年版　情報通信白書』

内閣府（2012）『平成24年度　年次経済財政報告』

Bikhchandani, S and S. Sharma （2000）"Herd Behavior in Financial Markets: A Review", *IMF Working Paper*, WP/00/48

Grossman, A. and M. W. Simpson (2010) "Forecasting the Yen/U. S. Dollar exchange rate: Empirical Evidence from a capital enhanced relative PPP-based model.", Journal of Asian Economics, 21(2010) 476-484

Kallianiotis, I. N. (2022) "Trade Balance and Exchange Rate: The J-Curve", *Journal of Applied Finance & Banking*, Vol. 12, No. 2, 41-64

第2節について

小寺信也・藤田隼平・井上祐介・新田尭之（2018）「ＰＯＳ・テキストデータを用いた消費分析－機械学習を活用して－」経済財政分析ディスカッション・ペーパー・シリーズ

内閣府（2022）『令和4年度　年次経済財政報告』

内閣府政策統括官（経済財政分析担当）（2008）『日本経済 2008-2009』

日本銀行（2022）『経済・物価情勢の展望』2022年10月

日本銀行（2022）「最終需要・中間需要物価指数（FD－ID指数）の解説」

八木智之・倉知善行・高橋優豊・山田琴音・河田晧史（2022）「コストプッシュ圧力の消費者物価へのパススルー」　日本銀行ワーキングペーパーシリーズ No. 22-J-16

渡辺努・渡辺広太（2016）「デフレ期における価格の硬直化：原因と含意」　経済学論文集81 －1

第3節について

小寺信也・藤田隼平・井上祐介・新田尭之（2018）「ＰＯＳ・テキストデータを用いた消費分析－機械学習を活用して－」経済財政分析ディスカッション・ペーパー・シリーズ

是川夕（2022）「日本の外国人労働者受け入れをどう捉えるのか－アジアの国際労働市場の実態から」、日本労働研究雑誌 No. 744/July 2022, 66-83

内閣府（2019）『令和元年度　年次経済財政報告』

内閣府（2021）『令和2年度版少子化社会に関する国際意識調査報告書』

宮尾（2009）「日本の設備投資行動：1990年代以降の不確実性の役割」『金融研究』　2009.3 日本銀行金融研究所

宮川努・石川貴幸（2021）「資本蓄積の低迷と無形資産の役割－産業別データを利用した実証

分析一」、RIETI Discussion Paper Series 21-J-020、経済産業研究所

Botev, J., B. Égert, and D. Turner (2022) "The effect of structural reforms: Do they differ between GDP and adjusted household disposable income?", *OECD Economics Department Working Papers No. 1718*

Égert, B. (2017) "Regulation, institutions and productivity: New macroeconomic evidence from OECD countries", *OECD Economics Department Working Papers No. 1393*

European Commission (2022) "The 2022 EU Industrial R&D Investment Scoreboard, December 2022"

IMF (2022) "World Economic Outlook, October 2022: Countering the Cost-of-Living Crisis"

Loko, B. and M. A. Diouf (2009) "Revisiting the Determinants of Productivity Growth: What's New?", *IMF Working Paper*, WP/09/225

OECD (2022) "Economic Outlook 112, November 2022, Confronting the Crisis"

第2章

第1節について

家森信善・上山仁恵 (2015)「金融リテラシーと住宅ローンの比較行動」Discussion Paper Series DP2015-J04 神戸大学経済経営研究所

宇南山卓 (2008)「SNA と家計調査における貯蓄率の乖離 ―日本の貯蓄率低下の要因―」RIETI Discussion Paper Series 10-J-003 経済産業研究所

小方尚子 (2022)「物価上昇の打撃を受ける引退世帯の消費 ―低所得世帯ではコロナ貯蓄の恩恵も限定的―」Research Focus No. 20220-18 日本総研

小川一夫 (2020)『日本経済の長期停滞 実証分析が明らかにするメカニズム』日本経済新聞出版社

鎌田康一郎・中島上智・西口周作 (2015)「家計の生活意識にみるインフレ予想のアンカー」日本銀行ワーキングペーパーシリーズ No. 08-J-8 日本銀行

久我尚子 (2018)「なぜ消費は活性化しないのか 活性化を阻む6つの理由」基礎研レター 2018-05-07 ニッセイ基礎研究所

熊野英生 (2022)「消費に回らない強制貯蓄 70 兆円 ～貯蓄率上昇をどう理解するか～」Economic trend 2022 年 8 月 30 日 第一生命経済研究所

髙橋悠輔・玉生揚一郎 (2022)「わが国における家計のインフレ実感と消費者物価上昇率」日本銀行ワーキングペーパーシリーズ No. 22-J-2 日本銀行

内閣府（2020）『令和2年度　年次経済財政報告』

内閣府（2022）『令和4年度　年次経済財政報告』

内閣府経済社会研究所（2019）「2018年度シェアリング・エコノミー等新分野の経済活動の計測に関する調査研究」報告書

内閣府政策統括官（経済財政分析担当）（2019）『日本経済2018-2019』

内閣府政策統括官（経済財政分析担当）（2022a）『世界経済の潮流2022　I』

日本銀行（2021）「ワクチンの普及と個人消費の先行きについての考え方」　『経済・物価情勢の展望』　2021年4月　BOX3

日本銀行（2022）『金融システムレポート（2022年10月号）』

濱秋純哉・堀雅博（2009）「高齢者の遺産動機と貯蓄行動：日本の個票データを用いた実証分析」　『経済分析』　第200号　内閣府経済社会総合研究所

三浦弘・東将人（2017）「共働き世帯の増加の背景とその消費支出への影響」　日銀レビュー2017-J-14　日本銀行

森駿介（2019）「金融資産の保有状況で異なる老後資金問題」　金融資本市場分析　2019年7月24日　大和総研

Abildgren, K. and A. Kuchler (2021) "Revisiting the inflation Perception Conundrum", *Journal of Macroeconomics*, Vol. 67, issue C

Bram, J. and S. Ludvigson (1998) "Does Consumer confidence forecast household expenditure? A sentiment index horse race", *Economic Policy Review*, Vol. 4, 59-78

Caceres, C. (2019) "Analyzing the Effects of Financial and Housing Wealth on Consumption using Micro Data", IMF Working Paper, WP/19/114, International Monetary Fund

Carrol, C. D., J. C. Fuhrer, and D. J. Wilcox (1994) "Does Consumer Sentiment Forecast Household Spending? If So, Why?" The American Economic Review, Vol. 84 No. 5, 1397-1408

Congressional Budget Office (2022) "The Budget and Economic Outlook: 2022 to 2032", May 2022.

European Central Bank (2022) "Eurosystem staff macroeconomic projections for the euro area, June 2022"

Ludvigson, S. (2004) "Consumer Confidence and Consumer Spending", *Journal of Economic Perspectives*, Vol. 18, No. 2, 29-50

Morikawa, M. (2017) "Impact of Policy Uncertainty on Consumption and Saving Behavior: Evidence from a survey on consumers", RIETI Discussion Paper Series, 17-E-057, The Research Institute of Economy, Trade and Industry

Niimi, Y. and C. Horioka (2019) "The wealth decumulation behavior of the retired elderly in Japan: The relative importance of precautionary saving and bequest motives", *Journal of the Japanese and International Economies*, Vol. 51, 52-63

Starr, M. (2012) "Consumption, Sentiment, and Economic News", *Economic Inquiry*, Vol. 50, issue4, 1097-1111

Tsuchiya, Y. (2014) "Are Consumer Sentiments Useful in Japan? An Application of a New Market-Timing Test", *Applied Economics Letters*, Vol. 21, No. 5, 356-359

第2節について

神林龍 (2017)『正規の世界・非正規の世界』 慶応義塾大学出版会

経済財政諮問会議 (2022) 資料5 (2022年3月3日)

厚生労働省 (2022a)『令和4年版 労働経済の分析』

厚生労働省 (2022b)「2022年度 雇用政策研究会「議論の整理」」

田村統久 (2022)「高齢者雇用の進展と感染拡大後の動向」 今週の指標 No.1275 内閣府 (2022年3月)

内閣府 (2015)『平成27年度 年次経済財政報告』

内閣府 (2020)『令和2年度 年次経済財政報告』

内閣府 (2021)『令和3年度 年次経済財政報告』

内閣府 (2022)『令和4年度 年次経済財政報告』

内閣府政策統括官 (経済財政分析担当) (2022b)『日本経済 2021-2022』

平田周一・勇上和史 (2011)「初期キャリアにおける内部登用と転職：非正規雇用者の移行に関する国際比較」 JILPT Discussion Paper 11-02 独立行政法人労働政策研究・研修機構

日本銀行 (2022) 『金融システムレポート (2022年10月号) 』

吉川洋 (2013)『デフレーション』 日本経済新聞出版社

Becker, G. S. (1964) "Human capital: a theoretical and empirical analysis with Special Reference to Evidence", National Bureau of Economic Research

Bosch, M. and M. Monacorda (2010) "Minimum wages and earnings inequality in urban Mexico", American Economic Journal, Applied Economics, Vol. 2, No. 4, 128-149

Engbom, N. (2022) "Labor Market Fluidity and Human Capital Accumulation", NBER Working Paper 29698, National Bureau of Economic Research

Javanovic, B. (1979) "Job Matching and the Theory of Turnover", *Journal of Political Economy*, Vol. 87, No. 5, 972-990

Kambayashi, R., D. Kawaguchi, and K. Yamada (2013) "Minimum wage in a deflationary economy: The Japanese experience, 1994-2003", *Labour Economics*, Vol. 24, 264-

Kotera, S. and J. M. Schmittmann (2022) "The Japanese Labor Market During the COVID-19 Pandemice", IMF Working Paper, WP/22/89, International Monetary Fund

Lee, D. S. (1999) "Wage inequality in the United States during the 1980s: rising dispersion or falling minimum wage?", *The Quarterly Journal of Economics*, Vol.144, Issue 3, 977-1023

第3章

第1節について

中小企業庁 (2022) 『2022 年版　中小企業白書』

内閣府政策統括官（経済財政分析担当）(2018)『日本経済 2017-2018』

第2節について

内閣府政策統括官（経済財政分析担当）(2019)『日本経済 2018-2019』

内閣府政策統括官（経済財政分析担当）(2020)『日本経済 2019-2020』

Matteo, D., M. Mariana, and S. Gregor (2020) "Neither crowding in nor out: Public direct investment mobilising private investment into renewable electricity projects", *Energy Policy*, Vol.140

第3節について

岩本 晃一 (2016) 「中小企業のグローバル展開－日独比較－」　*RIETI Policy Discussion Paper Series* 16-P-010　独立行政法人経済産業研究所

柿沼 重志・東田 慎平 (2016)「中小企業の海外展開の現状と今後の課題－ＴＰＰを通じた「新輸出大国」の実現に向けて－」　立法と調査　2016. 3　No. 375　参議院事務局企画調整室

内閣府 (2022)『令和4年度　年次経済財政報告』

Okubo, T. and E. Tomiura (2013) "Regional Variations in Productivity Premium of Exporters: Evidence from plant-level data", *RIETI Discussion Paper Series*, 13-E-005, The Research Institute of Economy, Trade and Industry

長期経済統計

国民経済計算 (1/5)

年度	国内総生産（GDP）名目 総額 10億円	名目 前年度比 %	実質 前年度比 %	国民総所得（GNI）名目 前年度比 %	実質 前年度比 %	名目国民所得 総額 10億円	前年度比 %	名目雇用者報酬 総額 10億円	前年度比 %	1人当たり GDP 千円	1人当たり雇用者報酬 前年度比 %
1955	9,162.9	—	—			6,973.3	—	3,548.9	—	97	—
1956	10,281.7	12.2	6.8	12.1	6.7	7,896.2	13.2	4,082.5	15.0	107	6.8
1957	11,791.2	14.7	8.1	14.5	8.0	8,868.1	12.3	4,573.0	12.0	122	5.8
1958	12,623.5	7.1	6.6	7.0	6.5	9,382.9	5.8	5,039.2	10.2	129	5.4
1959	14,810.3	17.3	11.2	17.2	11.1	11,042.1	17.7	5,761.2	14.3	150	8.9
1960	17,776.8	20.0	12.0	19.9	11.9	13,496.7	22.2	6,702.0	16.3	178	10.0
1961	21,496.4	20.9	11.7	20.9	11.7	16,081.9	19.2	7,988.7	19.2	214	14.4
1962	23,796.2	10.7	7.5	10.6	7.5	17,893.3	11.3	9,425.6	18.0	234	13.6
1963	27,952.3	17.5	10.4	17.4	10.4	21,099.3	17.9	11,027.3	17.0	272	12.9
1964	32,397.5	15.9	9.5	15.8	9.4	24,051.4	14.0	12,961.2	17.5	312	13.7
1965	35,984.3	11.1	6.2	11.1	6.2	26,827.0	11.5	14,980.6	15.6	343	10.6
1966	42,307.8	17.6	11.0	17.6	11.1	31,644.8	18.0	17,208.9	14.9	400	11.1
1967	49,497.7	17.0	11.0	17.0	11.0	37,547.7	18.7	19,964.5	16.0	463	13.1
1968	58,558.0	18.3	12.4	18.3	12.3	43,720.9	16.4	23,157.7	16.0	541	13.3
1969	69,337.1	18.4	12.0	18.4	12.0	52,117.8	19.2	27,488.7	18.7	633	16.4
1970	80,247.0	15.7	8.2	15.8	8.3	61,029.7	17.1	33,293.9	21.1	722	17.0
1971	88,347.3	10.1	5.0	10.2	5.1	65,910.5	8.0	38,896.6	16.8	781	14.0
1972	102,827.2	16.4	9.1	16.6	9.3	77,936.9	18.2	45,702.0	17.5	898	14.1
1973	124,385.3	21.0	5.1	20.9	5.0	95,839.6	23.0	57,402.8	25.6	1,070	22.2
1974	147,549.8	18.6	-0.5	18.4	-0.7	112,471.6	17.4	73,752.4	28.5	1,251	28.0
1975	162,374.5	10.0	4.0	10.2	4.1	123,990.7	10.2	83,851.8	13.7	1,361	12.7
1976	182,550.5	12.4	3.8	12.4	3.8	140,397.2	13.2	94,328.6	12.5	1,515	10.8
1977	202,587.1	11.0	4.5	11.0	4.6	155,703.2	10.9	104,997.8	11.3	1,666	9.9
1978	222,311.1	9.7	5.4	9.9	5.5	171,778.5	10.3	112,800.6	7.4	1,814	6.3
1979	240,039.4	8.0	5.1	8.0	5.1	182,206.6	6.1	122,126.2	8.3	1,942	5.9
1980	261,683.4	9.0	2.6	8.9	2.4	203,878.7	9.5	131,850.4	8.7	2,123	5.2
1981	278,401.8	6.4	4.1	6.3	4.1	211,615.1	3.8	142,097.7	7.8	2,246	6.4
1982	291,415.4	4.7	3.2	4.9	3.1	220,131.4	4.0	150,232.9	5.7	2,328	3.8
1983	305,551.5	4.9	3.9	4.9	4.1	231,290.0	5.1	157,301.3	4.7	2,417	2.3
1984	324,347.6	6.2	4.4	6.2	4.7	243,117.2	5.1	166,017.3	5.5	2,564	4.1
1985	345,769.1	6.6	5.4	6.7	5.2	260,559.9	7.2	173,977.0	4.8	2,731	3.7
1986	360,009.6	4.1	2.7	4.1	4.8	267,941.5	2.8	180,189.4	3.6	2,815	2.3
1987	381,358.0	5.9	6.0	6.2	5.9	281,099.8	4.9	187,098.9	3.8	2,965	2.2
1988	407,507.5	6.9	6.2	6.8	6.6	302,710.1	7.7	198,486.5	6.1	3,160	3.3
1989	434,830.0	6.7	4.0	6.9	4.2	320,802.0	6.0	213,309.1	7.5	3,378	4.3
1990	470,877.6	8.3	5.6	8.1	4.9	346,892.9	8.1	231,261.5	8.4	3,655	4.6
1991	496,062.6	5.3	2.5	5.3	2.9	368,931.6	6.4	248,310.9	7.4	3,818	4.1
1992	505,824.6	2.0	0.6	2.2	0.9	366,007.2	-0.8	254,844.4	2.6	3,883	0.5
1993	504,513.7	-0.3	-0.8	-0.3	-0.6	365,376.0	-0.2	260,704.4	2.3	3,865	0.9
1994	511,958.8	1.5	1.6	1.5	1.7	372,976.8	1.3	262,822.6	1.8	4,015	0.2
1995	525,299.5	2.6	3.2	2.7	3.6	380,158.1	1.9	267,095.2	1.6	4,113	0.9
1996	538,659.6	2.5	2.9	2.9	2.8	394,024.8	3.6	272,962.4	2.2	4,205	0.9
1997	542,508.0	0.7	-0.1	0.8	-0.1	390,943.1	-0.8	279,054.2	2.2	4,230	1.4
1998	534,564.1	-1.5	-1.0	-1.6	-0.9	379,393.9	-3.0	273,370.2	-2.0	4,161	-1.3
1999	530,298.6	-0.8	0.6	-0.7	0.6	378,088.5	-0.3	269,177.0	-1.5	4,121	-1.0
2000	537,614.2	1.4	2.6	1.6	2.7	390,163.8	3.2	270,736.4	0.6	4,165	-0.3
2001	527,410.5	-1.9	-0.7	-1.9	-0.8	376,138.7	-3.6	264,606.8	-2.3	4,081	-1.9
2002	523,465.9	-0.7	0.9	-0.9	0.8	374,247.9	-0.5	256,723.4	-3.0	4,040	-2.5
2003	526,219.9	0.5	1.9	0.8	2.0	381,555.6	2.0	253,616.6	-1.2	4,055	-1.4
2004	529,637.9	0.6	1.7	0.9	1.6	388,576.1	1.8	256,437.0	1.1	4,081	0.8
2005	534,106.2	0.8	2.2	1.3	1.6	388,116.4	-0.1	261,644.3	2.0	4,181	0.8
2006	537,257.9	0.6	1.3	1.0	1.0	394,989.7	1.8	265,771.5	1.6	4,201	0.2
2007	538,485.5	0.2	1.1	0.5	0.4	394,813.2	-0.0	267,280.1	0.6	4,207	-0.3
2008	516,174.9	-4.1	-3.6	-4.7	-4.9	364,368.0	-7.7	265,523.7	-0.7	4,031	-0.7
2009	497,364.2	-3.6	-2.4	-3.5	-1.3	352,701.1	-3.2	252,674.2	-4.8	3,885	-3.9
2010	504,873.7	1.5	3.3	1.7	2.6	364,688.2	3.4	251,154.8	-0.6	3,943	-1.0
2011	500,046.2	-1.0	0.6	-0.9	-0.6	357,473.5	-2.0	251,977.0	0.3	3,914	0.4
2012	499,420.6	-0.1	0.6	-0.1	0.6	358,156.2	0.2	251,431.0	-0.2	3,915	-0.5
2013	512,677.5	2.7	2.7	3.3	3.1	372,570.0	4.0	253,705.1	0.9	4,024	0.8
2014	523,422.8	2.1	-0.4	2.4	-0.2	376,677.6	1.1	258,435.2	1.9	4,114	1.0
2015	540,740.8	3.3	1.7	3.4	3.3	392,629.3	4.2	262,003.5	1.4	4,255	0.9
2016	544,829.9	0.8	0.8	0.4	0.8	392,293.9	-0.1	268,251.3	2.4	4,290	0.9
2017	555,712.5	2.0	1.8	2.1	1.3	400,621.5	2.1	273,710.4	2.0	4,379	0.5
2018	556,570.5	0.2	0.2	0.4	0.2	403,099.1	0.6	282,424.0	3.2	4,392	1.2
2019	556,836.3	0.0	-0.8	0.1	-0.6	402,026.7	-0.3	287,994.7	2.0	4,401	0.8
2020	537,561.5	-3.5	-4.1	-3.7	-3.4	375,388.7	-6.6	283,550.1	-1.5	4,261	-0.8
2021	550,530.4	2.4	2.5	4.1	2.2	395,932.4	5.5	289,508.1	2.1	4,386	1.8
2021年10-12月	144,030.1	0.5	0.8	1.9	-0.4	—	—	83,237.2	1.7	—	1.9
2022年1-3月	137,412.5	0.8	0.4	2.6	0.0	—	—	62,654.7	1.2	—	1.5
2022年4-6月	137,679.6	1.4	1.6	2.2	-0.2	—	—	76,540.2	2.1	—	1.4
2022年7-9月	135,021.2	1.3	1.5	2.9	0.5	—	—	69,950.7	1.9	—	1.4

（備考）1. 内閣府「国民経済計算」、総務省「労働力調査」により作成。
2. 国内総生産は、総額については、1979年度（前年度比は1980年度）以前は「平成10年度国民経済計算（1990年基準・68SNA）」、1980年度から
  1993年度まで（前年度比は1981年度から1994年度まで）は「支出側GDP系列簡易遡及（2015年基準・08SNA）」、1994年度（前年度比は1995年度）
  以降は「2022年7-9月期四半期別GDP速報（2次速報値）（2015年基準・08SNA）」による。
  なお、1993年度以前の総額の数値については、異なる基準間の数値を接続するための処理を行っている。
3. 国民総所得の項目は、1980年度以前は国民総生産（GNP）。
4. 名目国民所得は、1979年度（前年度比は1980年度）以前は「平成10年度国民経済計算（1990年基準・68SNA）」に、1980年度から1993年度まで
  （前年度比は1981年度から1994年度まで）は「平成21年国民経済計算（2000年基準・93SNA）」によるため、時系列として接続しない。
  それ以降は「2021年国民経済計算（2015年基準・08SNA）」による。
5. 名目雇用者報酬は、総額は1979年度（前年度比は1980年度）以前は「平成2年度改定国民経済計算（68SNA）」に、1980年度から1993年度まで
  （前年度比は1981年度から1994年度まで）は「平成21年国民経済計算（2000年基準・93SNA）」によるため、時系列として接続しない。
  それ以降は「2022年7-9月期四半期別GDP速報（2次速報値）（2015年基準・08SNA）」による。
6. 1人当たりGDPは、1979年度以前は「長期遡及及主要系列国民経済計算報告（昭和30年～平成10年）（1990年基準・68SNA）」、1980年度から
  1993年度までは「平成21年国民経済計算（2000年基準・93SNA）」に、それ以降は「2021年国民経済計算（2015年基準・08SNA）」による。
  1人当たり雇用者報酬は、名目雇用者報酬を総務省「労働力調査」の雇用者数で除したもの。

国民経済計算 (2/5)

年度	民間最終消費支出 (実質) 前年度比	寄与度	民間住宅 (実質) 前年度比	寄与度	民間企業設備 (実質) 前年度比	寄与度	民間在庫変動 (実質) 寄与度	政府最終消費支出 (実質) 前年度比	寄与度	公的固定資本形成 (実質) 前年度比	寄与度	財貨・サービスの輸出 (実質) 前年度比	寄与度	財貨・サービスの輸入 (実質) 前年度比	寄与度
1955	—	—	—	—	—	—	—	—	—	—	—	—	—	—	—
1956	8.2	5.4	11.1	0.4	39.1	1.9	0.7	-0.4	-0.1	1.0	0.1	14.6	0.5	34.3	-1.3
1957	8.2	5.4	7.9	0.3	21.5	1.3	0.5	-0.2	0.0	17.4	0.8	11.4	0.4	8.1	-0.4
1958	6.4	4.2	12.3	0.4	-0.4	0.0	-0.7	6.3	1.2	17.3	0.9	3.0	0.1	-7.9	0.4
1959	9.6	6.3	19.7	0.7	32.6	2.1	0.6	7.7	1.4	10.8	0.6	15.3	0.5	28.0	-1.2
1960	10.3	6.7	22.3	0.8	39.6	3.1	0.5	3.3	0.6	15.0	0.9	11.8	0.4	20.3	-1.0
1961	10.2	6.6	10.6	0.4	23.5	2.3	1.1	6.5	1.1	27.4	1.6	6.5	0.2	24.4	-1.3
1962	7.1	4.5	14.1	0.6	3.5	0.4	-1.4	7.6	1.2	23.5	1.6	15.4	0.5	-3.1	0.2
1963	9.9	6.2	26.3	1.1	12.4	1.3	0.9	7.4	1.1	11.6	0.9	9.0	0.3	26.5	-1.4
1964	9.5	6.0	20.5	1.0	14.4	1.5	-0.5	2.0	0.3	5.7	0.4	26.1	0.9	7.2	-0.4
1965	6.5	4.1	18.9	1.0	-8.4	-0.9	0.1	3.3	0.5	13.9	1.0	19.6	0.8	6.6	-0.4
1966	10.3	6.5	7.5	0.5	24.7	2.3	0.2	4.5	0.6	13.3	1.1	15.0	0.7	15.5	-0.9
1967	9.8	6.1	21.5	1.3	27.3	2.9	0.2	3.6	0.5	9.6	0.8	8.4	0.4	21.9	-1.3
1968	9.4	5.8	15.9	1.0	21.0	2.6	0.7	4.9	0.6	13.2	1.1	26.1	1.2	10.5	-0.7
1969	9.8	5.9	19.8	1.3	30.0	3.9	-0.1	3.9	0.4	9.5	0.8	19.7	1.0	17.0	-1.1
1970	6.6	3.9	9.2	0.7	11.7	1.8	1.0	5.0	0.5	15.2	1.2	17.3	1.0	22.3	-1.5
1971	5.9	3.4	5.6	0.4	-4.2	-0.7	-0.8	4.8	0.5	22.2	1.9	12.5	0.8	2.3	-0.2
1972	9.8	5.7	20.3	1.5	5.8	0.8	0.0	4.8	0.5	12.0	1.2	5.6	0.4	15.1	-1.1
1973	6.0	3.5	11.6	0.9	13.6	1.9	0.4	4.3	0.4	-7.3	-0.7	5.5	0.3	22.7	-1.8
1974	1.5	0.9	-17.3	-1.5	-8.6	-1.3	-0.6	2.6	0.3	0.1	0.0	22.8	1.5	-1.6	0.1
1975	3.5	2.1	12.3	0.9	-3.8	-0.5	-0.8	10.8	1.1	5.6	0.5	-0.1	0.0	-7.4	0.7
1976	3.4	2.0	3.3	0.2	0.6	0.1	0.4	4.0	0.4	-0.4	0.0	17.3	1.3	7.9	-0.7
1977	4.1	2.5	1.8	0.1	-0.8	-0.1	-0.2	4.2	0.4	13.5	1.2	9.6	0.8	3.3	-0.3
1978	5.9	3.5	2.3	0.2	8.5	1.0	0.1	5.4	0.6	13.0	1.2	-3.3	-0.3	10.8	-0.9
1979	5.4	3.2	0.4	0.0	10.7	1.3	0.2	3.6	0.4	-1.8	-0.2	10.6	0.9	6.1	-0.5
1980	0.7	0.4	-9.9	-0.7	7.5	1.0	0.0	3.3	0.3	-1.7	-0.2	14.4	1.2	-6.3	0.6
1981	3.2	1.6	-1.3	-0.1	3.2	0.6	-0.1	5.7	0.8	0.7	0.1	12.7	1.7	4.2	-0.6
1982	4.5	2.3	1.1	0.1	1.5	0.3	-0.4	3.9	0.6	-0.5	-0.0	-0.4	-0.1	-4.7	0.6
1983	3.2	1.7	-5.2	-0.3	4.0	0.7	0.2	4.3	0.6	0.1	0.0	8.7	1.2	1.9	-0.2
1984	3.2	1.7	-0.2	-0.0	9.5	1.6	0.0	2.4	0.3	-2.1	-0.2	13.6	1.8	8.1	-0.9
1985	4.3	2.3	3.5	0.2	7.5	1.3	0.3	1.6	0.2	3.4	0.3	2.5	0.4	-4.2	0.5
1986	3.6	1.8	8.8	0.5	6.2	1.1	-0.4	3.5	0.5	6.5	0.5	-4.1	-0.5	7.6	-0.7
1987	4.7	2.4	19.4	1.1	8.8	1.5	0.5	3.7	0.5	10.5	0.8	1.2	0.1	12.7	-0.9
1988	5.4	2.7	4.4	0.3	18.8	3.3	-0.1	3.4	0.5	0.6	0.0	8.7	0.8	19.1	-1.4
1989	4.1	2.1	-2.1	-0.1	7.7	1.5	0.2	2.6	0.3	4.6	0.3	8.7	0.8	14.9	-1.2
1990	5.0	2.5	0.3	0.0	11.5	2.3	-0.2	4.0	0.5	3.0	0.2	6.9	0.7	5.5	-0.5
1991	2.4	1.2	-8.9	-0.6	1.3	0.3	0.3	3.5	0.5	3.9	0.3	5.4	0.5	-0.5	0.0
1992	1.4	0.7	-2.7	-0.2	-1.5	-0.6	-0.6	2.9	0.4	14.8	1.1	4.0	0.4	-1.7	0.1
1993	1.6	0.8	2.0	0.1	-13.4	-2.5	-0.0	3.1	0.4	5.9	0.5	-0.0	-0.0	-0.3	0.0
1994	2.1	1.1	5.9	0.3	-0.0	-0.0	-0.1	4.3	0.6	-4.0	-0.4	5.4	0.5	7.5	-0.7
1995	2.4	1.3	-4.6	-0.3	8.4	1.3	0.4	3.4	0.5	7.2	0.6	4.1	0.4	14.6	-1.0
1996	2.4	1.3	12.0	0.7	5.9	1.0	0.0	2.3	0.3	-1.6	-0.1	6.5	0.6	9.1	-0.7
1997	-1.1	-0.6	-16.0	-1.0	2.4	0.4	0.4	1.3	0.2	-6.6	-0.6	9.6	0.9	0.8	-0.1
1998	0.3	0.2	-10.1	-0.5	-3.5	-0.6	-0.7	2.0	0.3	2.2	0.2	-3.8	-0.4	-6.6	0.6
1999	1.4	0.7	2.8	0.1	-1.6	-0.3	-0.6	3.7	0.6	-0.6	-0.1	6.1	0.6	6.6	-0.6
2000	1.4	0.8	1.0	0.0	6.1	1.0	0.1	3.6	0.6	-7.3	-0.6	9.7	1.0	10.3	-0.9
2001	1.9	1.0	-5.4	-0.3	-3.9	-0.6	-0.3	2.3	0.4	-5.3	-0.4	-7.6	-0.8	-3.2	0.3
2002	1.2	0.7	-1.3	-0.1	-3.0	-0.5	0.1	1.7	0.3	-4.8	-0.3	12.2	1.2	4.8	-0.5
2003	0.7	0.4	0.5	0.0	3.1	0.5	0.3	2.0	0.4	-7.3	-0.5	10.0	1.1	2.4	-0.3
2004	1.2	0.6	2.6	0.1	4.0	0.6	0.1	0.8	0.1	-8.1	-0.5	11.8	1.4	9.0	-0.9
2005	1.8	1.0	0.0	0.0	7.6	1.2	-0.2	0.4	0.1	-7.9	-0.4	9.4	1.2	6.0	-0.7
2006	0.6	0.3	-0.3	-0.0	2.3	0.4	0.1	0.6	0.1	-6.3	-0.3	8.7	1.2	3.6	-0.5
2007	0.7	0.4	-13.3	-0.6	-0.7	-0.1	0.2	1.6	0.3	-4.2	-0.2	9.5	1.5	2.5	-0.4
2008	-2.1	-1.2	-2.5	-0.1	-5.8	-0.9	0.0	-0.6	-0.1	-4.2	-0.2	-10.2	-1.8	-4.3	0.7
2009	0.7	0.4	-20.3	-0.8	-11.4	-1.8	-1.4	2.6	0.5	9.3	0.5	-9.0	-1.4	-10.5	1.7
2010	1.3	0.7	4.8	0.2	2.0	0.3	1.2	2.3	0.4	-7.2	-0.4	17.9	2.4	12.1	-1.5
2011	0.6	0.4	4.4	0.2	4.0	0.6	0.1	1.9	0.4	-2.2	-0.1	-1.4	-0.2	5.2	-0.7
2012	1.0	0.6	4.5	0.2	1.5	0.2	-0.3	1.3	0.3	1.1	0.1	-1.4	-0.2	3.8	-0.6
2013	2.9	1.7	8.6	0.3	5.4	0.8	-0.4	1.8	0.4	8.5	0.4	4.4	0.6	7.0	-1.2
2014	-2.6	-1.5	-8.1	-0.3	2.7	0.4	0.3	0.9	0.2	-2.3	-0.1	8.9	1.4	3.9	-0.7
2015	0.7	0.4	3.1	0.1	3.4	0.6	0.2	2.2	0.4	-1.3	-0.1	1.1	0.2	0.4	-0.1
2016	-0.3	-0.2	4.3	0.2	0.8	0.1	-0.2	0.9	0.2	0.5	0.0	3.4	0.6	-0.5	0.1
2017	1.0	0.5	-1.8	-0.1	2.8	0.4	0.3	0.1	0.0	0.6	0.0	6.3	1.0	3.8	-0.6
2018	0.1	0.0	-4.8	-0.2	1.6	0.3	0.1	1.1	0.2	0.8	0.0	2.0	0.4	3.0	-0.5
2019	-0.9	-0.5	2.5	0.1	-1.2	-0.2	-0.2	2.1	0.4	1.6	0.1	-2.3	-0.4	0.2	-0.0
2020	-5.1	-2.8	-7.6	-0.3	-5.7	-0.9	-0.3	2.7	0.5	4.9	0.3	-10.0	-1.7	-6.3	1.1
2021	1.5	0.8	-1.1	-0.0	2.1	0.3	0.3	3.4	0.7	-6.4	-0.4	12.3	2.1	7.1	-1.2
2021年10-12月	0.3	0.2	0.0	0.0	1.5	0.2	0.4	2.0	0.4	-8.1	-0.5	5.7	0.9	5.1	-0.8
2022年1-3月	1.0	0.5	-3.2	-0.1	0.0	0.0	0.8	2.7	0.5	-11.7	-0.8	4.4	0.8	7.3	-1.3
2022年4-6月	2.6	1.4	-6.3	-0.2	0.6	0.1	0.6	1.6	0.3	-8.9	-0.4	3.0	0.6	3.5	-0.7
2022年7-9月	3.8	2.0	-1.1	-0.0	0.1	0.0	0.1	-0.1	-0.0	-4.9	-0.3	5.1	1.0	10.5	-2.0

(備考) 1. 内閣府「国民経済計算」による。
2. 各項目とも、1980年度以前は「平成10年度国民経済計算（1990年基準・68SNA）」、1981年度から1994年度までは「支出側GDP系列簡易遡及及（2015年基準・08SNA）」、1995年度以降は「2022年7－9月期四半期別GDP速報（2次速報値）（2015年基準・08SNA）」に基づく。
3. 寄与度については、1980年度以前は次式により算出した。
　　寄与度＝（当年度の実数−前年度の実数）／（前年度の国内総支出（GDP）の実数）×100
　1981年度以降は次式により算出した。

$$\%\Delta_{i,(t-1)\to t} = 100 \cdot \frac{p_{i,t-1}q_{i,t-1}}{\sum_i p_{i,t-1}q_{i,t-1}} \cdot \left(\frac{q_{i,t}}{q_{i,t-1}} - 1 \right)$$

ただし、$p_{i,t}$：t年度の下位項目デフレーター、 $q_{i,t}$：t年度の下位項目数量指数

暦年統計

国民経済計算 (3/5)

暦 年	国内総生産（GDP） 名目 総額 10億円	前年比 %	実質 前年比 %	国民総所得（GNI） 名目 前年比 %	実質 前年比 %	名目国民所得 総額 10億円	前年比 %	名目雇用者報酬 総額 10億円	前年比 %	1人当たり GDP 千円	1人当たり 雇用者報酬 前年比 %
1955	8,923.6	―	―	―	―	6,772.0	―	3,456.0	―	94	―
1956	10,046.0	12.6	7.5	12.5	7.4	7,587.4	12.0	3,973.5	15.0	105	6.9
1957	11,577.1	15.2	7.8	15.1	7.7	8,790.1	15.9	4,480.9	12.8	120	5.2
1958	12,302.2	6.3	6.2	6.2	6.1	9,188.0	4.5	4,952.1	10.5	126	5.9
1959	14,063.5	14.3	9.4	14.2	9.3	10,528.7	14.6	5,590.8	12.9	143	7.5
1960	17,069.6	21.4	13.1	21.3	13.0	12,912.0	22.6	6,483.1	16.0	172	10.1
1961	20,616.6	20.8	11.9	20.7	11.8	15,572.3	20.6	7,670.2	18.3	206	13.2
1962	23,395.3	13.5	8.6	13.4	8.6	17,499.2	12.4	9,151.7	19.3	231	14.0
1963	26,775.7	14.4	8.8	14.4	8.7	20,191.9	15.4	10,672.5	16.6	262	13.1
1964	31,497.0	17.6	11.2	17.5	11.1	23,377.0	15.8	12,475.8	16.9	305	13.0
1965	35,041.8	11.3	5.7	11.3	5.7	26,065.4	11.5	14,528.2	16.5	336	11.8
1966	40,696.9	16.1	10.2	16.2	10.3	30,396.1	16.6	16,811.9	15.7	386	11.1
1967	47,691.7	17.2	11.1	17.2	11.1	36,005.3	18.5	19,320.1	14.9	448	12.0
1968	56,481.9	18.4	11.9	18.4	11.9	42,479.3	18.0	22,514.0	16.5	525	13.7
1969	66,348.5	17.5	12.0	17.5	12.0	49,938.3	17.6	26,500.7	17.7	609	15.8
1970	78,200.4	17.9	10.3	17.9	10.3	59,152.7	18.5	31,942.2	20.5	708	16.6
1971	86,043.8	10.0	4.4	10.1	4.5	64,645.1	9.3	37,867.7	18.6	764	14.9
1972	98,511.0	14.5	8.4	14.7	8.6	74,601.0	15.4	44,069.3	16.4	862	13.3
1973	119,945.6	21.8	8.0	21.8	8.1	91,823.1	23.1	55,235.8	25.3	1,035	21.6
1974	143,130.9	19.3	-1.2	19.1	-1.4	109,060.8	18.8	70,087.7	26.9	1,219	26.1
1975	158,146.6	10.5	3.1	10.6	3.2	121,025.9	11.0	81,678.2	16.5	1,330	16.2
1976	177,600.7	12.3	4.0	12.3	4.0	137,119.6	13.3	92,120.9	12.8	1,478	10.8
1977	197,910.5	11.4	4.4	11.5	4.4	151,395.2	10.4	102,896.8	11.7	1,631	10.0
1978	217,936.0	10.1	5.3	10.2	5.4	167,571.7	10.7	111,163.6	8.0	1,780	7.2
1979	236,213.3	8.4	5.5	8.5	5.6	180,707.3	7.8	120,120.3	8.1	1,915	5.9
1980	256,075.9	8.4	2.8	8.2	2.7	196,750.2	8.0	129,497.8	8.5	2,079	5.2
1981	274,615.9	7.2	4.3	7.1	4.3	209,047.2	6.3	140,219.9	8.3	2,219	6.5
1982	288,613.0	5.1	3.3	5.3	3.3	219,327.2	4.9	148,172.1	5.7	2,314	4.1
1983	301,844.1	4.6	3.6	4.7	3.7	227,666.8	3.8	155,782.0	5.1	2,390	2.4
1984	319,663.6	5.9	4.4	6.0	4.8	240,786.9	5.8	164,342.6	5.5	2,524	4.1
1985	340,395.3	6.5	5.2	6.7	5.3	256,338.4	6.5	171,887.9	4.6	2,693	3.4
1986	357,276.1	5.0	3.3	4.9	5.1	267,217.4	4.2	179,163.3	4.2	2,805	2.6
1987	373,273.0	4.5	4.6	4.7	4.9	276,729.3	3.6	185,400.9	3.5	2,901	2.3
1988	400,566.9	7.3	6.7	7.4	7.0	296,228.2	7.0	196,182.1	5.8	3,107	3.3
1989	428,994.1	7.1	4.9	7.2	5.2	316,002.5	6.7	210,203.2	7.1	3,333	3.9
1990	461,295.1	7.5	4.8	7.5	4.4	339,441.1	7.4	227,342.6	8.2	3,587	4.7
1991	491,418.9	6.5	3.5	6.5	3.6	363,375.7	7.1	245,595.0	8.0	3,787	4.4
1992	504,161.2	2.6	0.9	2.7	1.3	366,179.6	0.8	253,578.4	3.3	3,866	0.9
1993	504,497.8	0.1	-0.5	0.1	-0.3	366,975.1	0.2	259,075.4	2.2	3,877	0.5
1994	510,916.1	1.3	1.1	1.2	1.3	369,217.5	0.1	261,624.5	2.0	4,009	0.3
1995	521,613.5	2.1	2.6	2.1	2.9	377,736.2	2.3	266,002.9	1.7	4,086	1.2
1996	535,562.1	2.7	3.1	3.0	3.2	390,199.0	3.3	270,690.3	1.8	4,183	0.6
1997	543,545.4	1.5	1.0	1.6	0.8	394,664.2	1.1	278,751.3	3.0	4,239	1.7
1998	536,497.4	-1.3	-1.3	-1.4	-1.1	383,849.9	-2.7	274,572.1	-1.5	4,178	-1.1
1999	528,069.9	-1.6	-0.3	-1.6	-0.3	377,739.1	-1.6	269,252.2	-1.9	4,105	-1.3
2000	535,417.7	1.4	2.8	1.6	2.7	385,745.1	2.1	269,889.6	0.2	4,153	-0.2
2001	531,653.9	-0.7	0.4	-0.6	0.0	379,833.5	-1.5	266,603.6	-1.2	4,114	-1.5
2002	524,478.7	-1.3	0.0	-1.4	0.0	375,854.9	-1.0	257,433.1	-3.4	4,050	-2.8
2003	523,968.6	-0.1	1.5	0.1	1.5	379,296.3	0.9	255,180.0	-0.9	4,038	-0.9
2004	529,400.9	1.0	2.2	1.3	2.3	385,931.1	1.7	255,963.4	0.3	4,079	-0.1
2005	532,515.6	0.6	1.8	0.9	1.3	390,658.9	1.2	260,594.3	1.8	4,103	1.1
2006	535,170.2	0.5	1.4	0.9	0.9	392,040.4	0.4	265,191.6	1.8	4,121	0.2
2007	539,281.7	0.8	1.5	1.2	1.3	396,233.9	1.1	266,616.2	0.5	4,154	-0.5
2008	527,823.8	-2.1	-1.2	-2.5	-3.1	379,416.9	-4.2	266,805.9	0.1	4,067	-0.1
2009	494,938.4	-6.2	-5.7	-6.4	-4.3	348,968.2	-8.0	253,797.8	-4.9	3,823	-3.9
2010	505,530.6	2.1	4.1	2.3	3.5	362,501.8	3.9	251,175.0	-1.0	3,908	-1.2
2011	497,448.9	-1.6	0.0	-1.4	-1.0	356,058.0	-1.8	251,584.0	0.2	3,844	-0.1
2012	500,474.7	0.6	1.4	0.5	1.0	359,170.1	0.9	251,650.1	0.0	3,878	-0.3
2013	508,700.6	1.6	2.0	2.3	2.5	369,919.6	3.0	253,333.1	0.7	3,948	-0.3
2014	518,811.0	2.0	0.3	2.3	0.3	373,996.7	1.1	257,520.7	1.7	4,008	0.8
2015	538,032.3	3.7	1.6	3.9	3.2	389,444.5	4.1	260,613.9	1.2	4,180	0.3
2016	544,364.6	1.2	0.8	0.7	1.3	393,196.6	1.0	267,401.2	2.6	4,218	1.0
2017	553,073.0	1.6	1.7	1.8	1.2	401,073.7	2.0	272,101.5	1.8	4,307	0.4
2018	556,630.1	0.6	0.6	0.8	-0.0	402,480.5	0.4	281,350.2	3.4	4,325	1.3
2019	557,910.8	0.2	-0.4	0.3	-0.2	401,407.7	-0.3	286,892.4	2.0	―	0.7
2020	539,082.4	-3.4	-4.3	-3.6	-3.6	377,407.3	-6.0	283,186.5	-1.3	―	-0.9
2021	549,379.3	1.9	2.1	3.1	2.0	391,888.3	3.8	288,745.7	2.0	―	1.8

(備考) 1. 内閣府「国民経済計算」、総務省「労働力調査」により作成。
2. 国内総生産は、総額については、1979年（前年比は1980年）以前は「平成10年度国民経済計算（1990年基準・68SNA）」、1980年から1993年まで（前年比は1981年から1994年まで）は「支出側GDP系列簡易遡及（2015年基準・08SNA）」、1994年（前年比は1995年）以降は「2022年7〜9月期四半期別GDP速報」（2次速報値）（2015年基準・08SNA）」による。なお、1993年以降の数値については、異なる基準間の数値を接続するための処理を行っている。
3. 国民総所得の項目は、1980年以前は国民総支出（GNP）。
4. 名目国民所得は、1979年（前年比は1980年）以前は「平成10年度国民経済計算（1990年基準・68SNA）」、1980年から1993年まで（前年比は1981年から1994年まで）は「平成21年度国民経済計算（2000年基準・93SNA）」によるため、時系列として接続しない。それ以降は「2021年度国民経済計算（2015年基準・08SNA）」による。
5. 名目雇用者報酬は、総額は1979年（前年比は1980年）以前は「平成2年基準改定国民経済計算（68SNA）」に、1980年から1993年まで（前年比は1981年から1994年まで）は「平成21年度国民経済計算（2000年基準・93SNA）」によるため、時系列として接続しない。それ以降は「2022年7〜9月期四半期別GDP速報」（2次速報値）（2015年基準・08SNA）」に基づく名目雇用者報酬を用いている。
6. 1人当たりGDPは、1979年以前は「長期遡及及主要系列国民経済計算報告（昭和30年〜平成元年）（1990年基準・68SNA）」に、1980年から1993年までは「平成21年度国民経済計算（2000年基準・93SNA）」に、それ以降は「平成30年度国民経済計算（2011年基準・08SNA）」による。
1人当たり雇用者報酬は、名目雇用者報酬を総務省「労働力調査」の雇用者数で除したもの。

国民経済計算 (4/5)

暦年	民間最終消費支出 (実質)		民間住宅 (実質)		民間企業設備 (実質)		民間在庫変動 (実質)	政府最終消費支出 (実質)		公的固定資本形成 (実質)		財貨・サービスの輸出 (実質)		財貨・サービスの輸入 (実質)	
	前年比	寄与度	前年比	寄与度	前年比	寄与度	寄与度	前年比	寄与度	前年比	寄与度	前年比	寄与度	前年比	寄与度
1955	—	—	—	—	—	—	—	—	—	—	—	—	—	—	—
1956	8.9	5.8	11.4	0.4	37.9	1.7	0.7	-0.2	0.0	-1.5	-0.1	17.4	0.5	26.9	-1.0
1957	8.1	5.4	6.8	0.2	27.5	1.6	1.2	-0.4	-0.1	10.3	0.5	11.4	0.4	22.8	-1.0
1958	6.3	4.2	14.0	0.5	-0.6	0.0	-1.3	4.6	0.9	17.7	0.9	5.2	0.2	-13.4	0.7
1959	8.4	5.5	9.9	0.4	23.1	1.5	0.5	7.5	1.4	11.8	0.7	13.0	0.5	22.8	-1.0
1960	11.0	7.3	27.9	1.0	44.4	3.2	0.5	4.4	0.8	15.0	0.8	12.8	0.5	23.1	-1.1
1961	10.4	6.7	12.8	0.5	27.8	2.6	1.2	5.4	0.9	22.8	1.3	5.3	0.2	26.4	-1.4
1962	7.5	4.8	15.6	0.6	6.2	0.7	-1.0	7.5	1.2	28.2	1.8	17.2	0.6	-1.2	0.1
1963	8.8	5.5	18.3	0.8	8.3	0.9	0.2	7.6	1.2	13.9	1.0	7.0	0.3	19.6	-1.0
1964	10.8	6.8	25.6	1.2	17.9	1.9	0.3	3.0	0.5	6.3	0.5	21.6	0.8	13.6	-0.8
1965	5.8	3.6	20.7	1.1	-5.7	-0.6	-0.4	3.1	0.4	10.0	0.7	23.8	0.9	5.6	-0.3
1966	10.0	6.3	14.5	1.4	14.5	1.4	0.1	4.5	0.6	19.2	1.5	16.9	0.8	12.2	-0.7
1967	10.4	6.5	19.2	1.1	28.6	2.9	0.6	3.4	0.4	6.8	0.3	22.7	-1.4		
1968	8.5	5.3	19.5	1.1	23.4	2.8	0.0	4.7	0.6	16.3	1.3	23.9	1.1	12.1	-0.8
1969	10.3	6.3	16.7	1.1	25.6	3.3	0.0	4.1	0.5	9.6	0.8	20.8	1.1	13.7	-0.9
1970	7.4	4.4	13.3	0.9	19.3	2.8	1.3	4.8	0.5	13.8	1.1	17.5	1.0	22.6	-1.5
1971	5.5	3.2	-4.7	-0.3	-2.5	-0.4	-0.8	4.9	0.5	18.6	1.5	16.0	1.0	7.0	-0.5
1972	9.0	5.3	18.0	1.2	2.3	0.3	-0.1	5.0	0.5	16.2	1.5	4.1	0.3	10.5	-0.8
1973	8.8	5.2	15.3	1.2	14.2	2.0	0.2	5.4	0.5	4.9	0.5	5.2	0.3	24.3	-1.9
1974	-0.1	0.0	-12.3	-1.0	-4.2	-0.6	0.5	-0.4	0.0	-11.8	-1.1	23.1	1.4	4.2	-0.4
1975	4.4	2.6	1.2	0.1	-6.0	-0.9	-1.6	12.6	1.2	6.4	0.6	-1.0	-0.1	-10.3	1.0
1976	2.9	1.8	8.7	0.6	-0.1	-0.0	0.2	4.2	0.4	2.5	0.2	16.6	1.2	6.7	-0.6
1977	4.0	2.4	0.5	0.0	-0.5	-0.1	0.0	4.2	0.4	9.5	0.8	11.7	1.0	4.1	-0.3
1978	5.3	3.2	5.6	0.4	4.5	0.5	-0.1	5.2	0.5	14.2	1.3	-0.3	-0.0	6.9	-0.6
1979	6.5	3.9	-0.9	-0.1	12.8	1.5	0.3	4.2	0.4	2.7	0.3	4.3	0.4	12.9	-1.1
1980	1.1	0.6	-9.2	-0.6	7.9	1.0	0.0	3.1	0.3	-4.8	-0.5	17.0	1.4	-7.8	0.7
1981	2.5	1.3	-1.8	-0.1	3.9	0.7	-0.1	5.4	0.8	2.7	0.3	13.4	1.7	2.4	-0.3
1982	4.7	2.4	-1.3	-0.1	1.2	0.2	0.1	4.2	0.6	-1.3	-0.1	1.5	0.2	-0.6	0.1
1983	3.4	1.8	-1.8	-0.1	0.4	0.0	-0.3	4.6	0.7	0.3	0.0	5.0	0.7	-3.2	0.4
1984	3.1	1.7	-2.1	-0.1	8.4	1.4	0.2	3.0	0.4	-1.1	-0.1	15.4	2.0	10.6	-1.2
1985	4.1	2.1	2.7	0.1	9.1	1.6	0.2	1.3	0.2	-1.1	-0.1	5.3	0.7	-2.6	0.3
1986	3.7	1.9	6.5	0.4	5.9	1.0	0.1	3.2	0.4	7.6	0.6	-5.0	-0.7	4.3	-0.4
1987	4.4	2.2	17.4	1.0	6.8	1.2	0.2	3.6	0.5	8.7	0.7	0.1	0.0	9.4	-0.7
1988	5.1	2.6	9.2	0.6	17.0	3.0	0.4	3.8	0.5	4.0	0.3	6.8	0.7	19.0	-1.3
1989	4.9	2.5	-0.3	-0.0	11.6	2.2	0.0	2.5	0.3	3.3	0.3	9.6	0.9	17.8	-1.3
1990	4.8	2.4	-1.6	-0.1	9.3	1.9	-0.2	3.5	0.5	4.5	0.3	7.4	0.7	8.2	-0.7
1991	2.2	1.1	-6.0	-0.4	6.6	1.4	0.2	4.0	0.5	1.6	0.1	5.4	0.5	-1.1	0.1
1992	2.3	1.1	-4.8	-0.3	-7.1	-1.5	-0.4	2.7	0.4	13.7	1.0	4.6	0.4	-0.7	0.1
1993	1.1	0.5	0.2	0.0	-11.6	-2.2	-0.1	3.5	0.5	8.6	0.7	0.8	0.1	-1.2	0.1
1994	2.3	1.2	6.0	0.3	-4.6	-0.8	0.0	3.8	0.5	-1.5	-0.1	4.4	0.4	8.3	-0.6
1995	2.5	1.3	-4.2	-0.3	7.6	1.2	0.4	3.8	0.6	0.5	0.0	4.2	0.4	13.0	-0.9
1996	2.0	1.0	10.9	0.6	6.0	1.0	0.1	2.3	0.4	5.7	0.5	4.8	0.4	11.8	-0.9
1997	0.6	0.3	-9.7	-0.6	3.6	0.6	0.1	1.6	0.2	-6.8	-0.6	11.1	1.0	0.5	-0.0
1998	-0.6	-0.3	-13.5	-0.7	-1.3	-0.2	-0.2	2.0	0.4	-4.1	-0.3	-2.4	-0.3	-6.8	0.6
1999	1.1	0.6	0.0	0.0	-4.8	-0.8	-1.0	3.5	0.6	6.0	0.5	2.0	0.2	3.7	-0.3
2000	1.5	0.8	1.3	0.1	6.0	0.9	0.6	3.9	0.6	-9.7	-0.8	13.0	1.3	9.6	-0.8
2001	2.1	1.1	-3.2	-0.2	-0.1	0.0	0.1	2.4	0.4	-3.6	-0.3	-6.6	-0.7	1.2	-0.1
2002	1.3	0.7	-2.5	-0.1	-5.6	-0.9	-0.4	1.9	0.3	-4.7	-0.3	7.9	0.8	0.8	-0.1
2003	0.6	0.3	-0.5	-0.0	2.2	0.3	0.3	1.9	0.3	-6.9	-0.5	9.6	1.0	3.4	-0.3
2004	1.3	0.7	2.9	0.1	3.5	0.5	0.4	1.1	0.2	-9.0	-0.6	14.4	1.6	8.5	-0.8
2005	1.5	0.8	-0.1	-0.0	8.1	1.2	-0.2	0.8	0.1	-8.2	-0.5	7.1	0.9	5.9	-0.6
2006	0.9	0.5	0.4	0.0	2.1	0.3	-0.1	0.2	0.0	-4.9	-0.3	10.3	1.4	4.7	-0.6
2007	0.8	0.4	-9.6	-0.4	0.8	0.1	0.3	1.5	0.3	-5.3	-0.3	8.7	1.4	2.3	-0.3
2008	-1.1	-0.6	-6.2	-0.3	-2.9	-0.5	-0.1	-0.1	-0.0	-5.0	-0.2	1.6	0.3	0.7	-0.1
2009	-0.9	-0.5	-17.8	-0.7	-13.0	-2.1	-1.6	2.0	0.4	6.6	0.3	-23.4	-4.0	-15.6	2.6
2010	2.3	1.3	-1.3	-0.0	-1.0	-0.1	1.0	1.9	0.4	-2.2	-0.1	24.9	3.1	11.3	-1.4
2011	-0.5	-0.3	6.9	0.2	4.0	0.6	0.2	2.2	0.4	-5.7	-0.3	-0.1	-0.0	5.7	-0.8
2012	2.0	1.2	2.3	0.1	3.1	0.5	0.0	1.7	0.3	2.0	0.1	0.1	0.0	5.5	-0.8
2013	2.6	1.5	8.2	0.3	2.7	0.4	-0.4	1.5	0.3	5.6	0.3	0.8	0.1	3.2	-0.5
2014	-0.9	-0.5	-3.1	-0.1	3.9	0.6	0.1	1.0	0.2	1.4	0.1	9.3	1.5	8.1	-1.5
2015	-0.2	-0.1	-0.4	-0.0	5.0	0.8	0.3	1.9	0.4	-4.0	-0.2	3.2	0.6	0.4	-0.3
2016	-0.4	-0.2	3.9	0.1	0.1	0.0	-0.1	1.6	0.3	2.4	0.1	1.6	0.3	-1.2	0.2
2017	1.1	0.6	0.5	0.0	2.4	0.4	0.1	0.1	0.0	0.1	0.0	6.6	1.1	3.3	-0.5
2018	0.2	0.1	-6.4	-0.3	2.3	0.4	0.2	1.0	0.2	0.6	0.0	3.8	0.7	3.8	-0.6
2019	-0.6	-0.3	4.1	0.2	-0.7	-0.1	-0.1	1.9	0.4	1.9	0.1	-1.5	-0.3	1.0	-0.2
2020	-4.7	-2.5	-7.9	-0.3	-4.9	-0.8	-0.5	2.4	0.5	3.4	0.2	-11.6	-2.0	-6.8	1.2
2021	0.2	0.2	-1.1	-0.0	0.8	0.1	0.2	3.5	0.7	-1.9	-0.1	11.8	1.8	5.1	-0.8

(備考) 1. 内閣府「国民経済計算」による。
2. 各項目とも、1980年以前は「平成10年度国民経済計算（1990年基準・68SNA）」、1981年から1994年までは「支出側GDP系列簡易遡及及
（2015年基準・08SNA）」、1995年以降は「2022年7-9月期四半期別GDP速報（2次速報値）（2015年基準・08SNA）」に基づく。
3. 寄与度については、1980年以前は次式により算出した。
　寄与度＝（当年の実数－前年の実数）／（前年の国内総支出（GDP）の実数）×100
　1981年以降は次式により算出した。

$$\% \triangle_{i,(t-1)\to t} = 100 \cdot \frac{p_{i,t-1} \cdot q_{i,t-1}}{\sum_i p_{i,t-1} \cdot q_{i,t-1}} \cdot \left(\frac{q_{i,t}}{q_{i,t-1}} - 1 \right)$$

ただし、$p_{i,t}$：t年の下位項目デフレーター、　$q_{i,t}$：t年の下位項目数量指数

国民経済計算（5/5）

年　　末	国　民　総　資　産					国　　富	
	10億円	名目GDP比率	構成比　%			10億円	名目GDP比率
			実物資産(除土地等)	土地等	金融資産		
1955	51,422.0	5.76	32.6	30.6	36.8	32,704.7	3.66
1956	60,322.2	6.00	31.8	29.8	38.4	37,103.0	3.69
1957	68,244.2	5.89	29.8	29.9	40.3	40,481.3	3.50
1958	76,193.1	6.19	27.0	30.6	42.4	43,752.0	3.56
1959	89,131.9	6.34	25.5	30.2	44.4	49,584.9	3.53
1960	107,840.0	6.32	23.7	31.7	44.6	59,819.6	3.50
1961	133,283.4	6.46	23.5	31.0	45.6	72,297.0	3.51
1962	156,357.7	6.68	22.3	31.3	46.4	83,461.1	3.57
1963	183,270.6	6.84	21.8	29.3	48.9	92,923.6	3.47
1964	213,870.8	6.79	21.5	29.1	49.4	107,292.4	3.41
1965	241,570.7	6.89	21.2	27.9	50.9	118,028.4	3.37
1966	280,648.7	6.90	21.2	27.8	51.0	137,212.2	3.37
1967	333,694.7	7.00	21.0	28.2	50.8	163,842.2	3.44
1968	394,566.2	6.99	20.7	29.4	49.9	197,671.5	3.50
1969	476,211.0	7.18	20.6	30.0	49.4	241,579.4	3.64
	499,408.6	7.53	19.6	28.6	51.7	241,682.8	3.64
1970	590,573.4	7.55	20.5	29.4	50.1	296,467.3	3.79
1971	702,445.3	8.16	20.0	29.8	50.2	352,859.8	4.10
1972	932,810.6	9.47	18.8	31.5	49.7	473,379.9	4.81
1973	1,178,254.6	9.82	20.6	32.0	47.4	624,072.1	5.20
1974	1,300,905.2	9.09	23.4	29.1	47.5	685,723.9	4.79
1975	1,438,800.4	9.10	23.1	28.1	48.7	739,585.8	4.68
1976	1,627,933.8	9.17	23.3	26.6	50.1	814,906.7	4.59
1977	1,781,916.0	9.00	23.2	26.0	50.8	883,505.2	4.46
1978	2,031,898.0	9.32	22.3	25.9	51.7	989,289.6	4.54
1979	2,335,455.9	9.89	22.7	27.0	50.3	1,166,035.8	4.94
1980	2,642,194.0	10.32	22.4	28.2	49.4	1,339,614.4	5.23
	2,864,276.8	11.19	21.2	26.1	52.7	1,363,008.4	5.32
1981	3,160,372.8	11.51	20.0	26.7	53.3	1,484,720.7	5.41
1982	3,416,324.6	11.84	19.3	26.5	54.2	1,575,452.3	5.46
1983	3,699,899.5	12.26	18.2	25.5	56.3	1,629,378.0	5.40
1984	4,006,993.9	12.54	17.5	24.4	58.1	1,699,381.1	5.32
1985	4,377,491.7	12.86	16.5	24.3	59.2	1,811,019.5	5.32
1986	5,094,260.6	14.26	14.4	26.3	59.3	2,113,913.1	5.92
1987	5,962,689.6	15.97	13.0	29.4	57.6	2,579,662.1	6.91
1988	6,716,329.3	16.77	12.2	28.9	58.9	2,836,726.9	7.08
1989	7,710,418.9	17.97	11.9	29.4	58.7	3,231,062.4	7.53
1990	7,936,547.0	17.20	12.6	31.2	56.1	3,531,467.2	7.66
1991	7,987,085.8	16.25	13.4	28.7	57.8	3,422,746.4	6.97
1992	7,804,398.3	15.48	14.3	26.6	59.1	3,265,515.1	6.48
1993	7,903,074.8	15.67	14.3	25.1	60.6	3,192,859.5	6.33
1994	8,044,314.4	15.74	14.3	23.9	61.8	3,150,014.4	6.17
	8,599,526.3	16.83	18.8	22.9	58.2	3,671,951.7	7.19
1995	8,738,157.0	16.75	18.8	21.6	59.6	3,617,050.6	6.93
1996	8,913,942.3	16.64	19.2	20.8	60.0	3,665,584.7	6.84
1997	9,046,789.9	16.64	19.3	20.1	60.6	3,688,583.5	6.79
1998	9,102,612.8	16.97	19.2	19.2	61.6	3,628,751.2	6.76
1999	9,321,407.0	17.65	18.8	17.9	63.3	3,507,170.9	6.64
2000	9,209,077.6	17.20	19.3	17.2	63.5	3,494,809.8	6.53
2001	9,022,142.3	16.97	19.6	16.6	63.9	3,440,413.9	6.47
2002	8,876,598.4	16.92	19.8	15.9	64.3	3,346,758.1	6.38
2003	8,963,281.9	17.11	19.8	14.9	65.3	3,285,006.8	6.27
2004	8,997,050.0	16.99	20.0	14.2	65.8	3,258,914.1	6.16
2005	9,383,038.3	17.62	19.5	13.4	67.1	3,269,476.1	6.14
2006	9,422,066.1	17.61	19.8	13.5	66.6	3,359,820.4	6.28
2007	9,288,605.7	17.22	20.6	14.1	65.4	3,469,616.5	6.43
2008	8,914,760.2	16.89	21.7	14.5	63.8	3,455,035.1	6.55
2009	8,810,874.2	17.80	21.2	14.1	64.6	3,373,238.4	6.82
2010	8,839,145.8	17.48	21.0	13.6	65.3	3,322,230.9	6.57
2011	8,809,884.0	17.71	21.0	13.3	65.6	3,293,039.1	6.62
2012	9,016,210.7	18.02	20.4	12.8	66.8	3,298,061.0	6.59
2013	9,572,789.9	18.82	19.7	11.9	68.4	3,354,625.3	6.59
2014	10,014,147.4	19.30	19.3	11.5	69.3	3,430,080.6	6.61
2015	10,292,858.7	19.13	18.9	11.2	69.9	3,426,254.9	6.37
2016	10,589,925.6	19.45	18.4	11.2	70.4	3,471,881.1	6.38
2017	11,038,075.8	19.96	18.0	10.9	71.1	3,520,415.1	6.37
2018	11,034,279.2	19.82	18.3	11.1	70.6	3,589,594.4	6.45
2019	11,361,665.6	20.36	18.2	11.0	70.8	3,679,188.5	6.59
2020	11,891,902.8	22.06	17.3	10.5	72.2	3,668,474.0	6.81

（備考）　1．1955年末から1969年末残高（上段）は「長期遡及推計国民経済計算報告（昭和30年～平成10年）」（1990年基準・68SNA）」による。1969年末（下段）から1980年末残高（上段）は「平成10年度国民経済計算（1990年基準・68SNA）」による。推計方法が異なるため、1969年末の計数は異なる。1980年末（下段）から1994年末残高（上段）は「平成21年度国民経済計算（1990年基準・93SNA）」及び「支出側GDP系列簡易及（2015年基準・08SNA）」による。推計方法が異なるため、1980年末の計数は異なる。1994年末（下段）以降は、「2020年度国民経済計算（2015年基準・08SNA）」による。推計方法が異なるため、1994年末の計数は異なる。
　　　　2．土地等には、土地、鉱物・エネルギー資源、非育成生物資源を含む。

家計 (1/1)

暦年	個人消費 家計貯蓄率	新車新規登録・届出台数（乗用車）	乗用車保有台数（100世帯当たり）（年度末値）	賃金 春季賃上げ率	現金給与総額伸び率	住宅 新設着工戸数	
	%	台	台	%	%	千戸	前年比
1957	12.6	—	—	—	—	321	4.0
1958	12.3	49,236	—	—	—	338	5.3
1959	13.7	73,050	—	—	—	381	12.6
1960	14.5	145,227	—	—	—	424	11.5
1961	15.9	229,057	—	—	—	536	26.4
1962	15.6	259,269	—	—	—	586	9.4
1963	14.9	371,076	—	—	—	689	17.5
1964	15.4	493,536	—	—	—	751	9.1
1965	15.8	586,287	—	10.6	—	843	12.1
1966	15.0	740,259	9.8	10.6	—	857	1.7
1967	14.1	1,131,337	13.3	12.5	—	991	15.7
1968	16.9	1,569,404	17.6	13.6	—	1,202	21.2
1969	17.1	2,036,677	22.6	15.8	—	1,347	12.1
1970	17.7	2,379,137	26.8	18.5	—	1,485	10.2
1971	17.8	2,402,757	32.0	16.9	—	1,464	-1.4
1972	18.2	2,627,087	38.8	15.3	—	1,808	23.5
1973	20.4	2,953,026	42.3	20.1	—	1,905	5.4
1974	23.2	2,286,795	45.0	32.9	—	1,316	-30.9
1975	22.8	2,737,641	47.2	13.1	—	1,356	3.1
1976	23.2	2,449,429	55.0	8.8	—	1,524	12.4
1977	21.8	2,500,095	55.6	8.8	—	1,508	-1.0
1978	20.8	2,856,710	60.8	5.9	—	1,549	2.7
1979	18.2	3,036,873	64.1	6.0	—	1,493	-3.6
1980	17.7	2,854,175	64.9	6.74	—	1,269	-15.0
1981	18.6	2,866,695	71.7	7.68	—	1,152	-9.2
1982	17.3	3,038,272	76.4	7.01	—	1,146	-0.5
1983	16.8	3,135,611	79.2	4.40	—	1,137	-0.8
1984	16.7	3,095,554	83.6	4.46	—	1,187	4.4
1985	16.2	3,252,299	84.5	5.03	—	1,236	4.1
1986	15.4	3,322,888	91.3	4.55	—	1,365	10.4
1987	13.7	3,477,770	94.5	3.56	—	1,674	22.7
1988	14.2	3,980,958	104.1	4.43	—	1,685	0.6
1989	14.1	4,760,094	108.0	5.17	—	1,663	-1.3
1990	13.5	5,575,234	112.3	5.94	—	1,707	2.7
1991	15.1	5,416,437	114.2	5.65	4.4	1,370	-19.7
1992	14.7	5,097,467	116.1	4.95	2.0	1,403	2.4
1993	14.2	4,805,543	118.2	3.89	0.3	1,486	5.9
1994	12.3	4,860,586	118.6	3.13	1.5	1,570	5.7
1995	11.1	5,119,052	121.0	2.83	1.1	1,470	-6.4
1996	9.5	5,394,616	125.1	2.86	1.1	1,643	11.8
1997	9.7	5,182,296	127.8	2.90	1.6	1,387	-15.6
1998	11.1	4,647,978	126.7	2.66	-1.3	1,198	-13.6
1999	9.6	4,656,901	130.7	2.21	-1.5	1,215	1.4
2000	8.0	4,803,573	132.7	2.06	0.1	1,230	1.3
2001	4.2	4,790,044	137.3	2.01	-1.6	1,174	-4.6
2002	2.7	4,790,493	143.8	1.66	-2.9	1,151	-1.9
2003	2.3	4,715,991	142.3	1.63	-0.7	1,160	0.8
2004	2.0	4,768,131	134.3	1.67	-0.5	1,189	2.5
2005	2.7	4,748,409	139.1	1.71	0.8	1,236	4.0
2006	3.2	4,641,732	140.2	1.79	0.2	1,290	4.4
2007	3.3	4,400,299	140.0	1.87	-0.9	1,061	-17.8
2008	3.4	4,227,643	137.0	1.99	-0.3	1,094	3.1
2009	4.5	3,923,741	139.4	1.83	-3.8	788	-27.9
2010	3.3	4,212,267	136.9	1.82	0.6	813	3.1
2011	3.6	3,524,788	138.8	1.83	-0.3	834	2.6
2012	2.2	4,572,332	138.4	1.78	-0.8	883	5.8
2013	-0.1	4,562,150	128.6	1.80	-0.2	980	11.0
2014	-1.3	4,699,462	129.2	2.19	0.5	892	-9.0
2015	-0.4	4,215,799	131.1	2.38	0.1	909	1.9
2016	1.4	4,146,403	125.2	2.14	0.6	967	6.4
2017	1.0	4,386,315	126.3	2.11	0.4	965	-0.3
2018	1.1	4,391,089	126.3	2.26	1.4	942	-2.3
2019	2.8	4,301,012	125.7	2.18	-0.4	905	-4.0
2020	11.8	3,809,896	126.9	2.00	-1.2	815	-9.9
2021	9.7	3,675,650	127.2	1.86	0.3	856	5.0
2022	—	P 3,448,273	—	2.20	—	—	—
2019年7-9月	—	1,171,103	—	—	-0.3	894	-5.4
2019年10-12月	—	910,362	—	—	-0.1	865	-9.4
2020年1-3月	—	961,780	—	—	0.7	857	-9.9
2020年4-6月	—	769,022	—	—	-1.7	799	-12.4
2020年7-9月	—	1,011,058	—	—	-1.2	806	-10.1
2020年10-12月	—	1,038,352	—	—	-2.1	805	-7.0
2021年1-3月	—	996,935	—	—	-0.3	835	-1.6
2021年4-6月	—	981,398	—	—	1.0	865	8.1
2021年7-9月	—	862,127	—	—	0.5	867	7.2
2021年10-12月	—	836,947	—	—	0.0	855	6.1
2022年1-3月	—	825,176	—	—	1.5	873	4.9
2022年4-6月	—	841,904	—	—	1.5	853	-1.3
2022年7-9月	—	861,016	—	—	1.5	862	0.0
2022年10-12月	—	P 934,973	—	—	1.7		

(備考) 1. 内閣府「国民経済計算」、「消費動向調査」、日本自動車販売協会連合会及び全国軽自動車協会連合会資料、
厚生労働省「毎月勤労統計調査」（事業所規模5人以上）による。四半期の数値は前年同期比。Pは速報値。
2. 春闘賃上げ率は厚生労働省調べ（主要企業）。79年以前は単純平均、80年以降は加重平均。
3. 現金給与総額は本系列、事業所規模5人以上。
4. 新設着工戸数は国土交通省「建築着工統計」による。四半期別の戸数は年率季節調整値による。
5. 家計貯蓄率は、1979年までは68SNA、1980年より93SNA、1994年より08SNAに基づく。乗用車保有台数は「消費動向調査」の一般世帯の値。
6. 新車新規登録・届出台数は、1985～2002年まで登録ナンバーベース、2003年以降はナンバーベースの値。四半期は
ナンバーベース、内閣府による季節調整値。

	設備投資	鉱工業指数					
	設備投資名目GDP比率	生産指数		出荷指数		在庫指数	
暦年	%	2015年=100	前年比	2015年=100	前年比	2015年=100	前年比
1960	18.2	13.6	24.8	13.4	22.9	13.4	24.3
1961	20.2	16.4	19.4	15.8	18.0	17.5	31.7
1962	19.2	17.7	8.3	17.2	8.2	20.9	20.6
1963	18.1	19.7	10.1	19.0	10.5	21.7	5.5
1964	18.3	22.8	15.7	21.8	15.0	25.9	19.4
1965	15.7	23.7	3.7	22.8	4.1	27.8	6.9
1966	15.8	26.9	13.2	25.9	13.7	28.3	2.2
1967	17.8	32.1	19.4	30.5	17.5	33.4	18.1
1968	18.7	37.0	17.7	35.3	16.2	40.7	25.3
1969	20.2	42.9	16.0	41.1	16.4	47.5	16.8
1970	21.0	48.9	13.8	46.4	13.0	58.1	22.5
1971	19.0	50.1	2.6	47.8	3.1	63.6	9.1
1972	17.5	53.7	7.3	52.0	8.6	60.4	-4.9
1973	18.5	61.7	17.5	59.4	15.4	62.4	3.7
1974	18.4	59.2	-4.0	56.2	-5.3	89.4	43.2
1975	16.4	52.7	-11.0	52.0	-7.5	81.5	-8.9
1976	15.1	58.7	11.1	57.4	10.3	87.4	7.3
1977	14.1	61.1	4.1	59.6	3.9	90.2	3.0
1978	13.7	64.9	6.2	63.1	5.8	87.7	-2.9
1979	14.9	69.7	7.3	67.4	6.7	90.6	3.3
1980	16.0	73.0	4.7	69.3	2.9	98.2	8.3
1981	15.7	73.7	1.0	69.7	0.6	94.7	-3.6
1982	15.3	74.0	0.3	69.3	-0.7	93.1	-1.5
1983	14.6	76.1	3.6	71.6	3.5	87.8	-5.2
1984	15.0	83.4	9.4	77.4	8.2	94.6	7.6
1985	16.5	86.4	3.7	80.2	3.4	98.0	3.5
1986	16.5	86.2	-0.2	80.6	0.5	96.8	-1.2
1987	16.4	89.2	3.4	83.7	3.9	93.9	-3.0
1988	17.7	97.8	9.5	91.2	8.7	98.9	5.4
1989	19.3	103.5	5.8	96.5	5.9	107.1	8.3
1990	20.0	107.7	4.1	101.3	4.8	106.4	-0.7
1991	20.1	109.5	1.7	102.7	1.5	120.7	13.4
1992	18.3	102.8	-6.1	97.5	-5.1	119.6	-0.8
1993	16.3	98.8	-4.5	94.7	-3.7	117.3	-3.5
1994	15.7	99.9	0.9	95.6	0.9	111.8	-4.6
1995	16.2	103.0	3.2	98.0	2.6	118.0	5.5
1996	16.5	105.4	2.3	100.7	2.7	117.6	-0.3
1997	16.8	109.2	3.6	104.7	4.0	124.7	6.0
1998	16.6	101.7	-7.2	98.8	-6.6	114.7	-7.4
1999	15.7	101.9	0.2	99.9	1.1	106.8	-6.9
2000	16.3	107.8	5.7	105.8	5.8	109.0	2.1
2001	16.0	100.5	-6.8	99.0	-6.3	108.2	-0.7
2002	15.0	99.3	-1.3	98.8	-0.2	99.5	-8.0
2003	15.0	102.2	3.3	102.2	4.0	96.7	-2.4
2004	15.1	107.1	4.9	107.2	4.8	96.6	-0.1
2005	16.5	108.6	1.3	108.7	1.4	101.1	4.8
2006	16.5	113.4	4.5	113.7	4.6	104.7	3.5
2007	16.4	116.7	2.8	117.1	3.1	106.0	1.3
2008	16.4	112.7	-3.4	112.4	-3.2	113.2	4.8
2009	14.8	88.1	-21.9	88.0	-21.7	93.3	-17.6
2010	14.2	101.8	15.6	101.6	15.5	95.5	2.4
2011	14.9	98.9	-2.8	97.8	-3.7	97.5	2.0
2012	15.2	99.6	0.6	99.0	1.2	102.6	5.2
2013	15.4	99.2	-1.3	100.7	-0.5	94.7	-5.0
2014	15.9	101.2	2.0	101.4	0.7	100.3	5.9
2015	16.2	100.0	-1.2	100.0	-1.4	98.0	-2.3
2016	15.9	100.0	0.0	99.7	-0.3	94.9	-3.2
2017	16.1	103.1	3.1	102.2	2.5	98.8	4.1
2018	16.5	104.2	1.1	103.0	0.8	100.5	1.7
2019	16.5	101.1	-3.0	100.2	-2.7	101.7	1.2
2020	16.0	90.6	-10.4	89.6	-10.6	93.2	-8.4
2021	16.0	95.7	5.6	93.7	4.6	97.8	4.9
2016年1-3月	15.8	99.7	-1.0	99.4	-1.7	100.4	0.2
2016年4-6月	15.9	99.0	-1.0	98.8	-1.1	100.1	1.2
2016年7-9月	15.9	100.3	0.3	99.8	-0.4	100.0	0.5
2016年10-12月	16.0	101.7	1.6	101.5	1.8	97.0	-3.2
2017年1-3月	16.1	101.3	2.4	100.7	2.1	98.9	-1.4
2017年4-6月	16.1	103.2	4.4	102.3	3.8	99.0	-1.0
2017年7-9月	16.1	103.2	2.5	102.4	2.3	99.1	-1.0
2017年10-12月	16.2	104.4	3.1	103.1	2.1	101.1	4.1
2018年1-3月	16.4	103.5	1.7	102.2	0.8	103.6	5.1
2018年4-6月	16.7	104.3	1.3	103.6	1.6	101.6	2.5
2018年7-9月	16.3	103.6	0.1	102.4	-0.3	102.0	3.5
2018年10-12月	16.8	105.0	1.3	103.4	1.1	102.9	1.7
2019年1-3月	16.6	102.8	-1.7	101.6	-1.6	103.4	0.2
2019年4-6月	16.5	102.8	-2.2	101.4	-2.6	104.4	3.0
2019年7-9月	16.8	101.7	-1.1	101.3	-0.2	103.3	0.9
2019年10-12月	16.0	98.0	-6.8	97.3	-6.5	104.0	1.2
2020年1-3月	16.6	98.0	-4.7	96.8	-5.2	105.1	2.8
2020年4-6月	16.6	81.5	-20.3	80.4	-20.3	100.8	-3.3
2020年7-9月	15.7	88.8	-13.0	87.8	-13.5	97.6	-5.7
2020年10-12月	15.7	93.9	-3.5	93.0	-3.5	96.0	-8.4
2021年1-3月	16.0	96.3	-1.2	94.5	-1.5	94.5	-10.0
2021年4-6月	16.3	96.5	19.8	95.3	18.6	95.7	-5.1
2021年7-9月	16.3	94.7	5.4	92.2	3.9	97.9	0.4
2021年10-12月	16.4	94.9	0.9	92.4	0.0	99.9	4.9
2022年1-3月	16.4	95.7	-0.6	92.9	-1.8	100.9	6.8
2022年4-6月	16.8	93.1	-3.7	90.2	-3.6	99.6	4.2
2022年7-9月	17.4	98.5	4.2	95.8	4.3	103.8	6.1

(備考) 1. 設備投資名目GDP比率は内閣府「四半期別GDP速報」、鉱工業指数は経済産業省「鉱工業指数」による。
2. 鉱工業指数の前年比は、原指数の前年同期比。
3. 生産、出荷及び在庫の四半期の指数は、季節調整値。在庫指数は、期末値。

企業 (2/2)

	鉱工業指数			企業収益		倒産
	在庫率指数	製造工業稼働率指数	第3次産業活動指数	経常利益	売上高経常利益率	銀行取引停止処分者件数
暦年	2015年=100	2015年=100	2015年=100	前年比	%	件
1955	–	–	–	32.5	2.8	–
1956	–	–	–	59.3	3.4	–
1957	–	–	–	9.6	3.1	–
1958	–	–	–	-22.7	2.4	–
1959	–	–	–	76.8	3.5	–
1960	–	–	–	40.7	3.8	–
1961	–	–	–	20.2	3.6	–
1962	–	–	–	-1.9	3.2	–
1963	–	–	–	25.5	3.3	–
1964	–	–	–	10.6	2.9	–
1965	–	–	–	-4.5	2.5	10,152
1966	–	–	–	42.2	3.0	11,058
1967	–	–	–	39.4	3.3	13,683
1968	67.6	–	–	19.5	3.4	13,240
1969	68.5	–	–	30.2	3.6	10,658
1970	72.2	–	–	13.7	3.4	11,589
1971	83.2	–	–	-17.4	2.6	11,489
1972	76.8	–	–	30.3	2.9	9,544
1973	64.8	–	–	78.9	3.8	10,862
1974	89.6	–	–	-27.3	2.2	13,605
1975	101.2	–	–	-32.6	1.4	14,477
1976	90.0	–	–	72.9	2.1	16,842
1977	91.3	–	–	8.0	2.1	18,741
1978	84.0	113.4	–	34.3	2.6	15,526
1979	77.6	120.1	–	31.9	3.0	14,926
1980	84.4	120.3	–	10.0	2.8	16,635
1981	88.4	114.8	–	-8.2	2.4	15,683
1982	88.8	111.4	–	-4.4	2.2	14,824
1983	84.5	112.9	–	12.3	2.4	15,848
1984	82.2	119.4	–	17.9	2.6	16,976
1985	85.7	119.6	–	3.9	2.6	15,337
1986	87.3	114.2	–	-1.6	2.5	13,578
1987	82.2	114.2	–	27.6	3.0	9,040
1988	77.8	120.8	–	25.6	3.4	7,819
1989	79.9	123.2	–	14.7	3.7	5,550
1990	78.9	124.5	–	-6.9	3.1	5,292
1991	84.3	121.9	–	-8.8	2.7	9,066
1992	92.5	111.9	–	-26.2	2.0	10,728
1993	93.6	106.2	–	-12.1	1.8	10,352
1994	89.9	105.8	–	11.9	1.9	10,246
1995	91.4	108.5	–	10.9	2.0	10,742
1996	92.3	109.6	–	21.9	2.4	10,722
1997	91.5	113.3	–	4.8	2.5	12,048
1998	100.9	104.8	–	-26.4	1.9	13,356
1999	92.3	104.5	–	17.7	2.3	10,249
2000	89.5	109.1	–	33.7	3.0	12,160
2001	98.7	100.8	–	-15.5	2.5	11,693
2002	91.2	101.9	–	-0.7	2.7	10,730
2003	86.8	106.4	–	12.6	3.0	8,189
2004	83.0	111.3	–	27.7	3.6	6,374
2005	85.2	112.7	–	11.8	3.9	5,489
2006	85.3	115.8	–	9.1	4.0	5,227
2007	85.4	116.8	–	3.6	4.0	5,257
2008	93.6	111.5	–	-26.3	3.0	5,687
2009	112.6	83.6	–	-35.3	2.3	4,568
2010	88.5	100.0	–	68.1	3.5	3,134
2011	95.7	95.7	–	-6.0	3.4	2,609
2012	100.2	97.8	–	8.8	3.8	2,390
2013	95.7	97.3	100.2	19.7	4.6	1,820
2014	97.2	102.8	99.6	10.9	5.0	1,465
2015	100.0	100.0	100.0	7.5	5.4	1,236
2016	101.0	98.5	100.6	1.5	5.5	1,062
2017	100.6	102.3	101.5	13.2	5.9	899
2018	104.6	103.1	102.8	3.7	5.9	762
2019	109.6	99.9	103.1	-3.5	5.7	751
2020	124.8	87.1	96.0	-27.3	4.7	432
2021	112.3	94.3	97.1	41.8	6.3	215
2016年4-6月	102.6	96.9	100.1	-10.0	5.1	276
2016年7-9月	101.6	98.6	100.6	11.5	5.9	272
2016年10-12月	98.0	100.4	100.7	16.9	6.1	239
2017年1-3月	100.2	100.7	100.8	26.6	6.0	237
2017年4-6月	100.3	102.8	101.6	22.6	5.9	242
2017年7-9月	99.6	102.5	101.6	5.5	5.9	219
2017年10-12月	102.6	103.8	102.0	0.9	5.9	201
2018年1-3月	104.3	102.2	102.2	0.2	5.8	195
2018年4-6月	104.0	103.3	102.9	17.9	6.6	195
2018年7-9月	105.0	101.9	102.5	2.2	5.7	199
2018年10-12月	105.6	104.7	103.4	-7.0	5.3	173
2019年1-3月	105.9	101.6	103.5	10.3	6.3	173
2019年4-6月	107.3	102.1	103.6	-12.0	5.6	217
2019年7-9月	109.3	100.2	104.4	-5.3	5.7	185
2019年10-12月	114.6	95.6	101.2	-4.6	5.5	176
2020年1-3月	117.1	94.6	100.1	-28.4	4.9	187
2020年4-6月	142.1	75.3	90.6	-46.6	3.0	127
2020年7-9月	124.0	85.1	95.8	-28.4	4.9	67
2020年10-12月	114.6	92.6	98.0	-0.7	5.7	51
2021年1-3月	109.7	95.4	97.0	26.0	6.3	46
2021年4-6月	109.1	95.3	97.3	93.9	6.2	45
2021年7-9月	114.2	90.5	96.8	35.1	6.1	71
2021年10-12月	115.6	94.7	98.3	24.7	6.7	53
2022年1-3月	118.2	93.2	97.3	13.7	6.6	63
2022年4-6月	117.8	89.7	99.6	17.6	7.0	69
2022年7-9月	122.0	91.5	99.5	18.3	6.5	61

(備考) 1. 鉱工業指数及び第3次産業活動指数は、経済産業省「鉱工業指数」「第3次産業活動指数」による。斜字体は速報値。
2. 在庫率指数は、季節調整済期末値。在庫率指数及び第3次産業活動指数の四半期の指数は季節調整値。
3. 企業収益は財務省「法人企業統計季報」による。全規模・全産業（除く金融業、保険業）ベース。
4. 四半期の売上高経常利益率は季節調整値。
5. 銀行取引停止処分者件数は全国銀行協会「全国法人取引停止分者の負債状況」による。

人口・雇用 (1/2)

	人　口			雇　用	
	総人口	平均世帯人員	合計特殊出生率	労働力人口	労働力人口比率
暦年	万人	人	人	万人	%
1957	9,093	4.38	2.04	4,363	70.7
1958	9,177	4.27	2.11	4,387	69.7
1959	9,264	4.23	2.04	4,433	69.0
1960	9,342	4.13	2.00	4,511	69.2
1961	9,429	3.97	1.96	4,562	69.1
1962	9,518	3.95	1.98	4,614	68.3
1963	9,616	3.81	2.00	4,652	67.1
1964	9,718	3.83	2.05	4,710	66.1
1965	9,828	3.75	2.14	4,787	65.7
1966	9,904	3.68	1.58	4,891	65.8
1967	10,020	3.53	2.23	4,983	65.9
1968	10,133	3.50	2.13	5,061	65.9
1969	10,254	3.50	2.13	5,098	65.5
1970	10,372	3.45	2.13	5,153	65.4
1971	10,515	3.38	2.16	5,186	65.0
1972	10,760	3.32	2.14	5,199	64.4
1973	10,910	3.33	2.14	5,326	64.7
1974	11,057	3.33	2.05	5,310	63.7
1975	11,194	3.35	1.91	5,323	63.0
1976	11,309	3.27	1.85	5,378	63.0
1977	11,417	3.29	1.80	5,452	63.2
1978	11,519	3.31	1.79	5,532	63.4
1979	11,616	3.30	1.70	5,596	63.4
1980	11,706	3.28	1.75	5,650	63.3
1981	11,790	3.24	1.74	5,707	63.3
1982	11,873	3.25	1.77	5,774	63.3
1983	11,954	3.25	1.80	5,889	63.8
1984	12,031	3.19	1.81	5,927	63.4
1985	12,105	3.22	1.76	5,963	63.0
1986	12,166	3.22	1.72	6,020	62.8
1987	12,224	3.19	1.69	6,084	62.6
1988	12,275	3.12	1.66	6,166	62.6
1989	12,321	3.10	1.57	6,270	62.9
1990	12,361	3.05	1.54	6,384	63.3
1991	12,410	3.04	1.53	6,505	63.8
1992	12,457	2.99	1.50	6,578	64.0
1993	12,494	2.96	1.46	6,615	63.8
1994	12,527	2.95	1.50	6,645	63.6
1995	12,557	2.91	1.42	6,666	63.4
1996	12,586	2.85	1.43	6,711	63.5
1997	12,616	2.79	1.39	6,787	63.7
1998	12,647	2.81	1.38	6,793	63.3
1999	12,667	2.79	1.34	6,779	62.9
2000	12,693	2.76	1.36	6,766	62.4
2001	12,732	2.75	1.33	6,752	62.0
2002	12,749	2.74	1.32	6,689	61.2
2003	12,769	2.76	1.29	6,666	60.8
2004	12,779	2.72	1.29	6,642	60.4
2005	12,777	2.68	1.26	6,651	60.4
2006	12,790	2.65	1.32	6,664	60.4
2007	12,803	2.63	1.34	6,684	60.4
2008	12,808	2.63	1.37	6,674	60.2
2009	12,803	2.62	1.37	6,650	59.9
2010	12,806	2.59	1.39	6,632	59.6
2011	12,783	2.58	1.39	6,596	59.3
2012	12,759	2.57	1.41	6,565	59.1
2013	12,741	2.51	1.43	6,593	59.3
2014	12,724	2.49	1.42	6,609	59.4
2015	12,709	2.49	1.45	6,625	59.6
2016	12,704	2.47	1.44	6,678	60.0
2017	12,692	2.47	1.43	6,732	60.5
2018	12,675	2.44	1.42	6,849	61.5
2019	12,656	2.39	1.36	6,912	62.1
2020	12,615	-	1.33	6,902	62.0
2021	12,550	2.37	1.30	6,907	62.1
2019年7-9月	12,663	-	-	6,945	62.3
2019年10-12月	12,656	-	-	6,915	62.3
2020年1-3月	12,639	-	-	6,857	61.9
2020年4-6月	12,634	-	-	6,845	61.8
2020年7-9月	12,626	-	-	6,878	62.1
2020年10-12月	12,615	-	-	6,934	62.2
2021年1-3月	12,607	-	-	6,883	61.8
2021年4-6月	12,585	-	-	6,928	62.3
2021年7-9月	12,568	-	-	6,934	62.4
2021年10-12月	12,550	-	-	6,883	62.0
2022年1-3月	12,531	-	-	6,844	61.9
2022年4-6月	12,694	-	-	6,927	62.8
2022年7-9月	12,513	-	-	6,938	62.9
2022年10-12月 P	12,484	-	-	-	-

(備考)　1．総務省「人口推計」、「労働力調査（基本集計）」、厚生労働省「国民生活
　　　　　基礎調査」、「人口動態統計」により作成。
　　　　2．総人口は各年10月1日現在。四半期の数値は各期首月1日現在。Pは概算値。
　　　　3．「労働力調査」については72年以前は沖縄を含まない。

人口・雇用 (2/2)

暦年	就業者数	雇用者数	雇用者比率	完全失業者数	完全失業率	有効求人倍率	総実労働時間
	万人	万人	%	万人	%	倍	時間
1959	4,335	2,250	51.9	98	2.2	—	—
1960	4,436	2,370	53.4	75	1.7	—	—
1961	4,498	2,478	55.1	66	1.4	—	—
1962	4,556	2,593	56.9	59	1.3	—	—
1963	4,595	2,672	58.2	59	1.3	0.70	—
1964	4,655	2,763	59.4	54	1.1	0.80	—
1965	4,730	2,876	60.8	57	1.2	0.64	—
1966	4,827	2,994	62.0	65	1.3	0.74	—
1967	4,920	3,071	62.4	63	1.3	1.00	—
1968	5,002	3,148	62.9	59	1.2	1.12	—
1969	5,040	3,199	63.5	57	1.1	1.30	—
1970	5,094	3,306	64.9	59	1.1	1.41	2,239.2
1971	5,121	3,412	66.6	64	1.2	1.12	2,217.6
1972	5,126	3,465	67.6	73	1.4	1.16	2,205.6
1973	5,259	3,615	68.7	68	1.3	1.76	2,184.0
1974	5,237	3,637	69.4	73	1.4	1.20	2,106.0
1975	5,223	3,646	69.8	100	1.9	0.61	2,064.0
1976	5,271	3,712	70.4	108	2.0	0.64	2,094.0
1977	5,342	3,769	70.6	110	2.0	0.56	2,096.4
1978	5,408	3,799	70.2	124	2.2	0.56	2,102.4
1979	5,479	3,876	70.7	117	2.1	0.71	2,114.4
1980	5,536	3,971	71.7	114	2.0	0.75	2,108.4
1981	5,581	4,037	72.3	126	2.2	0.68	2,101.2
1982	5,638	4,098	72.7	136	2.4	0.61	2,096.4
1983	5,733	4,208	73.4	156	2.6	0.60	2,097.6
1984	5,766	4,265	74.0	161	2.7	0.65	2,115.6
1985	5,807	4,313	74.3	156	2.6	0.68	2,109.6
1986	5,853	4,379	74.8	167	2.8	0.62	2,102.4
1987	5,911	4,428	74.9	173	2.8	0.70	2,110.8
1988	6,011	4,538	75.5	155	2.5	1.01	2,110.8
1989	6,128	4,679	76.4	142	2.3	1.25	2,088.0
1990	6,249	4,835	77.4	134	2.1	1.40	2,052.0
1991	6,369	5,002	78.5	136	2.1	1.40	2,016.0
1992	6,436	5,119	79.5	142	2.2	1.08	1,971.6
1993	6,450	5,202	80.7	166	2.5	0.76	1,912.8
1994	6,453	5,236	81.1	192	2.9	0.64	1,904.4
1995	6,457	5,263	81.5	210	3.2	0.63	1,909.2
1996	6,486	5,322	82.1	225	3.4	0.70	1,918.8
1997	6,557	5,391	82.2	230	3.4	0.72	1,899.6
1998	6,514	5,368	82.4	279	4.1	0.53	1,879.2
1999	6,462	5,331	82.5	317	4.7	0.48	1,842.0
2000	6,446	5,356	83.1	320	4.7	0.59	1,858.8
2001	6,412	5,369	83.7	340	5.0	0.59	1,848.0
2002	6,330	5,331	84.2	359	5.4	0.54	1,837.2
2003	6,316	5,335	84.5	350	5.3	0.64	1,845.6
2004	6,329	5,355	84.6	313	4.7	0.83	1,839.6
2005	6,356	5,393	84.8	294	4.4	0.95	1,830.0
2006	6,389	5,478	85.7	275	4.1	1.06	1,843.2
2007	6,427	5,537	86.2	257	3.9	1.04	1,851.6
2008	6,409	5,546	86.5	265	4.0	0.88	1,836.0
2009	6,314	5,489	86.9	336	5.1	0.47	1,767.6
2010	6,298	5,500	87.3	334	5.1	0.52	1,797.6
2011	6,293	5,512	87.6	302	4.6	0.65	1,789.2
2012	6,280	5,513	87.8	285	4.3	0.80	1,808.4
2013	6,326	5,567	88.0	265	4.0	0.93	1,791.6
2014	6,371	5,613	88.1	236	3.6	1.09	1,789.2
2015	6,402	5,663	88.5	222	3.4	1.20	1,784.4
2016	6,470	5,755	88.9	208	3.1	1.36	1,782.0
2017	6,542	5,830	89.1	190	2.8	1.50	1,780.8
2018	6,682	5,954	89.1	167	2.4	1.61	1,768.8
2019	6,750	6,028	89.3	162	2.4	1.60	1,732.8
2020	6,710	6,005	89.5	192	2.8	1.18	1,684.8
2021	6,713	6,016	89.6	195	2.8	1.13	1,708.8
2018年7-9月	6,683	5,968	89.3	167	2.4	1.63	—
2018年10-12月	6,712	5,982	89.1	169	2.5	1.63	—
2019年1-3月	6,722	5,993	89.2	170	2.5	1.63	—
2019年4-6月	6,738	6,023	89.4	162	2.3	1.62	—
2019年7-9月	6,755	6,044	89.5	159	2.3	1.59	—
2019年10-12月	6,783	6,053	89.2	160	2.3	1.58	—
2020年1-3月	6,761	6,060	89.6	169	2.4	1.44	—
2020年4-6月	6,671	5,964	89.4	186	2.7	1.20	—
2020年7-9月	6,686	5,975	89.4	203	3.0	1.05	—
2020年10-12月	6,723	6,021	89.6	210	3.0	1.05	—
2021年1-3月	6,726	6,029	89.6	199	2.9	1.09	—
2021年4-6月	6,710	6,014	89.6	200	2.9	1.11	—
2021年7-9月	6,720	6,018	89.6	192	2.8	1.15	—
2021年10-12月	6,693	6,004	89.7	188	2.7	1.17	—
2022年1-3月	6,699	6,013	89.8	186	2.7	1.21	—
2022年4-6月	6,733	6,057	90.0	179	2.6	1.25	—
2022年7-9月	6,736	6,051	89.8	179	2.6	1.25	—

(備考) 1. 総務省「労働力調査」、厚生労働省「職業安定業務統計」、「毎月勤労統計調査」
       (事業所規模30人以上) により作成。
    2. 「労働力調査」については72年以前は沖縄県を含まない。
    3. 労働力調査の四半期の値は、各月の季節調整値の単純平均である。

物価 (1/1)

物 価 等

暦年	国内企業物価指数		消費者物価指数	
	2020年＝100	前年比	2020年＝100	前年比
1955	–	–	16.5	-1.1
1956	–	–	16.6	0.3
1957	–	–	17.1	3.1
1958	–	–	17.0	-0.4
1959	–	–	17.2	1.0
1960	48.0	–	17.9	3.6
1961	48.5	1.2	18.9	5.3
1962	47.7	-1.7	20.1	6.8
1963	48.4	1.5	21.6	7.6
1964	48.5	0.1	22.5	3.9
1965	49.0	1.0	23.9	6.6
1966	50.1	2.4	25.1	5.1
1967	51.5	2.6	26.1	4.0
1968	52.0	1.0	27.6	5.3
1969	52.9	1.8	29.0	5.2
1970	54.7	3.4	30.9	7.7
1971	54.2	-0.8	32.9	6.3
1972	55.1	1.7	34.5	4.9
1973	63.8	15.8	38.6	11.7
1974	81.4	27.5	47.5	23.2
1975	83.6	2.7	53.1	11.7
1976	88.3	5.6	58.1	9.4
1977	91.2	3.3	62.8	8.1
1978	90.7	-0.5	65.5	4.2
1979	95.3	5.0	67.9	3.7
1980	109.6	15.0	73.2	7.7
1981	111.1	1.4	76.7	4.9
1982	111.6	0.5	78.9	2.8
1983	110.9	-0.6	80.3	1.9
1984	111.0	0.1	82.2	2.3
1985	110.2	-0.8	83.8	2.0
1986	105.0	-4.7	84.3	0.6
1987	101.7	-3.1	84.4	0.1
1988	101.2	-0.5	85.0	0.7
1989	103.0	1.9	86.9	2.3
1990	104.6	1.5	89.6	3.1
1991	105.7	1.0	92.6	3.3
1992	104.7	-0.9	94.1	1.6
1993	103.1	-1.6	95.4	1.3
1994	101.4	-1.6	96.0	0.7
1995	100.5	-0.8	95.9	-0.1
1996	98.9	-1.7	96.0	0.1
1997	99.5	0.7	97.7	1.8
1998	98.0	-1.6	98.3	0.6
1999	96.6	-1.4	98.0	-0.3
2000	96.6	0.0	97.3	-0.7
2001	94.4	-2.3	96.7	-0.7
2002	92.5	-2.0	95.8	-0.9
2003	91.6	-0.9	95.5	-0.3
2004	92.8	1.3	95.5	0.0
2005	94.3	1.6	95.2	-0.3
2006	96.4	2.2	95.5	0.3
2007	98.1	1.7	95.5	0.0
2008	102.6	4.6	96.8	1.4
2009	97.2	-5.3	95.5	-1.4
2010	97.1	-0.1	94.8	-0.7
2011	98.5	1.4	94.5	-0.3
2012	97.7	-0.9	94.5	0.0
2013	98.9	1.2	94.9	0.4
2014	102.1	3.2	97.5	2.7
2015	99.7	-2.3	98.2	0.8
2016	96.2	-3.5	98.1	-0.1
2017	98.4	2.3	98.6	0.5
2018	101.0	2.6	99.5	1.0
2019	101.2	0.2	100.0	0.5
2020	100.0	-1.2	100.0	0.0
2021	104.6	4.6	99.8	-0.2
2022	–	–	–	–
2021年 10-12月	108.2	8.6	100.0	0.5
2022年 1-3月	110.4	9.3	100.7	0.9
4-6月	113.6	9.7	101.7	2.4
7-9月	115.9	9.6	102.7	2.9

(備考) 1．日本銀行「企業物価指数」、総務省「消費者物価指数」による。
2．1969年以前の消費者物価指数は「持家の帰属家賃を含む総合」であり、2020年基準の総合指数とは
しない。また、1970年以前の上昇率は「持家の帰属家賃を除く総合」である。

国際経済（1/3）

通関輸出入

暦年	輸出数量指数		輸入数量指数		製品輸入比率
	2015年＝100	前年比、%	2015年＝100	前年比、%	%
1955	−	−	−	−	11.9
1956	−	−	−	−	15.9
1957	−	−	−	−	22.9
1958	−	−	−	−	21.7
1959	−	−	−	−	21.5
1960	3.9	−	4.7	−	22.1
1961	4.1	5.1	6.0	27.7	24.5
1962	4.9	19.5	5.9	-1.7	25.9
1963	5.5	12.2	7.0	18.6	24.5
1964	6.8	23.6	8.0	14.3	25.8
1965	8.7	27.9	8.1	1.3	22.7
1966	10.1	16.1	9.4	16.0	22.8
1967	10.4	3.0	11.5	22.3	26.8
1968	12.8	23.1	12.9	12.2	27.5
1969	15.2	18.8	15.0	16.3	29.5
1970	17.5	15.1	18.1	20.7	30.3
1971	20.9	19.4	18.1	0.0	28.6
1972	22.4	7.2	20.3	12.2	29.6
1973	23.5	4.9	26.1	28.6	30.6
1974	27.6	17.4	25.5	-2.3	23.7
1975	28.2	2.2	22.3	-12.5	20.3
1976	34.3	21.6	24.1	8.1	21.5
1977	37.3	8.7	24.8	2.9	21.5
1978	37.8	1.3	26.5	6.9	26.7
1979	37.3	-1.3	29.3	10.6	26.0
1980	43.7	17.2	27.7	-5.5	22.8
1981	48.2	10.3	27.0	-2.5	24.3
1982	47.1	-2.3	26.8	-0.7	24.9
1983	51.4	9.1	27.3	1.9	27.2
1984	59.5	15.8	30.1	10.3	29.8
1985	62.1	4.4	30.2	0.3	31.0
1986	61.7	-0.6	33.1	9.6	41.8
1987	61.8	0.2	36.2	9.4	44.1
1988	65.1	5.3	42.2	16.6	49.0
1989	67.5	3.7	45.6	8.1	50.3
1990	71.3	5.6	48.2	5.7	50.3
1991	73.1	2.5	50.0	3.7	50.8
1992	74.2	1.5	49.8	-0.4	50.2
1993	73.0	-1.6	52.0	4.4	52.0
1994	74.2	1.6	59.0	13.5	55.2
1995	77.0	3.8	66.3	12.4	59.1
1996	78.0	1.3	70.0	5.6	59.4
1997	87.1	11.7	71.2	1.7	59.3
1998	86.0	-1.3	67.4	-5.4	62.1
1999	87.8	2.1	73.9	9.6	62.5
2000	96.1	9.4	82.0	11.0	61.1
2001	87.0	-9.5	80.4	-2.0	61.4
2002	93.9	7.9	82.0	2.0	62.2
2003	98.5	4.9	87.8	7.1	61.4
2004	109.0	10.6	93.9	7.0	61.3
2005	109.9	0.8	96.6	2.9	58.5
2006	118.4	7.7	100.4	3.8	56.8
2007	124.1	4.8	100.2	-0.2	56.4
2008	122.2	-1.5	99.6	-0.6	50.1
2009	89.7	-26.6	85.3	-14.4	56.1
2010	111.4	24.2	97.1	13.9	55.0
2011	107.2	-3.8	99.6	2.6	51.6
2012	102.0	-4.8	102.0	2.4	50.9
2013	100.5	-1.5	102.3	0.3	51.7
2014	101.1	0.6	102.9	0.6	53.4
2015	100.0	-1.0	100.0	-2.8	61.6
2016	100.5	0.5	98.8	-1.2	66.0
2017	105.9	5.4	102.9	4.2	63.4
2018	107.7	1.7	105.8	2.8	61.9
2019	103.0	-4.3	104.6	-1.1	63.1
2020	90.9	-11.8	97.8	-6.4	66.7
2021	101.9	12.1	102.8	5.1	63.1
2020年4-6月	77.1	-20.7	99.6	3.2	68.7
2020年7-9月	88.4	14.8	95.1	-4.5	68.2
2020年10-12月	99.6	12.6	99.4	4.5	68.6
2021年1-3月	102.4	2.8	102.3	3.0	65.6
2021年4-6月	103.8	1.5	104.7	2.3	65.0
2021年7-9月	100.5	-3.2	102.8	-1.8	62.2
2021年10-12月	100.8	0.4	101.2	-1.6	60.3
2022年1-3月	101.5	0.7	103.8	2.6	59.8
2022年4-6月	100.5	-0.9	103.3	-0.5	55.9
2022年7-9月	100.3	-0.3	103.6	0.3	54.9

（備考） 1. 財務省「貿易統計」による。
2. 前年比、四半期の値については、内閣府試算値。
3. 四半期の数値は季節調整値。伸び率は前期比。
4. Pは速報値を示す。

国際経済 (2/3)

	通関輸出入		国際収支等			
	関税負担率	輸出円建て比率	貿易収支	輸出額	輸入額	円相場
暦年	%	%	億円	億円	億円	円／ドル
1955	—	—	—	—	—	360.00
1956	—	—	—	—	—	360.00
1957	—	—	—	—	—	360.00
1958	—	—	—	—	—	360.00
1959	—	—	—	—	—	360.00
1960	—	—	—	—	—	360.00
1961	—	—	—	—	—	360.00
1962	—	—	—	—	—	360.00
1963	—	—	—	—	—	360.00
1964	—	—	—	—	—	360.00
1965	—	—	—	—	—	360.00
1966	—	—	8,247	34,939	26,692	360.00
1967	—	—	4,200	37,049	32,849	360.00
1968	—	—	9,096	45,948	36,851	360.00
1969	—	—	13,257	56,190	42,933	360.00
1970	—	—	14,188	67,916	53,728	360.00
1971	6.6	—	26,857	81,717	54,860	347.83
1972	6.3	—	27,124	84,870	57,747	303.08
1973	5.0	—	10,018	98,258	88,240	272.18
1974	2.7	—	4,604	159,322	154,718	292.06
1975	2.9	—	14,933	162,503	147,570	296.84
1976	3.3	—	29,173	195,510	166,337	296.49
1977	3.8	—	45,647	211,833	166,187	268.32
1978	4.1	—	51,633	199,863	148,230	210.11
1979	3.1	—	3,598	222,958	219,360	219.47
1980	2.5	—	3,447	285,612	282,165	226.45
1981	2.5	—	44,983	330,329	285,346	220.83
1982	2.6	—	45,572	342,568	296,996	249.26
1983	2.5	—	74,890	345,553	270,663	237.61
1984	2.5	—	105,468	399,936	294,468	237.61
1985	2.6	—	129,517	415,719	286,202	238.05
1986	3.3	—	151,249	345,997	194,747	168.03
1987	3.4	—	132,319	325,233	192,915	144.52
1988	3.4	—	118,144	334,258	216,113	128.20
1989	2.9	—	110,412	373,977	263,567	138.11
1990	2.7	—	100,529	406,879	306,350	144.88
1991	3.3	—	129,231	414,651	285,423	134.59
1992	3.4	—	157,764	420,816	263,055	126.62
1993	3.6	—	154,816	391,640	236,823	111.06
1994	3.4	—	147,322	393,485	246,166	102.18
1995	3.1	—	123,445	402,596	279,153	93.97
1996	2.8	—	90,346	430,153	339,807	108.81
1997	2.5	—	123,709	488,801	365,091	120.92
1998	2.6	—	160,782	482,899	322,117	131.02
1999	2.4	—	141,370	452,547	311,176	113.94
2000	2.1	36.1	126,983	489,635	362,652	107.79
2001	2.2	34.9	88,469	460,367	371,898	121.58
2002	1.9	35.8	121,211	489,029	367,817	125.17
2003	1.9	38.9	124,631	513,292	388,660	115.94
2004	1.7	40.1	144,235	577,036	432,801	108.17
2005	1.5	38.9	117,712	630,094	512,382	110.21
2006	1.4	37.8	110,701	720,268	609,567	116.31
2007	1.3	38.3	141,873	800,236	658,364	117.77
2008	1.2	39.9	58,031	776,111	718,081	103.39
2009	1.4	39.9	53,876	511,216	457,340	93.61
2010	1.3	41.0	95,160	643,914	548,754	87.75
2011	1.3	41.3	-3,302	629,653	632,955	79.76
2012	1.2	39.4	-42,719	619,568	662,287	79.79
2013	—	35.6	-87,734	678,290	766,024	97.71
2014	—	36.1	-104,653	740,747	845,400	105.79
2015	—	35.5	-8,862	752,742	761,604	121.09
2016	—	37.1	55,176	690,927	635,751	108.77
2017	—	36.1	49,113	772,535	723,422	112.12
2018	—	37.0	11,265	812,263	800,998	110.40
2019	—	37.2	1,503	757,753	756,250	108.99
2020	—	38.3	27,779	672,629	644,851	106.73
2021	—	38.1	16,701	822,837	806,136	109.89
2020年7-9月	—	—	12,198	165,030	152,832	106.20
2020年10-12月	—	—	23,186	181,540	158,354	104.49
2021年1-3月	—	—	15,273	192,760	177,487	106.09
2021年4-6月	—	—	10,047	206,860	196,813	109.50
2021年7-9月	—	—	-2,304	208,987	211,291	110.09
2021年10-12月	—	—	-7,155	213,883	221,038	113.70
2022年1-3月	—	—	-16,878	226,620	243,498	116.32
2022年4-6月	—	—	-37,746	246,565	284,312	129.71
2022年7-9月	—	—	-58,412	256,919	315,331	138.24

(備考) 1. 関税負担率は財務省調べによる年度の数値。
2. 輸出円建て比率は、財務省「貿易取引通貨別比率」による年半期の数値の平均。
3. 貿易収支、輸出額、輸入額は日本銀行「国際収支統計月報」による。
4. 貿易収支、輸出額、輸入額の1984年以前の数値は、国際収支統計(IMF国際収支マニュアル第3版、第4版ベース)
のドル表示額を対米ドル円レート(インターバンク直物中心相場、月中平均)で換算したものであり、85年以降の
数値とは接続しない。
1985年〜95年の数値は、国際収支統計(同第4版ベース)の計数を、同第5版の概念に組み換えた計数。
1996年〜2013年の数値は、国際収支統計(同第5版ベース)の計数を、同第6版の概念に組み換えた計数。
5. 貿易収支、輸出額、輸入額の四半期の数値は季節調整値。
6. 円相場は、インターバンク直物中心レート(ただし、1970年までは固定レート 360円／ドルとした)。
2003年以降は、月次計数の単純平均、02年以前は営業日平均。
7. Pは速報値を示す。

国際経済 (3/3)

国際収支等

暦年	経常収支	経常収支対名目GDP	貿易サービス収支	金融収支	資本移転等収支	外貨準備高	対外純資産
	億円	GDP比%	億円	億円	億円	百万ドル	10億円
1955	−	−	−	−	−	−	−
1956	−	−	−	−	−	467	−
1957	−	−	−	−	−	524	−
1958	−	−	−	−	−	861	−
1959	−	−	−	−	−	1,322	−
1960	−	−	−	−	−	1,824	−
1961	−	−	−	−	−	1,486	−
1962	−	−	−	−	−	1,841	−
1963	−	−	−	−	−	1,878	−
1964	−	−	−	−	−	1,999	−
1965	−	−	−	−	−	2,107	−
1966	4,545	1.2	−	−	−	2,074	−
1967	-693	-0.2	−	−	−	2,005	−
1968	3,757	0.7	−	−	−	2,891	−
1969	7,595	1.2	−	−	−	3,496	−
1970	7,052	1.0	−	−	−	4,399	−
1971	19,935	2.5	−	−	−	15,235	−
1972	19,999	2.2	−	−	−	18,365	−
1973	-341	0.0	−	−	−	12,246	−
1974	-13,301	-1.0	−	−	−	13,518	−
1975	-2,001	-0.1	−	−	−	12,815	−
1976	10,776	0.6	−	−	−	16,604	−
1977	28,404	1.5	−	−	−	22,848	−
1978	34,793	1.7	−	−	−	33,019	−
1979	-19,722	-0.9	−	−	−	20,327	−
1980	-25,763	-1.1	−	−	−	25,232	−
1981	11,491	0.4	−	−	−	28,403	−
1982	17,759	0.6	−	−	−	23,262	−
1983	49,991	1.7	−	−	−	24,496	−
1984	83,489	2.7	−	−	−	26,313	−
1985	119,698	3.7	106,736	−	−	26,510	−
1986	142,437	4.2	129,607	−	−	42,239	28,865
1987	121,862	3.4	102,931	−	−	81,479	30,199
1988	101,461	2.7	79,349	−	−	97,662	36,745
1989	87,113	2.1	59,695	−	−	84,895	42,543
1990	64,736	1.5	38,628	−	−	77,053	44,016
1991	91,757	2.0	72,919	−	−	68,980	47,498
1992	142,349	3.0	102,054	−	−	68,685	64,153
1993	146,690	3.0	107,013	−	−	95,589	68,823
1994	133,425	2.7	98,345	−	−	122,845	66,813
1995	103,862	2.0	69,545	−	−	182,820	84,072
1996	74,943	1.4	23,174	72,723	-3,537	217,867	103,359
1997	115,700	2.1	57,680	152,467	-4,879	220,792	124,587
1998	149,981	2.8	95,299	136,226	-19,313	215,949	133,273
1999	129,734	2.5	78,650	130,830	-19,088	288,080	84,735
2000	140,616	2.6	74,298	148,757	-9,947	361,638	133,047
2001	104,524	2.0	32,120	105,629	-3,462	401,959	179,257
2002	136,837	2.6	64,690	133,968	-4,217	469,728	175,308
2003	161,254	3.1	83,553	136,860	-4,672	673,529	172,818
2004	196,941	3.7	101,961	160,928	-5,134	844,543	185,797
2005	187,277	3.5	76,930	163,444	-5,490	846,897	180,699
2006	203,307	3.8	73,460	160,494	-5,533	895,320	215,081
2007	249,490	4.6	98,253	263,775	-4,731	973,365	250,221
2008	148,786	2.8	18,899	186,502	-5,583	1,030,647	225,908
2009	135,925	2.7	21,249	156,292	-4,653	1,049,397	268,246
2010	193,828	3.8	68,571	217,099	-4,341	1,096,185	255,906
2011	104,013	2.1	-31,101	126,294	282	1,295,841	265,741
2012	47,640	1.0	-80,829	41,925	-804	1,268,125	299,302
2013	44,566	0.9	-122,521	-4,087	-7,436	1,266,815	325,732
2014	39,215	0.8	-134,988	62,782	-2,089	1,260,548	351,114
2015	165,194	3.1	-28,169	218,764	-2,714	1,233,214	327,189
2016	213,910	3.9	43,888	286,059	-7,433	1,216,903	336,306
2017	227,779	4.1	42,206	188,113	-2,800	1,264,283	329,302
2018	195,047	3.5	1,052	201,361	-2,105	1,270,975	341,450
2019	192,513	3.4	-9,318	248,624	-4,131	1,323,750	357,015
2020	157,699	2.9	-8,773	139,034	-2,072	1,394,680	355,031
2021	215,910	4.0	-25,615	168,560	-4,197	1,405,750	411,184
2020年4-6月	14,669	1.1	-24,038	16,115	-216	1,383,164	−
2020年7-9月	37,144	2.8	2,209	43,516	-570	1,389,779	−
2020年10-12月	57,050	4.2	14,982	33,383	-345	1,394,680	−
2021年1-3月	55,046	4.0	6,538	50,081	-960	1,368,465	−
2021年4-6月	63,883	4.6	-1,083	30,752	-348	1,376,478	−
2021年7-9月	48,817	3.6	-13,543	73,417	-2,044	1,409,309	−
2021年10-12月	47,454	3.4	-18,270	14,310	-845	1,405,750	−
2022年1-3月	41,773	3.0	-32,244	54,690	-243	1,356,071	−
2022年4-6月	32,207	2.3	-47,146	-247	265	1,311,254	−
2022年7-9月(P)	6,756	0.5	-78,441	16,963	-464	1,238,056	−

(備考) 1. 外貨準備高は、財務省「外貨準備等の状況」、対外純資産残高は財務省「対外純資産負債残高統計」、
　　　　　それ以外は日本銀行「国際収支統計月報」による。
　　　 2. 経常収支の1984年以前の数値は、国際収支統計（IMF国際収支マニュアル第3版、第4版ベース）のドル表示額を、対米ド
　　　　　ルレート（インターバンク直物中心相場、月中平均）で換算したものであり、85年以降の数値とは接続しない。
　　　 3. 経常収支、貿易サービス収支の1985年～95年までの数値は、国際収支統計（同第4版ベース）の計数を同第5版の概念に
　　　　　組み換えた計数。
　　　 4. 経常収支、貿易サービス収支、金融収支、資本移転等収支の1996年～2013年までの数値は、国際収支統計（同第5版ベース）の
　　　　　計数を、同第6版の概念に組み換えた計数。
　　　 5. 経常収支、経常収支対名目GDP及び貿易サービス収支の四半期の数値は季節調整値。
　　　 6. 金融収支について、＋は純資産の増加（資産の増加又は負債の減少）を示す。
　　　 7. 対外純資産残高は、暦年末値。ただし、国際収支統計が改定により1994年以前と95年、95年と96年以降は不連続。
　　　 8. 経常収支対名目GDP比の1979年までの計数は68SNAベース、80年以降95年までは93SNAベース。96年以降は2008SNAベース。
　　　 9. Pは速報値を示す。

金融（1/1）

	金融						
	マネーストック（M2）平均残高		国内銀行貸出約定平均金利	国債流通利回り	東証株価指数	東証株価時価総額（プライム）※	株価収益率（PER）（プライム）※
暦年	億円	%	%	%		億円	
1960	－	－	8.08	－	109.18	54,113	－
1961	－	－	8.20	－	101.66	54,627	－
1962	－	－	8.09	－	99.67	67,039	－
1963	－	－	7.67	－	92.87	66,693	－
1964	－	－	7.99	－	90.68	68,280	－
1965	－	－	7.61	－	105.68	79,013	－
1966	－	－	7.37	6.86	111.41	87,187	－
1967	297,970		7.35	6.96	100.89	85,901	－
1968	344,456	15.6	7.38	7.00	131.31	116,506	－
1969	403,883	17.3	7.61	7.01	179.30	167,167	－
1970	477,718	18.3	7.69	7.07	148.35	150,913	－
1971	575,437	20.5	7.46	7.09	199.45	214,998	－
1972	728,126	26.5	6.72	6.71	401.70	459,502	25.5
1973	893,330	22.7	7.93	8.19	306.44	365,071	13.3
1974	999,819	11.9	9.37	8.42	278.34	344,195	13.0
1975	1,130,832	13.1	8.51	8.53	323.43	414,682	27.0
1976	1,301,739	15.1	8.18	8.61	383.88	507,510	46.3
1977	1,449,873	11.4	6.81	6.40	364.08	493,502	24.2
1978	1,620,195	11.7	5.95	6.40	449.55	627,038	34.3
1979	1,812,232	11.9	7.06	9.15	459.61	659,093	23.3
1980	1,978,716	9.2	8.27	8.86	494.10	732,207	20.4
1981	2,155,266	8.9	7.56	8.12	570.31	879,775	21.1
1982	2,353,360	9.2	7.15	7.67	593.72	936,046	25.8
1983	2,526,400	7.4	6.81	7.36	731.82	1,195,052	34.7
1984	2,723,601	7.8	6.57	6.65	913.37	1,548,424	37.9
1985	2,951,827	8.4	6.47	5.87	1,049.40	1,826,967	35.2
1986	3,207,324	8.7	5.51	5.82	1,556.37	2,770,563	47.3
1987	3,540,364	10.4	4.94	5.61	1,725.83	3,254,779	58.3
1988	3,936,668	11.2	4.93	4.57	2,357.03	4,628,963	58.4
1989	4,326,710	9.9	5.78	5.75	2,881.37	5,909,087	70.6
1990	4,831,186	11.7	7.70	6.41	1,733.83	3,651,548	39.8
1991	5,006,817	3.6	6.99	5.51	1,714.68	3,659,387	37.8
1992	5,036,241	0.6	5.55	4.77	1,307.66	2,810,056	36.7
1993	5,089,787	1.1	4.41	3.32	1,439.31	3,135,633	64.9
1994	5,194,212	2.1	4.04	4.57	1,559.09	3,421,409	79.5
1995	5,351,367	3.0	2.78	3.19	1,577.70	3,502,375	86.5
1996	5,525,715	3.3	2.53	2.76	1,470.94	3,363,851	79.3
1997	5,694,907	3.1	2.36	1.91	1,175.03	2,739,079	37.6
1998	5,923,528	4.0	2.25	1.97	1,086.99	2,677,835	103.1
1999	6,162,653	3.2	2.10	1.64	1,722.20	4,424,433	－
2000	6,292,840	2.1	2.11	1.64	1,283.67	3,527,846	170.8
2001	6,468,026	2.8	1.88	1.36	1,032.14	2,906,685	240.9
2002	6,681,972	3.3	1.83	0.90	843.29	2,429,391	－
2003	6,782,578	1.7	1.79	1.36	1,043.69	3,092,900	614.1
2004	6,889,343	1.6	1.73	1.43	1,149.63	3,535,582	39.0
2005	7,013,739	1.8	1.62	1.47	1,649.76	5,220,681	45.8
2006	7,084,273	1.0	1.76	1.67	1,681.07	5,386,295	36.0
2007	7,195,822	1.6	1.94	1.50	1,475.68	4,756,290	26.7
2008	7,346,008	2.1	1.86	1.16	859.24	2,789,888	20.0
2009	7,544,922	2.7	1.65	1.28	907.59	3,027,121	－
2010	7,753,911	2.8	1.55	1.11	898.80	3,056,930	45.0
2011	7,966,101	2.7	1.45	0.98	728.61	2,513,957	21.0
2012	8,165,213	2.5	1.36	0.79	859.80	2,964,429	25.4
2013	8,458,837	3.6	1.25	0.73	1,302.29	4,584,842	31.8
2014	8,745,965	3.4	1.18	0.33	1,407.51	5,058,973	23.8
2015	9,064,060	3.6	1.11	0.27	1,547.30	5,718,328	23.8
2016	9,368,699	3.4	0.99	0.04	1,518.61	5,602,469	26.4
2017	9,739,925	4.0	0.94	0.04	1,817.56	6,741,992	29.3
2018	10,024,562	2.9	0.90	-0.01	1,494.09	5,621,213	19.5
2019	10,261,994	2.4	0.86	-0.02	1,721.36	6,482,245	23.0
2020	10,926,258	6.5	0.81	-0.02	1,804.68	6,668,621	27.8
2021	11,626,931	6.4	0.79	0.07	1,992.33	7,284,245	31.0
2022		-		0.41	1,891.71	6,762,704	19.1
2021年1-3月	11,407,416	9.5	0.80	0.12	1,954.00	7,226,304	31.4
2021年4-6月	11,661,633	7.7	0.80	0.05	1,943.57	7,166,144	31.7
2021年7-9月	11,690,261	4.7	0.80	0.07	2,030.16	7,451,576	33.1
2021年10-12月	11,748,415	4.0	0.79	0.07	1,992.33	7,284,245	31.0
2022年1-3月	11,812,020	3.5	0.79	0.21	1,946.40	7,085,234	27.6
2022年4-6月	12,046,665	3.3	0.78	0.23	1,870.82	6,728,230	18.4
2022年7-9月	12,083,966	3.4	0.77	0.24	1,835.94	6,603,447	18.9
2022年10-12月				0.41	1,891.71	6,762,704	2:24

（備考）　1．日本銀行「金融経済統計月報」、東京証券取引所「東証統計月報」等による。
　　2．マネーストックは、1998年以前はマネーサプライ統計におけるM2＋CD（外国銀行在日支店等を含まないベース）、1999年以降2003年以前はマネーサプライ統計におけるM2＋CDの値。2003年以降はマネーストック統計におけるM2の値。それぞれの期間における月平残の平均値。
　　3．国内銀行貸出約定平均金利はストック分の総合の末値。小数点第3位以下は切り捨て。
　　4．国債流通利回りは、1997年以前は東証上場国債10年物最長期利回りの末値、1998年以降は新発10年国債流通利回りの末値。利回りは、小数点3位以下は切り捨て。
　　5．東証株価指数は1968年1月4日の株価を100とした時の各末値。

財政 (1/2)

年度	一般政府 財政バランス (対GDP比)	中央政府 財政バランス (対GDP比)	地方政府 財政バランス (対GDP比)	社会保障基金 財政バランス (対GDP比)	租税負担率	国民負担率
	%	%	%	%	%	%
1956	1.4	−	−	−	19.5	22.8
1957	1.3	−	−	−	19.5	23.0
1958	-0.1	−	−	−	18.5	22.1
1959	1.0	−	−	−	18.0	21.5
1960	2.2	−	−	−	18.9	22.4
1961	2.4	−	−	−	19.5	23.3
1962	1.3	−	−	−	19.3	23.3
1963	1.0	−	−	−	18.7	22.9
1964	1.0	−	−	−	19.0	23.4
1965	0.4	−	−	−	18.0	23.0
1966	-0.4	−	−	−	17.2	22.3
1967	0.8	−	−	−	17.4	22.5
1968	1.2	−	−	−	18.1	23.2
1969	1.8	−	−	−	18.3	23.5
1970	1.8	0.0	-0.4	2.2	18.9	24.3
1971	0.5	-1.0	-1.0	2.5	19.2	25.2
1972	0.2	-1.1	-1.1	2.4	19.8	25.6
1973	2.0	0.4	-1.0	2.6	21.4	27.4
1974	0.0	-1.4	-1.3	2.6	21.3	28.3
1975	-3.7	-4.0	-2.1	2.4	18.3	25.7
1976	-3.6	-4.3	-1.6	2.3	18.8	26.6
1977	-4.2	-5.0	-1.8	2.7	18.9	27.3
1978	-4.2	-4.8	-1.7	2.4	20.6	29.2
1979	-4.4	-5.7	-1.4	2.6	21.4	30.2
1980	-4.0	-5.4	-1.3	2.6	21.7	30.5
1981	-3.7	-5.2	-1.2	2.8	22.6	32.2
1982	-3.4	-5.2	-0.9	2.7	23.0	32.8
1983	-2.9	-4.9	-0.8	2.7	23.3	33.1
1984	-1.8	-4.0	-0.6	2.8	24.0	33.7
1985	-0.8	-3.6	-0.3	3.1	24.0	33.9
1986	-0.3	-3.0	-0.4	3.1	25.2	35.3
1987	0.7	-1.9	-0.2	2.8	26.7	36.8
1988	2.2	-1.1	0.1	3.2	27.2	37.1
1989	2.6	-1.2	0.6	3.2	27.7	37.9
1990	2.6	-0.5	0.5	2.6	27.7	38.4
1991	2.4	-0.4	0.1	2.7	26.6	37.4
1992	-0.8	-2.4	-0.9	2.4	25.1	36.3
1993	-2.8	-3.6	-1.4	2.2	24.8	36.3
1994	-4.1	-4.3	-1.8	1.9	23.5	35.4
1995	-4.9	-4.4	-2.4	1.9	23.4	35.8
1996	-4.8	-4.0	-2.5	1.7	23.1	35.5
1997	-4.0	-3.5	-2.3	1.8	23.6	36.5
1998	-11.9	-10.7	-2.4	1.2	23.0	36.3
1999	-7.9	-7.3	-1.6	1.0	22.3	35.5
2000	-6.8	-6.4	-0.9	0.5	22.9	36.0
2001	-6.5	-5.7	-0.9	0.2	22.8	36.7
2002	-8.1	-6.6	-1.3	-0.2	21.3	35.2
2003	-7.4	-6.4	-1.3	0.3	20.7	34.4
2004	-5.3	-5.1	-0.7	0.5	21.3	35.0
2005	-4.1	-4.0	-0.2	0.1	22.5	36.3
2006	-3.1	-3.1	0.1	-0.1	23.1	37.2
2007	-2.9	-2.6	0.0	-0.3	23.7	38.2
2008	-5.4	-5.1	0.3	-0.5	23.4	39.2
2009	-10.1	-8.7	-0.2	-1.3	21.4	37.2
2010	-8.8	-7.4	-0.4	-1.0	21.4	37.2
2011	-8.9	-8.2	0.1	-0.7	22.2	38.9
2012	-8.1	-7.4	-0.1	-0.7	22.8	39.8
2013	-7.3	-6.7	0.0	-0.5	23.2	40.1
2014	-5.1	-5.2	-0.3	0.3	25.1	42.4
2015	-3.6	-4.4	0.0	0.9	25.2	42.3
2016	-3.5	-4.4	-0.1	1.1	25.1	42.7
2017	-2.9	-3.5	-0.1	0.7	25.5	43.3
2018	-2.4	-3.2	0.0	0.8	26.1	44.3
2019	-3.1	-3.8	-0.1	0.7	25.8	44.4
2020	-10.0	-10.3	-0.1	0.4	28.2	47.9
2021	-5.9	-7.3	0.6	0.7	28.7	48.0

(備考) 1. 内閣府「国民経済計算」、財務省資料により作成。
　2. 財政バランス(対GDP比)は、国民経済計算における「純貸出/純借入」(1995年度以前は「貯蓄投資差額」)を名目GDPで割ったもの。
　3. 一般政府財政バランスについては、1955年度から1989年度までは68SNAベース、1990年度から1995年度までは93SNA (平成7年基準)、1996年度から2000年度までは93SNA (平成12年基準)、2001年度から2005年度までは93SNA (平成17年基準) ベース、2006年度以降は08SNA (平成23年基準) ベース。
　4. 中央政府財政バランス、地方政府財政バランス、社会保障基金財政バランスについては、1970年度から1989年度までは68SNAベース、1990年度から1995年度までは93SNA (平成7年基準)、1996年度から2000年度までは93SNA (平成12年基準) ベース、2001年度から2005年度までは93SNA (平成17年基準) ベース、2006年度以降は08SNA (平成23年基準) ベース。
　5. 租税負担率=(国税+地方税)/国民所得、国民負担率=租税負担率+社会保障負担率。
　6. 租税負担率、国民負担率の2021年度までの実績。

	財　　　政				
	国 債 発 行 額	国債発行額 （うち赤字国債）	国債依存度	国 債 残 高	国債残高 （名目ＧＤＰ比）
年度	億円	億円	％	億円	％
1958	0	0	0	0	0
1959	0	0	0	0	0
1960	0	0	0	0	0
1961	0	0	0	0	0
1962	0	0	0	0	0
1963	0	0	0	0	0
1964	0	0	0	0	0
1965	1,972	1,972	5.3	2,000	0.6
1966	6,656	0	14.9	8,750	0.6
1967	7,094	0	13.9	15,950	2.2
1968	4,621	0	7.8	20,544	3.4
1969	4,126	0	6.0	24,634	3.7
1970	3,472	0	4.2	28,112	3.8
1971	11,871	0	12.4	39,521	3.7
1972	19,500	0	16.3	58,186	4.8
1973	17,662	0	12.0	75,504	6.0
1974	21,600	0	11.3	96,584	6.5
1975	52,805	20,905	25.3	149,731	7.0
1976	71,982	34,732	29.4	220,767	9.8
1977	95,612	45,333	32.9	319,024	12.9
1978	106,740	43,440	31.3	426,158	16.8
1979	134,720	63,390	34.7	562,513	20.4
1980	141,702	72,152	32.6	705,098	25.0
1981	128,999	58,600	27.5	822,734	28.4
1982	140,447	70,087	29.7	964,822	31.1
1983	134,863	66,765	26.6	1,096,947	34.9
1984	127,813	63,714	24.8	1,216,936	38.0
1985	123,080	60,050	23.2	1,344,314	39.5
1986	112,549	50,060	21.0	1,451,267	40.7
1987	94,181	25,382	16.3	1,518,093	42.4
1988	71,525	9,565	11.6	1,567,803	41.9
1989	66,385	2,085	10.1	1,609,100	40.4
1990	73,120	9,689	10.6	1,663,379	38.7
1991	67,300	0	9.5	1,716,473	36.8
1992	95,360	0	13.5	1,783,681	36.2
1993	161,740	0	21.5	1,925,393	36.9
1994	164,900	41,443	22.4	2,066,046	39.9
1995	212,470	48,069	28.0	2,251,847	41.1
1996	217,483	110,413	27.6	2,446,581	45.4
1997	184,580	85,180	23.5	2,579,875	47.6
1998	340,000	169,500	40.3	2,952,491	55.2
1999	375,136	243,476	42.1	3,316,687	62.5
2000	330,040	218,660	36.9	3,675,547	68.4
2001	300,000	209,240	35.4	3,924,341	74.4
2002	349,680	258,200	41.8	4,210,991	80.4
2003	353,450	286,520	42.9	4,569,736	86.8
2004	354,900	267,860	41.8	4,990,137	94.2
2005	312,690	235,070	36.6	5,269,279	98.7
2006	274,700	210,550	33.7	5,317,015	99.0
2007	253,820	193,380	31.0	5,414,584	100.6
2008	331,680	261,930	39.2	5,459,356	105.8
2009	519,550	369,440	51.5	5,939,717	119.4
2010	423,030	347,000	44.4	6,363,117	126.0
2011	427,980	344,300	42.5	6,698,674	134.0
2012	474,650	360,360	48.9	7,050,072	141.2
2013	408,510	338,370	40.8	7,438,676	145.1
2014	384,929	319,159	39.0	7,740,831	147.9
2015	349,183	284,393	35.5	8,054,182	148.9
2016	380,346	291,332	39.0	8,305,733	152.4
2017	335,546	262,728	34.2	8,531,789	153.5
2018	343,954	262,982	34.8	8,740,434	157.1
2019	365,819	274,382	36.1	8,866,945	159.1
2020	1,085,539	859,579	73.5	9,466,468	176.8
2021	576,550	484,870	39.9	9,914,111	180.0
2022	624,789	537,519	44.9	10,424,369	188.5

（備考）1．財務省資料による。
　　　　2．単位は億円。国債依存度、国債残高名目ＧＤＰ比の単位は％。
　　　　3．国債発行額は、収入金ベース。2021年度までは実績、2022年度は補正後予算に基づく見込み。
　　　　4．国債依存度は、（4条債＋特例債）／一般会計歳出額。
　　　　　　特別税の創設等によって償還財源が別途確保されている、いわゆる「つなぎ公債」を除いて算出している。

日本経済2022－2023
－物価上昇下の本格的な成長に向けて－

令和5年3月2日　発行　　　　　　定価は表紙に表示してあります。

編　集　　内 閣 府 政 策 統 括 官
　　　　　（経済財政分析担当）
　　　　　〒100-8914
　　　　　東京都千代田区永田町1 - 6 - 1
　　　　　中央合同庁舎8号館
　　　　　電　話（03）5253-2111(代)
　　　　　URL https://www.cao.go.jp/

発　行　　日 経 印 刷 株 式 会 社
　　　　　〒102-0072
　　　　　東京都千代田区飯田橋2 - 15 - 5
　　　　　　　TEL 03 (6758) 1011

発　売　　全 国 官 報 販 売 協 同 組 合
　　　　　〒100-0013
　　　　　東京都千代田区霞ヶ関1 - 4 - 1
　　　　　　　TEL 03 (5512) 7400

ISBN978-4-86579-354-3